教育部哲学社会科学研究重大课题攻关项目

走进"中西会通"的时代

——人文社会科学"走出去"名家访谈录

金灿荣
毛基业
杜鹏
沈卫荣
贺耀敏
詹福瑞
温铁军
罗伯特·罗兹
王正绪
祝建华
黄伟
丹尼尔·威廉姆斯
成中英
洪瀚
杨慧林
蓝志勇
骆思典
陈雨露
刘新
李纾
张隆溪
薛澜
项贤明
库珀、陈晋
杨大利
俞国良
谢宇
朱景文
葛剑雄
汤一介、乐黛云

袁卫　胡娟　编著

中国人民大学出版社

· 北京 ·

▶ 目 录

▶ 导　言

一

时代叩问：“中学西传”能否和“西学东渐”一样强劲有力？

什么是人文社会科学“走出去”？顾名思义，“走出去”是指人文社会科学不仅在中国本土为本国人所了解，还能通过特定的方式输出到国外，为其他国家国民所了解并对其他国家和整个世界产生影响。要产生影响，显然就不是简单地为外界所了解，而是涉及话语权这样的重大问题，也就是在妥善回应外部关切，增进国际社会对中国基本国情、价值观念、发展道路了解的基础上，还要有能力进入现在以西方文化为中心的理解系统和规则系统，并逐步影响和改良这样的理解系统和规则系统，构建一个真正的多元文明和谐共存的世界。

当前，随着中国经济实力的增强和国际地位的提升，中国人文社会科学的世界地位在逐步提升，海外影响力也在慢慢增强。但是，这样的地位和影响力与中国作为经济大国的地位是否相称呢？本世纪以来，仅仅用了十年时间，中国的 GDP 就由 2000 年的世界第六一跃而成 2010 年的世界第二，成为全球第二大经济体。然而一种文明的强盛，光靠经济的发达显然是不够的，人们也就自然将叩问投向了人文社会科学的学术与思想层面：在中国成为 21 世纪前十年对世界 GDP 增量最大贡献国的同时，中国的文化、中国的人文社会科学学术和思想理念，对世界文明的进程又有着什么样的贡献率？在世界货物贸易中，中国已于 2010 年成为第一大出口国和第二大进口国，那么在文化的双向交流中，“中学西传”能否和“西学东渐”一样强劲有力？

当前的回答，显然并不令人满意。中国人文社会科学的影响力与中国作为经济大国的地位并不相称，在国际学术界的声音还很弱。在国家崛起的过程中，中国的软实力相较硬实力还有差距，一条腿长一条腿短的现象还比较突出。中国人民大学出版社社长贺耀敏在访谈中说,"从出版业来讲,我们现在图书品种的引进和输出比例大概是 7：1,我们图书进出口是严重入超,'走出去'的数量还很少。"国家图书馆原馆长詹福瑞也提到,"国外对中国哲学社会科学①的了解远远赶不上我们对国外哲学社会科学的了解,形成了一种反差,就像贸易逆差一样,文化也有一种'贸易逆差'"。

这样的文化"贸易逆差",对中国来说,影响了中国更好地向世界说明自己、展现自己,影响了中国更好地服务于世界文明的进程;对世界来说,则影响了其他国家对中国的深入了解并从中国文化和现代化建设经验与教训中吸取养分。改变这样的"逆差",推动中国人文社会科学更快更好走出去,适其时也。

为此,我们走访了三十多位海内外知名学者,他们分布在经济学、文学、管理学、传播学、统计学、政治学、心理学、历史学、哲学、法学、教育学等各个学科领域,其中有中国学者也有外国学者。他们在本学科领域有着深厚的造诣,而且无一例外,兼具中西方的学习和生活经历,对中西方文化有着较深的理解。

二

条分缕析：中国人文社会科学"走出去"面临的几个主要问题

要想弄清楚人文社会科学"走出去"这样一个重大命题,就先要了解一些基本问题,比如：如何理解人文社会科学"走出去"? 相较于其他国家,中国人文社会科学当前的水平和地位怎样? 人文社会科学如何"走出去"? 当前"走出去"的主要障碍又是什么? 这些问题,没有现成的答案,

---

① 同人文社会科学。人文社会科学是通用的学术词汇,哲学社会科学是中国政府官方的正式表达用词（尤其是在正式文件中）。

对人文社会科学的比较也无法通过简单的量化完成，感性的认识反而是一扇重要的了解之窗。学者们围绕这些问题进行了深入的讨论和分析，或互相辅证，或相互质疑，各抒己见，精彩纷呈，关注点主要聚焦在以下四个方面：

（一）软实力的构建需要时间

尽管有着悠久历史的中华文明曾在相当长的时期内是其他国家特别是周边国家学习的榜样，但鸦片战争之后的积贫积弱，使得中国国力大为减弱。一个拥有强势经济的国家未必能拥有强势的文化，但如果没有强势的经济，一定不能拥有强势的文化。弱势的经济地位严重影响了中国人的文化自信，也严重影响了近代中国的文化发展和传播。近年来，随着中国经济的发展，中国的发展模式和其中蕴涵的中国思想理念开始受到世界的普遍关注，但经济的腾飞不过是近年的事情，而感悟、把握并总结经济对社会的重新形塑以及文化对经济社会发展的深层影响还需要时间。同时，人文社会科学学术研究的开放与交流时间并不算长，得到相对充裕的经济资助也不过是在近年，中国学者对国外当代学术研究的成就和范式的了解有一个渐进的过程，如何在了解中更好地展现自己更是需要一个过程。比如，国学教授沈卫荣就提到，"我们的学术研究跟国际上脱节了很多年，实际上可以说是改革开放之后才开始逐渐与国际挂上钩的，由于时间较短，积累的确没有那么深厚，有差距是正常的"。他认为，改革开放之后很多年我们还一直在消化吸收西方的学术研究成果，自己的东西还不是很多，没有达到可以跟西方进行对话的学术研究层次。

更何况作为一个意识形态与其他西方国家不同的大国的人文社会科学，在"走出去"的过程中还会遇到许多的不解甚至刻意的"围追堵截"，这一点已为过去的经验所证明。正是这来自主观和客观的种种原因，让我们意识到软实力的构建不可能一蹴而就，"走出去"是一个长期的渐进过程。有学者认为作为一个后发国家，为对抗强权的干扰，把"走出去"作为国家战略，发动从政府到民间的力量是非常必要的。事实上许多国家包括美国、英国、德国、日本等发达国家，政府在本国文化的"走出去"过程中都以各种或显或隐的扶持手段发挥着重要作用。所以，在中国人文社会科学"走出去"这样一个长期的过程中，中国人文社会科学工作者要有信心，中国政府和民众也要有决心和耐心。

(二) 语言带来的话语权问题

在访谈中，学者们常常谈到语言的问题，比如心理学教授俞国良就提到，"要想获得影响力，就要在国际上发表英文论文，而要想发表英文论文，就要符合国际上的学者权威和学术研究者的兴趣和标准。这实际上是一个矛盾或一把'双刃剑'，……再加上西方学者心目中的'西方中心主义倾向'，这对中国学者来说，更是雪上加霜。"

英语的强势地位在当今的世界毋庸置疑。因此带来的话语权问题在人文社会科学的学术研究及交流中会显得尤其突出。正如福柯指出的那样，"谁在说话？在所有说话个体的总体中，谁有充分理由使用这种类型的语言？谁是这种语言的拥有者？谁从这个拥有者那里接受他的特殊性及特权地位？"① 他尖锐地提出了人与语言关系的问题。语言是思想的载体，但它的形成本身也基于一定的思想和思维方式，从这个意义上来说，语言就是思想，而且是一种固化的思想，以一种固有的形式排斥所有与其不相适应的其他思想和文化。因而英语的强权无疑进一步加强和巩固了英美文化和学术的国际地位，这也给其他语言承载的学术和文化带来了困扰。且不谈以其他语言发表的文章的影响力问题，在许多领域，非英语学者都发现把他们的思想从母语转化成英语会相当艰难，这种艰难并不只是简单的文字翻译困难，更是一种深层次的思维方式与逻辑结构的差异。然而，在规则已经形成的情况下，即便规则未必合理，要改变规则，也只能先参与规则，在参与中改变。语言带来的强权更是如此，用当前强势的英语进行交流、发表文章和出版刊物已经成为"走出去"和扩大影响力的不得已之

---

① ［法］福柯：《知识考古学》，54 页，北京，生活·读书·新知三联书店，2003。

选，否则甚至无法很好地展现自己的思想、观点和主张。然而在这样的参与和展现中，我们是否已在改变自己的思维，去迎合强权的需要？我们展现的是否还是自己？

（三）方法和研究范式的差异

方法和研究范式一直是学者们在对外交流中非常关心的问题。一般认为，中国人的思维相对西方人的演绎分析更倾向于是一种整体的、系统的、归纳的方式。宗教学教授威廉姆斯认为，"就研究方法而言，不同之处或许就是美国学者更侧重细节，更关注细小的问题，研究目的也更加细微。大陆学者更侧重宏观研究领域，因此研究问题也更为概括。"

不管如何看待这两种思维方式，西方分析主义、实证主义的社会科学研究方法，对于人们认知客观世界、进行科学探索无疑有着特别的价值，这一点为东西方社会科学学者所公认。但有些诞生于西方思维模式基础上的研究方法，对中国学者来说还有个适应的问题。比如经济学教授洪瀚认为，"就中国的经济学问题而言，国内学者在回答问题和解决问题上已经达到比较高的水平，但是，在方法论和基础研究上，与国际前沿研究的差距还是比较大。"如何将自己高水平的研究成果，以当前西方主流的方法和研究范式呈现出来，显然是中国学者，尤其是经济学、管理学等这样一些国际共通学科领域的中国学者面临的重大挑战。

（四）提升自身实力是关键

显然，与语言问题和方法问题相比，最关键的还是中国人文社会科学学术的自身实力问题。也就是在"走出去"的过程中，我们的特色和优势在哪儿？我们能贡献给这个世界什么？华人学者成中英认为，所谓"走出去"，就是你有东西给别人，也能从别人那儿学到东西，有对等的交流。所以，要"走出去"的话，先要建立自己，要建立自己就先要了解他人，不但要了解他人，还需要通过对他人的了解来吸取他人的方式。

美国学者罗伯特·罗兹认为，美国的社会科学之所以具有全球性的影响，原因在于学科的实力很强，学术研究推动了学科的发展及影响的扩大。中国的人文社会科学要很好地"走出去",面临的也是建立强大的学科实力的问题。这样的实力如何构建?难道只是中国传统文化的简单复述和贩卖?显然在今天这样一个时代,能够站在时代的前沿,解释和回答好当前中国经济社会建设中取得的成就和面临的问题,并为解答当前人类文明进程中共同面临的重大问题提供思想来源,才能得到人们的尊重,构建起强大的实力和影响力。

应该说,中国社会近几十年的发展为中国人文社会科学构建起新的实力创造了良好的条件。国际关系学教授金灿荣的观点就非常有代表性。在他看来,中国是西方以外自然、历史保存最完整、延续性最强的文明所在地,也是未来社会科学的主要发源地,是哲学社会科学研究的最大富矿,是一个特别了不起的研究对象。了解今天的中国是了解未来世界的关键。但是如何总结中国的思想经验并将其中一些经验上升到普适的高度介绍给世界,对中国的人文社会科学学者来说,还是一门需要很好完成的功课。比如,人类学家刘新就认为,中国学者在思想理论的贡献以及对下一代的影响上,还没有产出比较明显的成就,对于中国社会经济发展给中国社会科学理论提出的问题,也还没有形成一个比较有说服力的理论体系。公共管理学教授薛澜也提出,我们研究的问题是以中国的问题为主,中国国家很大,目前也处于一个转型时期,问题比较多,导致我们的研究比较偏向中国经济社会发展碰到的一些现实困难,还没有发展到深入研究人类普适性问题的阶段。

当然,关于什么是具有普遍意义的问题,学者们也有不同观点。比如"三农"专家温铁军就强烈反对当前"走出去"的西方导向。他认为第三世界国家占了80%,"走出去"应更多地面向第三世界;要把中国的经验上升到拥有与欧美经验为基础的西方理论同等地位的具有普遍意义的理论层次上,才是真正的"走出去"。他感慨道:"因为我们没有立足于本土归纳经验、总结出符合我们客观需要的哲学社会科学理论,也就缺少可以拿出去在那80%中发挥作用的思想,因此才造成那80%接受西方文化浸淫的理论界和舆论界对我们是一片反对之声；最尴尬的是在一片反对声中我们也是西方话语，竟然无言以对！"

所以，提升中国人文社会科学当前的地位和水平，不仅要考虑如何克服语言和方法带来的障碍，更要考虑如何扎实提升自身实力，面对整个世界建立起具有中国特色、中国风格、中国气派而又具世界影响的学科和学术。就像香港学者张隆溪说的那样，真正有水平的东西自然能够被人看到并且关注，就像销售产品一样：如果你的产品本身质量不行，再怎么推广也没有用；如果产品质量很好，即使不宣传，大家口口相传，也会有很好的效果。

三

问题之钥：学术评价与中国人文社会科学学者学术实力的提升

人是第一生产力，要建立具有中国特色、中国风格、中国气派的人文社会科学，提升人文社会科学的实力，关键还在于中国人文社会科学学者学术能力的提升。

在关于学者学术能力的提升上，受访人从各个角度提出了建议，既有从主观层面考虑的，也有从客观层面考虑的，包括加强合作、加强翻译、创办英文刊物等，但大家提出的核心问题还是评价和导向问题。环境和制度往往是创新型人才成长和原创性成果出现的关键因素，评价制度是其中最重要的因素之一。

人文社会科学既是知识体系，又是价值体系，这种特点决定了对它的成果进行评价的不易。如何科学、客观、公正地评价人文社会科学成果，建立与完善我国人文社会科学的评价机制、评价标准和评价体系，一直是学界面临的重大理论和现实问题。这些年来，在工具理性和市场经济的影响下，不少地方对人文社会科学成果的评价总是充满数量化的、表面化的急功近利色彩。管理学教授黄伟就批评道："中国很多大学考核教授的一些评判标准是跟发表文章的数量挂钩，过于强调数量标准，我认为这是对国家最优秀人才的浪费。"

在成果的国际性评价上，人们也往往只注意到文章是否发表在SSCI①或A&HCI②期刊这种表面因素上，而罔顾人文社会科学作为意识形态和容易受到本土文化影响这些特性。教育学教授项贤明特别抨击了评价标准的表面化倾向，他说，现在我们拼命要求高校在国外杂志上发表文章，但是光发表文章不一定就是"走出去"。他形象地比喻道，鹰是有羽毛的，但有羽毛的并非都是鹰。我们希望孵出一只鹰飞出去，可是收集羽毛是永远得不到鹰的。我们现在是拼命收集羽毛，希望能够通过收集羽毛得到一只鹰，这是非常荒谬的。

建立起能让一代学人沉静下来扎扎实实做研究的环境是非常重要的，特别是在一个学术研究越来越碎片化的时代。原创性成果从来都不是一日之功，而创新型人才的成长也往往建立在厚实的基础上。西方学术传统崇尚"为学术而学术"，中国古训"淡泊明志，宁静致远"在学术研究上也尤其来得真切，然而评价制度的GDP化已严重地影响了人文社会科学学者的治学环境。刘新教授就指出，"中国学者面临的思想生产条件应该是晚清以来最好的，但是人的心态的浮躁程度好像是晚清以来最差的。精神状态和物质满足好像成为一种矛盾"。密歇根大学教授谢宇也提出，"学者如果有太多个人动机，不以学术追求为最高标准而去追求如职称、收入、奖励、媒体知名度、荣誉等，那会有很大问题，尤其是制度上再鼓励学者这样做的话会严重影响社会科学学术化进展。"

近年来，常有学者改造蒋南翔在抗战时期的话"华北如此之大，已安放不下一张安静的课桌"，用于批评当前急功近利思潮影响下学者无心治

---

① Social Science Citation Index 的首字母缩写，即社会科学引文索引，是美国科学信息研究所创建的社会科学领域重要的期刊检索与论文参考渠道。

② Arts & Humanities Citation Index 的首字母缩写，即艺术与人文科学索引，同样由美国科学信息研究所创建，是艺术与人文科学领域重要的期刊文摘索引数据库。

学、学生无心学习的现象。这样的话尽管有些极端，却在一定程度上揭示了学术空气的浮躁现状。冷却这种躁动，撇去学术浮沫，其实并没有我们想象的那么困难，中国古代治学名篇《大学》早就告诉我们，"知止而后有定，定而后能静，静而后能安，安而后能虑，虑而后能得。""知止"是有所获得的前提。个人的行为常常是制度和环境的产物，如果我们的社会、政府、学校和科研机构在人文社会科学的评价上多一些"无为而治"，少一些各种指挥，给学者一个宁静的治学空间，或许反而能静水深流，带来人文社会科学的创新与繁荣。

四

未来展望：进入一个中西文明并立的时代

实现中华民族的伟大复兴，是近两百年来中国人的理想。如果要阐释一下伟大复兴，在一个现代科技把世界变成地球村的时代，其内涵应该远远超越了小国寡民时代的国泰民安，而是一个拥有悠久文明和现代精神的大国在人类未来的发展中应该肩负什么样的使命、又凭什么去肩负这样的使命的问题。早在 1974 年，在与池田大作先生的关于 21 世纪的展望中，汤因比先生就设想，人类社会的和平统一，一定是以地理和文化主轴为中心，不断结晶扩大起来的。这个主轴不在美国、欧洲和苏联，而是在以中国文化为代表的东亚。① 尽管这或许是西方学者面对西方社会的种种问题，对中国文化产生的乌托邦般的理想主义，但中华民族的伟大复兴，难道不应该以对人类文明的贡献为尺度吗？

而这样的贡献，先要我们有能力建立起能够引领时代的理论、学术和思想体系。同时，要我们有能力让自己的理论、学术和思想"走出去"，

---

① ［日］池田大作、［英］汤因比：《展望二十一世纪》，294 页，北京，国际文化出版公司，1985。

向世界准确地讲述中国、展现中国，并从哲学层面为未来人类的人生观、价值观、世界观提供思想来源，和其他国家人民一起为一个多元文化共生共荣的人类社会奠定思想基石。

这样的"走出去"，已经远远走出了"中学西传"的范畴，不再是弱者对强者的追赶意志，而是对人类多元文明的敬意和共同发展的坚定决心。这样的"走出去"，已经不仅仅是走向外部的世界，更是走进一个"中西会通"的时代；这里的"西"，不仅指西方发达国家，当然也包括第三世界国家。

陈雨露教授在访谈中说，"中西方经过历史的轮回，今天又要回到一个平等对话的起点上，世界的本质没有变，但文明并立的方式发生了改变。……我们不仅要把自己独特先进的文化观、价值观介绍给世界，还要有能力告诉世界这个平衡点在哪里。"要找出这个平衡点，并告诉世界这个平衡点在哪儿，中国的人文社会科学，准备好了吗？

中国是未来哲学社会科学创新的发源地

金灿荣，中国人民大学国际关系学院教授。先后从复旦大学、中国社会科学研究院、北京大学获得学士、硕士及博士学位。主要社会兼职有中国人民大学美国研究中心副主任、中国国际关系学会副会长、中国改革开放论坛常务理事、中国国际公共关系协会理事等。主要研究领域为美国政治制度与政治文化、美国外交、中美关系及大国关系、中国对外政策等。代表作有《大国的责任》、《多边主义与东亚合作》、《中国学者看大国战略》等。

访谈人（以下简称"访"）： 您对我国哲学社会科学的实力以及对外影响力的现状如何看待？您在国际交往的过程中，感觉国外同行对我们有怎样的评价？

金灿荣： 我认为，我们的实际实力比国际评价要好。中国的哲学社会科学研究在解决中国问题方面实际所作的贡献比国际上看到的要高。我们的现代化走到今天取得了初步成就，这当中哲学社会科学是有贡献的。但是，我们在国际上的声音相对较小，这也是一个事实。

形成这个问题的原因有两个。一个是技术原因，主要指语言问题；另一个是学术标准问题，我们的研究是否符合他们的学术标准，在他们那里存在争议。因为这两个原因，我们在国际上发出的声音还不够大。

国外的中国研究分两个阶段。在第二次世界大战以前主要是欧洲人主导的汉学研究，以德国、法国、英国等欧洲国家为主，研究方法主要是语言学、历史学等学科。二战以后，中国研究的重心转移到美国，以前叫汉学，现在改成中国研究，也称为中国学，方法也变成了现代社会科学方法。中国学过去在美国学术界地位很低、非常边缘化，人家只是让你介绍一下中国情况作为案例研究的方面，但不会从中国学得出什么普遍性的结论。现在不一样，现在中国学的地位很高，而且在逐步上升。这几年有一个新动向，就是 2005 年开始，美国搞了一个项目叫 Princeton-Harvard China and the World Program，直译就是普林斯顿-哈佛中国与世界研究项目，两校共投入 5 000 万美元支持该项目，具体内容包括博士生和博士后培养、新的课程开设、成果出版、会议讲座举办等。这个项目的出发点，是过去 30 年美国学界对中国重大问题的判断基本都失败了，就很沮丧。他们认为自己技术上讲没有问题，资料、分析过程都很好，做事也很认真，钱也很多，为什么会失败？根本原因是看中国的方法论有问题，他们自己也在反思，所以搞了这个项目。而且现在中国学研究在美国是遍地开花，很多美国高校都有这方面的研究机构和专业人员。这说明，中国学由边缘化的研究现在逐步变成了一个热门学科，原因就是中国越来越重要了。

访：您认为现阶段，哲学社会科学"走出去"是不是恰逢其时？它的可行性与必要性在哪里？

金灿荣：我觉得现在正是时候。这几年中国政府越来越注意到软力量的建构很重要。国际关系学上有一个"安全悖论"或者"安全困境"的概念，就是你越有力量，人家反抗力量越大，你反而越不安全。结果你的力量和你的安全不是成正比，而是成反比了，这就是"安全困境"，也是我们很忌讳的。那么怎么弥补这个呢，不能把我们的硬力量降下来，只能把我们的软力量提升起来。所以我们要增强软力量，这是我们的国家战略，做法之一就是在世界各地兴办孔子学院，哲学社会科学"走出去"应该就是这个战略的一个环节。但"走出去"是一个长期的过程，软力量的建构也不能一蹴而就，基本上是润物细无声的过程。

软力量与硬力量不同的地方在于，硬力量就是一种强制力，强迫别人去接受他不愿意做的事情；软力量是影响别人，让别人自愿做你希望他做的事情。首先，中国的现实情况是在国际上硬力量发展很快，软力量滞后，如果不改变这个状况，会陷入一种不好的境况，就是前面提到的"安全困境"。所以我们要更加重视发展软力量，这是第一个大的方向。其次，软力量的发展不能急，需要一个长期的过程。再次，软力量应该突出民间力量，不应以政府为中心，要不然效果可能很不好。最后，软力量建构的重点不在技术手段，而在具体内容，以硬的方式推广软力量是不可行的。

社会科学走向海外有几个技术条件，第一是语言，要有充足的外语人才，要懂海外学术语言；第二是投入，要支持我们的学者去国外交流，在合适的议题上发出我们的声音，同时，按照我们的战略需要、国家利益，设立研究基金和题目，资助国外的学者按我们的要求开展研究项目，利用国外智力为我们服务；第三是真功夫，就是我们的学者要提升研究水平，把中国各方面的东西解读好，做出真正令人信服的研究成果，这是最关键的根基所在。

访：您所说的涉及了哲学社会科学如何"走出去"的问题。

金灿荣："走出去"需要一步步来。中国现在是世界关注的焦点，了解今天的中国是了解未来世界的关键，这个观点在西方学术界基本成为了共识。他们对中国很多问题都感兴趣，但是他们发现已有的理论无法解释中国这些实际情况，这时候就开始关注并尊重中国学者的看法。所以这个时候最根本的还是要做好自己的基本功。我们的学者如果把对中国的理解和解读做好了，在每一个议题上的发言大家都认为是有价值的，那么这就走出了第一步。应该讲这方面我们是有基础的，最早我就有个评价，我们中国学者对中国问题的解释实际上比西方人看到的要好。所以我们就借这个优势，对中国的问题解释得更好一些，特别是要在研究范式上与西方主流学术界靠拢，用他们能够理解的方式来发表意见。

我认为中国是未来社会科学创新的主要发源地，中国的学术界一定要有这个自信。因为中国是西方以外自然、历史保存最完整、延续性最强的文明所在地，中国是哲学社会科学研究的最大的富矿，是一个特别了不起的研究对象。我们前 30 年用苏联的眼光看世界，后 30 年用美国的眼光看世界，这样不行，现在我们必须要用自己的眼光看世界。所以，第一步是树立学术自信。然后在每一个具体的中国问题上，在国际上提供我们的客观分析。等到我们的学术水平更高一些，资源再多一些，更关键的是整个国家的地位更高一点，就可以进入下一个阶段，就是参与制定规则阶段。除了西方这一套样本，还有我们这个样本，还有别的地方的样本。想办法让哲学社会科学跳出西方中心主义，变为一种真正的多元文化背景的哲学社会科学，但是那是下一步。第一步就是要找机会把中国学者对自己某一个方面问题的看法以学术讨论的形式说出去。

访：不同的学科之间在"走出去"的方式和表现上是有差异的，怎么处理？

金灿荣：肯定是有差异的，比如说国内的经济学在"走出去"方面就是走在前面的。因为，首先国外对中国经济高度关注，你讲的内容他们都感兴趣；其次，经济学的研究工具比较通用，因为我们的理论和方法本身都是学自西方的。我认为，不同学科在"走出去"的程度上从重到轻可以分为三个梯队。经济管理学科可以归为第一梯队，然后社会学等是第二梯队，第三梯队就是跟意识形态结合比较紧密的，比如政治学、民族学等。人文学科我认为现在可以归到第一梯队，比如中国语言、历史、文化、艺术等学科。

访：您强调政府不宜直接出面，那么从学术研究的角度来看，政府层面、学校层面、学者层面、社会层面应该各自扮演什么样的角色来推动哲学社会科学"走出去"？

金灿荣：我们能做的就是确定以大学为主体，政府部门尽量少参与。第一，以大学为主体举办国际会议等国际交流活动。政府可以把一部分资源放在大学，以资金投入的方式来参与，在此基础上加强翻译和英文出版。第二，政府部门组织建立各个专业的专家库。投入资源支持这些高水平专家出国参会、演讲、发表文章，在国外发出我们的声音。第三，在人才培养方面，应当设立一些英语教学的硕士项目、博士项目。例如我在学校的支持下搞了一个当代中国研究全英文硕士项目，参与的学生都是外国学生，每年招 30 人，最多 50 人。然后把里面优秀的学生推荐到各个地方去读博士，当这些人读完博士之后在当地就成了未来解释中国的权威，比我们自己解释更加可靠。所以，我们哲学社会科学"走出去"可以考虑采取这个途径，就是仍然依靠高校系统，开拓面向外国学生的英文项目，培养未来研究中国的"亲华派"学者。以上三个方面我认为应该是未来需要重点推动的，然后配套的就是继续现在这些做法，如让博士生、年轻教师走出去，办孔子学院等，形成一个立体的推动体系。

访：现在各国政府都在致力于推动本国文化"走出去"，能否介绍一下您所了解的其他国家"走出去"的成功经验？

金灿荣：我对美国的经验比较了解，美国在这方面的成功首先是国家的成功。美国在 1894 年 GDP 已经达到世界第一，二战后又成为第一军事强国。所以它的历史事实成功地摆在那里。人的天性都是崇拜成功者，一成功人们就会研究它，关于美国的研究就多了。而研究者的天性是会把成功者合理化，所以美国文化"走出去"首先就是基于一个事实：国家成功了。其次是宣传上的成功，美国后来成立了美新署，就是它的宣传部，系统地总结了它的经验，把它成功的东西合理化，在意识形态上进行宣传，在全世界范围推广。

中国在这方面的障碍：第一，我们处在社会主义初级发展阶段，还没有到发达国家阶段，还没到让人自然崇拜的阶段；第二，我们在意识形态上被西方看做异类；第三，人口多、底子薄，人均资源相对紧缺；第四，知识分子的自信心是个问题，欠缺主体性和自信心。

这里有一个文化自信重建的问题，我们要把丢失了的文化主体性找回来。如果缺乏文化自信，你老是在找别人的眼镜去看世界，第一你不一定能找到，第二你找到了看得也不一定对，总是沿着别人的想法去看问题，自然会影响自己的正常行为。坦率地讲，树立文化自信这是一个特别大的题目，中国的哲学社会科学要"走出去"，首先要解决的就应该是这个问题。这个问题需要我们集体反思，并且找到合适的对策去慢慢改变，在集体心理层面建构文化自信。

总的来说，20世纪和21世纪初期，我们中国知识分子在看自己的时候总是有很多偏差，我们需要一场新的思维革命来纠正这些偏差，真正确立我们的文化卓越性，然后才有能力、有资格"走出去"。这个过程任重而道远，需要我们共同努力。

访谈人：胡莉芳　王亚敏

访谈时间：2009 年 3 月 10 日

管理学科与人文社科的"走出去"

　　毛基业，中国人民大学商学院教授，2008 年国家杰出青年科学基金项目获得者，北京市优秀博士论文导师，2009 年第五届北京市高等学校教学名师奖获得者。先后从中国人民大学、加拿大麦吉尔大学、加拿大不列颠哥伦比亚大学获得学士、硕士及博士学位。在读博士期间，师从管理信息系统学科著名教授艾扎克·本柏赛特（Izak Benbasat）。曾在加拿大滑铁卢大学任教并获得终身教职。主要社会兼职有信息系统学会中国分会（CNAIS）副主任委员，国家自然科学基金委员会管理科学部专家评审组成员，多个国际学术期刊的编委等。主要研究领域为与管理信息系统相关的行为、组织和管理，以及电子商务与电子政务、企业资源规划系统、IT项目管理。代表作有《管理信息系统：基础、应用与方法》等。

　　访：您怎样认识和评价您所在的学科领域"走出去"的现状？

　　毛基业：我的研究主要涉及管理科学与工程、信息管理、电子商务等几个学科领域。如果拿参加领域内顶级会议和在国际顶级期刊发文作为参考系，我国学者的身影还是不容易看得到，影响力还比较小。比如国际信息系统年会，大陆作者独立发表的论文每年只有一两篇，2007 年复旦大学发表了一篇文章，2008 年有我一篇论文发表。当然，情况正在向好的方向转变，大陆学者也越来越活跃。明年国际信息系统年会要在上海召开，亚太信息系统年会已经在中国大陆地区开过两次，这说明我们的影响力正在扩大。顶级期刊也开始偶尔有大陆学者和海外学者合作发表的文章，只是最好的两个期刊迄今为止还没有大陆学者独立做出的文章发表。当然了，这是一个比较高的标准。随着海归学者越来越多，随着中国学者参与国际交流越来越频繁，应该能够在不远的将来有比较好的结果。可以说，信息系统这个领域我国处于"走出去"的临界状态。

把领域稍微拓宽一点，从整个管理学科来看，我们"走出去"面临较好的机遇。一方面，金融危机促使海外人才回流加速了管理学科"走出去"的步伐。比如美国管理学年会是世界管理学领域的最高水平会议，我这几次参会的时候发现大陆去的人比较少，只有少数高校有老师过去开会，加在一起可能也不超过50人，要知道整个大会有四五千人，从比例上来讲还是比较小的。可是会上华人面孔很多，主要是在美的华人学者、学生和少量访问学者，说明我们潜在的人才储备还是很大的，等这些学者回来了我们影响力会增强不少。另一方面，国际上对中国越来越关注。上世纪90年代，研究中国问题是西方学界的冷门、偏门，甚至华裔学者选择中国作为研究对象，是研究不了主流问题时的无奈选择。近几年情况发生了很大变化，据我观察，中国问题的研究在西方学界尽管还算不上主流和核心研究内容，但绝对可以算得上是热点问题。中国这些年经济发展成就瞩目，对外影响力也是越来越大，开始关注中国的人多了。过去30年经济的持续增长证明了中国在管理学实践方面有很值得探讨的地方，很多学者都非常认同在中国极具特色的历史、文化、社会条件下研究管理是件很有趣的事情，管理学的一些理论可以在中国这个大的背景下去检验和发展，所以，成为热点也是很正常的。

访：国际社会对中国问题和中国研究的兴趣是"走出去"的机会，您觉得我们的学者在中国问题研究上是不是有独特优势？

毛基业：我们本身的确有很多优势。中国有庞大的人口数量和产业规模，发展速度还很快，5～10年发生的变化在西方世界可能需要20～30年才能完成，有大量鲜活的事例和现象值得研究和探索，这对于学者来说是一个难得的机会，事实上中国已经成为检验和实践各种理论最大的"实验场"和"观测点"。

与此同时，国内学者在中国研究上每天"感同身受"，获取数据有天然的优势，这些是国外学者不具备的。"走出去"战略应该通过一些制度性的方式来挖掘这些优势，让国际学术交流合作更加紧密，利用"外脑"为我国的社会实践服务。现在也有少数国内学者既有理论和方法论的准备，又有实践基础，就没有必要单纯跟着国外学者走了，可以走以我为主合作研究的路子。

这也隐含了另外一层意思，"走出去"不是迎合别人的口味，研究别人的问题，"走出去"最终目的还是服务自己，要发展自己的特色和注重自身的特点，这样才能"走出去"并对别人产生影响和作用。

访：您觉得在研究水平上国内学者与西方学者有差别吗？

毛基业：方法上，老一辈的学者可能由于知识背景等原因，的确在研究范式、研究工具等方面与国外有很大的差别。例如，上世纪 80 年代脱轨比较厉害，那时候国外学者对我们的一些科研论文评价不高。但是到今天，国内一些学校的年轻学者，方法的掌握和运用上已经与国外学者差别不是很大。尤其是这几年，进步非常快，一些水平比较高的国内学术期刊在方法论上已经与国外接轨，至少做到了"形似"，有些学者已经开始在国际顶级期刊上发表文章。

目前来说，学科的差距主要体现在理论构建能力上，中国顶尖高校中的青年学者已经具备比较好的研究训练和基本的研究工具掌握能力，方法论基本上没有问题，与西方研究范式也基本接轨。但是在研究思路、理论建构上还显得能力不足，在由"形似"向"神似"的转变上还存在问题，用规范方法研究中国问题并能够对世界其他国家产生影响的文献非常罕见，研究成果深度不够。另外，现在在国内一些学者"走出去"思路还不清晰，对中国特色问题关注不够。如何通过合适的研究思路和良好的理论构建能力，用规范的方法研究中国问题，运用中国数据和案例，用中国经验去检验理论、用中国情境去发展理论，强调中国特色，这才是未来的研究方向，才能对世界学术作出贡献。

访：在整个社会科学领域，管理学科"走出去"状况处于什么位置？

毛基业：管理学科有其特殊性，国内管理学科横跨社会科学和自然科学。我们知道，自然科学"走出去"要比人文社会科学更为深入，这也带动了管理学科评价机制、标准等相对一般社会科学要更为国际化。

从项目资助上来说，在自然科学研究基金里有一个管理科学部专门针对管理学科领域课题进行资助，是管理学课题的最主要来源之一。它的申请方式与国外非常接轨，强调课题的前沿性、基础性，注重有针对性的问题研究，验收上更侧重国际发表。

访：目前国家、社会都非常重视人文社会科学"走出去"，您认为目前阻碍人文社会科学"走出去"有哪些因素？

毛基业：语言、文化、研究水平这些方面都有问题。但我想强调一下激励机制的问题，导向性指标的设置对学者的影响还是很大的。比如，2008 年在苏州召开亚太信息系统年会，会上国外与会学者感觉港澳台学者参会较多，大陆学者参与太少。在中国召开大陆学者还这么少，原因就是亚太信息系统年会没有进入国际论文索引，对大陆学者的吸引力不够。在国内举办的国际会议，如果会议被 ISTP① 或者 EI② 收录，大家会蜂拥而至；如果不被收录，就乏人问津。即使是水平和层次比较高的年会，如果没有进入检索，学者也很少参加。另一方面，一些导向性指标设置不合理或者调整得比较慢也会影响"走出去"进程。ISTP 索引文章水平与 SSCI和 SCI③ 收录的文章差距比较大，但我们很多学校将这几个标准混为一谈。大陆的导向性标准应该精细化发展，把类别细化，高质量国际会议、期刊

---

① 编者注：ISTP 全称为 Index to Scientific & Technical Proceedings，现改名为 CPCI（Conference Proceedings Citation Index），是美国科学信息研究所编辑出版的科学会议索引。

② 编者注：EI 全称为 The Engineering Index，是由美国工程信息公司创办的著名工程技术类综合性检索工具。

③ 编者注：SCI 全称为 Science Citation Index，是由美国科学信息研究所创办的著名科学类引文数据库。

与一般会议和期刊要区分清楚，不能拘泥于 SSCI 和 SCI 这两个比较笼统的检索标准，因为进入 SSCI 和 SCI 检索的期刊也有不少质量并不高。当然，要量变引起质变，没有数量就无从谈论质量，随着数量上去，我们需要越来越注重质量了。

访：除了制定好"走出去"导向性指标并进行激励外，您觉得国家和机构还可以通过哪些方式推动学科"走出去"？

毛基业：国家已经对成果、会议、人"走出去"采取了支持的做法，这些措施已经体现出一定效果，为将来发展作了很好的铺垫。"走出去"还必须要强调人员自身的能力建设，要是自身实力不济，是不可能"走出去"的，或者说是比较肤浅的"走出去"。"走出去"的水平和层次还会影响"请进来"的质量。如果我们的老师不能与请来的高水平学者进行学术交流碰撞，不能与国外学者开展长期合作，只是给海外学者很高的报酬，也很难请到高水平的人。因此，对人才的培养和提升是"走出去"最为核心的要素。

对于"走出去"的推动手段，从实际操作性来说，还可以考虑采取一些过渡性做法。比如说把香港作为一个桥梁，加强与香港高校的联系与合作。香港学者的理论构建能力比较强，基本已经达到西方学者的水平，内地学者的优势在于对中国的数据资料掌握得比较充分，部分人数学建模能力等一些基本功比较扎实，双方各取所需，可以进行有效的合作。通过香港这个桥梁，通过合作来学习，是我们提升理论构建能力、达到"神似"的一个较好途径。这对于一些在英文语言、研究范式上有欠缺的学者尤其重要，他们可以充分利用自身的优势，通过与香港学者畅通交流，两者合作完成文章、项目，这样中国的思想与西方研究方式相结合，借力完成"走出去"的第一步，各取所需。等到我们自身实力、能力更强，路也已经打开，就可以直接走到国外去了。

香港高校国际化程度已经很高，他们"走出去"是没有"门槛"的，我们可以借鉴他们的一些做法来完善我们的制度，创新我们的做法。但是，我们也不能照搬他们的经验做法。香港由于种种原因，其学者与西方完全接轨，研究内容上也与西方完全接轨，基本不研究当地的情况，没有能够有效服务地区社会经济发展。但对于内地来说，要是我们的人文社科不能研究和解决我们自己的问题，那是没有前途的。"走出去"最重要的借鉴对象还是应该考虑俄罗斯、印度、日本这样的国家。

当然，"走出去"不仅要借鉴、比较国内外一些成功、失败的做法，还要借鉴自然科学"走出去"的经验。目前可以从人文社科"走出去"比较成功的学科领域，比如经济、管理等，提炼出一些共性措施，来引领和带动其他学科的发展。

访："走出去"最终还是要依靠学者"走出去"来完成，有人说把学者送出国就算"走出去"了，您怎么看？

毛基业：在人的派出上，不能简单地为了派出而派出。要对派出访问学者等派出行为提出要求，不仅仅是学习，还要在一些平台上进行对话和合作，带着项目、文章、数据过去，要求有海外发表、海外合作，争取建立稳定的海外学术渠道，发展长期的学术关系，共同获益、共同提高。

不论是派出去，还是请进来，现在都应当特别强调"合作研究"，这与一般的派人出国培训、进修，请人到国内讲学是有本质区别的。因为我们现在在方法论和研究范式上已经与国外差距不大，这些内容在国内也已经可以学到，国内学者也已经能够讲授，但是通过"合作研究"则有可能使我们在理论构建能力上真正有提升，才能真正地"走出去"。

访：您还有没有其他观点需要补充？

毛基业：改革开放 30 年的成功经验告诉我们，外资的进入、市场的对外开放带给我们的资金其实不是最宝贵的，最大的财富是随着外资进入带来的观念和思路，理念上的改变促进了整个社会的巨大变化。人文社会科学"走出去"也是这样，"走出去"只是个形式，但其背后隐含的东西非常重要。我们现在开始努力做，一旦做成了，是功在当代、利在千秋的事情，收获和回报会非常丰厚。

访谈人：沈健　倪小恒

访谈时间：2009 年 3 月 11 日

▶ **杜鹏**

让"走出去"由形式提升为实质

杜鹏，中国人民大学社会与人口学院教授，科研处处长，社会与人口学院老年学研究所所长。在中国人民大学获得法学博士学位。主要社会兼职有民政部专家委员会委员、中国老年学学会副会长、北京市老年学学会会长、北京市人口学会副会长兼秘书长、国际老年学与老年医学学会亚太地区主席。主要研究领域为人口老龄化与老龄问题、人口与发展。代表作有《中国人口老龄化过程研究》、《人口老龄化过程中的中国老年人》、《中国谁来养老》（主编）、《欧盟国家的老龄问题与老龄政策》。

访：您怎样认识和评价您所在的学科领域以及国内人文社会科学的国际影响力？

杜鹏：从我了解的角度来看，人口学、社会学这个领域的学者应该是从 20 世纪 80 年代开始逐渐走出去的。80 年代初期，联合国就开始与中国政府特别是教育部共同合作，请一批国外学者来讲学，同时也有一大批学者被派出去学习访问。大概在 1986 年才有第一批从国外获得博士学位的学者回来，这一批人在国外拿了学位以后回来留在国内高校发挥了很大作用，目前基本上都是学科带头人。还有一批学者属于公派出去后留在国外大学任教，人数比回国的还要多一些，其中有很多人成为了很有影响的教授。

90 年代以来，中国人文社会科学的影响是在不断扩大的，这种扩大的原因一方面是逐渐从国外回来了一些学者，国内的教学和研究开始更多地掌握了国际上的理论和技术，比如我们专业上的一些模型、统计分析技术、相关的理论，都迅速缩小了与国际上的差距。举一个例子可以反映这一时期的变化：美国著名人口学家、普林斯顿大学安斯利·寇尔教授在1995年来华参加国际研讨会时曾经说道，他十年前来华讲学时能够准确翻译他讲课内容的专家都很少，而这次再来中国时中国学者已经完全可以在同一水平上进行国际交流了。在社会学方面，国外那些领先的大学已经掌握、运用的方法和理论，在国内几乎都可以看到把它们跟中国的情况结合起来进行探索使用的案例，这样至少就不存在像过去那样的隔阂与明显差距。另外一个方面，中国改革开放的过程中有许多中国特色的问题，国外学者对这些问题的兴趣也在增加，所以说，涉及这种大的问题的研究或会议，中国学者发言的频率和产生的影响也在增加。这有两个方面的前提，一方面要求我们很多人文社会科学工作者的能力或知识面是跟国际接轨甚至是领先的。因为如果人家请你来交流，但是你的整个研究方法与研究规范跟人家不一样，那恐怕也不行。另一方面，中国学者能够把中国的经验、中国的问题用科学规范的方法在国际平台上跟人家交流。我特别注意到，在80年代、90年代前期，国外在研究中国问题的时候，作者可能主要是外国人，也可能是在国外的华人学者，现在类似的研究基本上都是以国内的社会科学工作者为主，已经成为主力军。国内学者是最了解这方面国情与决策需要的人，已经开始把中国的情况和研究成果在国际上广泛介绍。

还有一种"走出去"的形式，国内出去的留学生有些回来了，有些还在国外执教，他们之间的互动很多，特别是现在的长江学者、各种讲座教授，这样一些交流使得这些互动更加密切。比如在社会学领域，从大陆出去现在在美国执教的学者，在那里做得好的，基本上每年都回来（像北大、人大、复旦、南开这些学校都有一些讲座、暑期班），就把他们那边的一些新的理论和研究成果也带回来了。国内一些学者，比如人民大学的学者每年就有很多出国访问交流的机会，在国际上的影响再有三五年时间也会非常明显。

访：您观察人文社科的国际影响力越来越大，主要是体现在哪些方面呢？

杜鹏：中国学者在国际学术研究方面的影响力越来越大，有多个指标可以说明这种现象：一是国际发表，论文的数量肯定是在上升。参与国外专著中一两章写作的也在增多，这方面国内科研统计的比较少，通常不如发表论文那样得到重视，其实这种学术影响也比较大，我认为这也是一种指标。二是国际会议，特别是这几年，在一些大的国际会议上中国学者参与的也比较多。过去由于经费所限，可能都是等着国外机构出钱资助你才能去参加，"985"、"211"工程实行以后，国内的相关配套资金也使学者自主选择参加一些重要的国际会议成为可能，重要的学术会议基本上都纳入了国际交流资助的重点支持范畴。三是，中国人在国际刊物担任编委的情况也在增多，我认为这是一个很好的前奏。首先是，这些人的水平和能力被认可，他们逐渐参与进去后对于带动国际发文很有意义。其次，过去你可能是偶然地发表一篇外文文章，现在可能就比较系统地去关注这方面发表的成果，主动了解和关注国际学术动态。四是，在一些人文社科领域的国际学术组织担任职务的中国学者这些年来也是越来越多。现在研究人文社会科学领域的问题，在一个重要的国际学术组织里，如果没有中国的声音或者反应的话应该说是不足的地方，所以很多的国际机构、国际学术组织也有意识地加强了这方面的工作。我觉得从这些方面来看，应该说过去这十年"走出去"的效果非常明显。特别是中国学者在国际刊物担任编委或者在国际学术组织任职，可能会对以后的"走出去"产生持续的积极影响。

访：您对国家强调哲学社会科学"走出去"怎么看？

杜鹏：我自己认为"走出去"是非常必要的。它主要针对几类情况：第一，国际社会的需要。就人文社会科学研究而言，中国这么大，社会经济发展迅速，针对各种各样的问题都开展了大量学术研究，应当在国际上产生更大的影响，对国际社会全面了解和正确认识中国国情作出贡献。虽然前面说到我们在科学研究与学术交流上已经有了很大进步，但是我们中国这么多的学者，在国际上的声音却相对单薄。我们在国际上不光是要把中国的经验和国情讲清楚，还应该有一些能够引领各方面知识发展的责任和作用，我觉得这才是"走出去"。用更高水平来要求，我们现在回顾的是过去二三十年，你可能说我这里有一些学者是比较有名的，这是成就。但是话说回来，你要是说美国的高校，大家好像都知道哈佛、斯坦福、耶鲁、伯克利的相关学术研究怎么样，都很关注它们在理论与方法上的新发展。那么现在我们整体的人文社科的学者在国际上还没有产生那么广泛的影响，得到足够的重视。你看一个国际会议，不管是什么主题的，动不动就要邀请英国、美国学者参加，我们现在还没有做到在这些高端的学术会议上形成这样的影响。所以说，用更高的水平来要求，或者从中国在世界上应该发挥的影响来说，我认为还有很多工作可以做。这是针对这种情况。

第二，真正体现中国国情的声音是什么？中国关注的是什么？这些需要我们自己来主导、来掌握话语权。从这点来说，中国"走出去"也还需要做很多工作。比如，国际社会对西藏问题有很多歪曲，但实际上西藏是什么样？可以通过一些学术研究成果把我们要表达的东西表达出去，这是最起码的"走出去"。换句话说，人家用了很多东西来描述你，说中国如何如何，其实根本不是这么个情况，但是你想表达的是什么？真实的情况是什么？这是我们需要主导的话语权。我们可以利用国际学术界这样一个平台共同去探讨一些问题。比如说谈金融危机，我可能就谈金融危机对中国的影响，这是一个层次。但是要谈这种金融危机在世界范围内是怎么产生的，它可能就超出了中国的范围，它就更具有国际性的影响，在国际学术界有着共同的关注点。要做到这一点，很多学者就要有比较宽广的视野。再举个例子，你担任了一个国际学术机构的负责人，现在要召集几千人到中国来开会，就需要你来定主题，定了主题还能引导大家接受和参与，有了这种话语权我们就可以寻找我们关心的话题，通过这些智力资源，最后能够产生一些对各个国家，特别是对中国有借鉴意义的交流成果。

第三，现在不同学科与国际接轨水平是不平衡的，可能有一些学科在国际上相对来说接轨比较多。虽然说，"走出去"并不是去追求接轨，中国没有必要非得跟国外完全一样，但是至少你有自己的理论，有自己的一套方法，是规范的研究成果。从这个角度来说，有一些学科国际交往比较多，但是还有很多学科，特别是对中国的认识和理解方面，可能还存在着不平衡的现象，包括在社会科学领域。比如，我们的一些研究如果是纯粹照搬西方的一套，照葫芦画瓢，你可能在人家那里也得不到承认和尊重，这就需要我们能够结合中国的情况，发展出我们自己的一种理论与方法体系，这是当务之急，而不是仅仅把国外的一些理论方法拿过来套用我们的国情，把美国的数据换成中国的数据，好像就是我们的了。这也是"走出去"的根基，一个基础性的要求。所以从这几个方面来看，"走出去"的工作应针对不同学科的情况作不同的努力。

访：如您所说，人文社会科学领域不同学科有很大差异。人文学科更多地承载了一些中国的传统和文化的精髓，一般来说越是民族的，越是世界的，为什么在走向世界的过程中反而更不利呢？应该如何促进人文学科"走出去"呢？

杜鹏：从认识的角度来说，"越是民族的，越是世界的"这种说法是对的。但是，民族的内容可能只是表现的形式不一样，但是其内涵应该是能够跨越民族、打动人的。比如说文学、艺术或历史，就拿获奥斯卡奖的《贫民窟的百万富翁》来说，它是民族的，但更重要的是它有一些人们相通的情感，这是超越民族的，民族特色并不是强调这个电影或者成果只有我自己这个民族才能欣赏。这个作品并不是十全十美的，但是它一获奖，就有了很多语言的译本，这就是它"走出去"了。并不是说它自己翻译了让别人去看，而是它的内容能够打动人，让别人主动想去看，想办法用自己的语言去看明白，所以关键是如何把握和了解内在的超越民族的东西。

"走出去"需要知己知彼，要了解别的国家的变化。现在不同的学科也是有差异的，很多学科教学、交流活动大量地运用外语，这样的学科往往越交往对外的活动越多。对于另外一些学科，本身用外语比较少，对外交流也会少一些。但是不管是哪类学科，都需要多去搜集国外的资料，了解国际上的进展。知道了国外的情况才能更好地定位民族自身的特点，才能去找到相通的东西，否则，可能会有很大的局限，不利于参与国际学术交流，也不利于扩大中国的学术影响力。比如说像我们做老年研究，你可以只看孔子的著述、孟子的著述，就讲中国的孝道传统，认为孝道是中国的特色。但没有使用孝这个概念，外国人就不养老了？家庭成员就不管老年人了？其实印度人写的东西也在谈孝道，欧洲人也在讲，虽然没有像"不孝有三"之类的说法，但是它强调用各种形式关心与回报家庭成员，强调亲情。如果跟全世界说只有中国人知道孝顺父母，在交流的过程中就比较别扭而且非常片面，应该在养老这个共通的形式中，从与别的国家的对比中寻找中国的特点。这是将不同文化里的相同内容提高到了一个非常重要的甚至居于统治地位的高度。孝的概念可能中国跟外国不一样，但是人的这种亲情，这种相互支持的关系是普遍的，那么再研究的时候，"走出去"的这个成果就更能有的放矢，突出这种民族特点。

访：您觉得"走出去"的标准是怎样的？

杜鹏：我觉得，"走出去"的标准有几个层次。第一步，观念上的国际化，对国际学术发展的了解。比如说现在给你钱，你给我请五个这个领域比较领先的知名国际学者来，有些学科可能都不知道上哪儿去请，多年没有联系，没有关注过谁在这方面做得好。也许你知道这个人很有名，但是从来没有人去跟他打交道，国外学者也不了解你的学校和研究实力，这也很难进行交流。所以我认为在国际化之前起码要在这方面花一些精力，起码先要对这个领域里比较领先的学者有一个了解，有人去注意这些学者的学术成果、研究动态，这是第一步要做的。第二步，在你研究的学科里，对国际一些比较权威的著作或者新的成果应当有所了解。那么再往前第三步才是怎么去参与这个过程。或者说我知道别人,人家可能还不知道我,到了第三步的时候应该逐渐让人了解,我这个会议应该有中国学者的参与,交流中国的情况,能想到人民大学,想到某些学者,主动邀请这些学者参加重要的国际学术会议与国际学术组织。第四步才是搭建合作平台,共同策划一些国际会议,组织一些学术研究活动。它是这么一个循序渐进的过程。我认为从这点上来看,国内很多学科国际化做得比较好,把国外的一些教材、一些权威的著作翻译出来,要是分析各个学科的国际化也可以从这个角度来分析。比如说,克鲁格曼在获得诺贝尔奖之前,人民大学出版社就已经出了好几本他的书,说明大家已经判断出他这些成果的价值,为此后的交流与合作打下了基础。

总体上说,我认为在学术交流方面"走出去"由低到高有三层标准:一是是否知道国际上领先的机构、学者及其成果,二是这些国际领先学者是否了解中国的学者及其研究成果,三是中国学者与国际学者共同开展研究或者进行高水平对话,共同引领学术发展。

访: 以您频繁的国际交流的经验,以及主管科研工作的经验,您觉得"走出去"有哪些障碍,需要怎样的支持?

杜鹏: 对于中国学者来说,第一是语言障碍。但对于一些比较强势的国家或者学校,这并不是一个主要问题。许多高校在其研究人员外语能力方面通常也有很高的要求,在一些国家和地区,像美国、英国、新加坡、中国香港,学者们本身就使用英语,他们在信息获得、交流和人员流动上占有有利条件和优势。不过,外语只是一个形式,是一个便利的工具,根本上中国学者还是要先有好的研究能力和写作基础,用中文能写出好文章,才有可能用外文表达好。

第二,"走出去"需要有长效机制并保持持续的国际学者接触。现在政府出资支持学者进行国际交流如参加国际会议越来越多,比如"985"支持出去进行学术访问和参加国际会议,效果还是非常明显的。如果这种支持不是偶尔一次两次的支持,而是培育项目,即"985"从开始支持出去参加会议，到学者自己能够在国际学术界产生影响，到别人主动邀请去参加会议，效果可能会更充分地得到反映。出去以后能熟悉一些比较前沿的学术动态，之后它也会产生滚雪球式的一种效应。例如你在一次比较高端的国际会议上讲得不错，有一些人可能当时就过来找你交流，或者下一次其他会议就会想到邀请你，慢慢地这种参与交流的机会就增多了。通过参加会议，一方面你介绍了自己的研究，同时会接触到这个领域比较领先的一些学者的成果，也能够及时地了解他们的关注点、取得的新成果，这样几年下来还是非常有帮助的。

第三，提供资助，使得学者可以在国外访问交流三到六个月。对于一些重点扶持的学科，也未必一定要工作五年后才能出去三个月、六个月，可以有重点地给予一些倾斜，加快国际化的步伐。其实国际学术界一般五到八年可能就换了一批领军人物，老的学者可能就被新的一批学者替代了，因此我们应该不断有一批批新的学者去保持不同层次的接触，这是一种长期"走出去"的策略。

第四，可以建立校际定期交流的机制。可以明确一些重点的友好学校，有一种能够让教师和学生定期交换交流访问的机制，实实在在地利用这些合作关系，而不是仅仅停留在合作协议文本形式上。对于一个学术机构，如果我们这里每年去两个主要学术带头人或者请他们那边两个人过来进行交流，基本上就能掌握互相的动态，特别是跟这些比较好的学校的合作机会。再者，中国高校和学者之间要经常有一些经验的交流，特别是跨学科的经验交流。在国际上交流合作较多的一些学科可以有一些互相交流经验的机会，对各方都会有一定的启发和促进。

第五，还要为国际交流提供好的基础条件。一方面，要吸引海外学者参与"走出去"的过程。现在大量的人通过各种渠道出国学习，学成回国以后充实了各个学科的发展。还有一些在国外工作的学者，如果能够协助他们做一些关于中国的研究，就会带动中国的学者一起参与这个过程，同时也在扩大中国的影响。另一方面，国内的学者也有出国的机会，在掌握了国外的理论和方法以后，他们可以结合中国的情况，能够更好地发挥研究的能力。这些年国际化最大的进步之一是公派外出的学者和学生数量在增多，但是我认为是不是能够再提高一下这方面的待遇呢？创造一些更好的条件，使他们更能安心地在国外从事研究和交流工作。除了年轻教师，现在如果要吸引已经做出了些成绩的学者出去，很多人可能不是特别愿意往外跑。中国的经济在发展，但是对国际交流资助的额度仍然比较有限，是不是能够再提高一些，鼓励这些学者安心地在国外交流。

国际化和"走出去"都不能只看形式，要以实际成效为标准。不能以为出国开会了或者访问了就是"走出去"了，访问学者人在国外，做了什么研究、有什么收获才是最重要的，需要他们对自己的研究有一种执著，有这样一种境界和追求。比如有的学者出去一年，可能在国外待一年还是主要干自己带去的这些活，在利用时间写要在国内出版或发表的书或者论文，没有利用这个机会与当地的学者充分交流，没有吸收新的学术成果就回来了，这种只是形式上的国际化，不是真正意义上的"走出去"。国际化有一个从形式到实质的转变，需要一种提升，现在做的是形式上能够让学者们"走出去"，这只是第一步，但是后面的交流与合作是更重要的，需要花更多精力和时间才能实现。

访谈人：张伟　王亚敏

访谈时间：2009 年 3 月 12 日

▶▶ 沈卫荣

本土化研究如何进行国际交流

沈卫荣，中国人民大学国学院教授。从南京大学获得历史学学士、硕士学位，从德国波恩大学中亚语言文化研究所获得博士学位。曾任德国波恩大学合作研究员、美国哈佛大学印度梵文系合作研究员、美国明尼苏达州玛卡莱斯特学院历史系代理助教授、德国洪堡大学亚非研究所代理教授、日本京都大学文学部外国人合作研究员、日本地球环境科学研究所客座教授、香港大学佛学研究中心访问教授、台湾"中央研究院"历史语言研究所访问教授等职。主要社会兼职有西北民族大学、新疆师范大学兼职教授，中国藏学研究中心、北京大学中古史研究中心学术委员等。代表作有《西藏历史和佛教的语文学研究》、《寻找香格里拉》、《一世达赖喇嘛传》、《〈圣入无分别总持经〉对勘及研究》、《幻化网秘密藏续》等。

访：请您谈一下对人文社会科学"走出去"这个议题的看法。

沈卫荣：我觉得对人文社会科学"走出去"这个概念可有两种理解：一种理解是要把我们自己的优秀文化包括意识形态通过特定方式输出到国外，对外国学者造成影响，甚至能够改变别人对待问题的看法；另一种理解可以是指我们的人文社会科学的学术研究水平要与国外同等，与国外学术界能够进行平等对话，可以就学术议题进行沟通和交流。

前一种概念上的"走出去"会比较难做，因为它容易被人打上"民族主义"的符号，受到国外学术界的排斥。此前，美国著名学者杜维明等倡导新儒家的华裔学人曾经在西方提出，新儒家是欧美工业文明、苏联工业文明之后的第三种工业文明。虽然杜先生本人已经加入美国国籍，并且在美国从事教学和研究很多年，在学术上有很高的声望，但他的这个观点仍然受到很多西方学者的诟病，被视为儒家在西方进行传教的尝试，在一定程度上受到国外学术界的抵制。可能也是因为这种尝试比较难以被西方世界接受，现在杜先生似乎已经放弃这种新儒家思想的推广，转向跨文化研究和跨文化的对话。

但是，如果人文社会科学"走出去"这个概念作后一种的理解，那么它就非常有意义，也很可以操作。因为如果我国的人文学者研究的和西方人文学者研究的是同样的东西，哪怕我们的研究主题是非常本土化的东西，但只要按照国际通行的学术规范进行认真研究，达到了一定的水平，并把这些研究公开发表或者出版，国外学术界在开展相关研究的时候，就会关注并引用我们的这些研究成果，这些成果自然就"走出去"了。

访：您认为中国人文社会科学研究在国际上的水平和地位怎么样？

沈卫荣：经过30年的改革开放，我们国家在世界上的经济地位已经大大提高，但是在人文社会科学的学术研究领域，我们的地位显然还没有得到很大的提升，中国人文社会科学学者在国际学术界的声音还很小。现在的情况是，国内对人文社会科学的投入已经差不多要超过欧美、超过日本了，有的研究项目有上千万的资金，这在西方是很罕见的。我们自己在国内的研究做得好像很红火，但是很少在国际上产生什么影响，我们的大量研究成果在国外似乎得不到应有的认可，这是十分令人遗憾的事情。

造成这种状况有几方面的原因。一是我们的学术研究跟国际上脱节了很多年，实际上可以说是改革开放之后才开始逐渐与国际挂上钩的，由于时间较短，积累的确没有那么深厚，有差距是正常的。二是现在国际学术界英语具有强势地位，而我们大多数学者没有能力与国外学者用英语进行学术交流，别人自然很难较客观地获知和评价我们的研究水平。三是改革开放之后很多年我们还一直在消化吸收西方的学术研究成果，自己的东西还不是很多，没有达到可以跟西方进行对话的学术研究层次。

具体来说，我们现在的很多研究在研究方法上与国际前沿还有所不同。比如佛学研究，国际上的学术活动很多，有论坛有会议，但是在这些论坛、会议上很少会提及中国的研究成果。这一方面是因为我们有能力去参加这些国际学术会议的学者很少；另一方面，也更为关键的是，我们和国外的研究方法有差异，国外的研究主流是文献学、语文学的研究，是基于文本的扎扎实实的研究，而我们的研究主要是哲学史的研究、思想史的研究，是将佛学作为中国哲学史、思想史的一部分来进行研究，大家研究的方法不同，着眼点不同，交流起来就比较困难。

另外，哲学研究领域也存在这个问题。对于西方哲学来说，西方的研究肯定是强势的，因为我们有语言的障碍，现在基本上还处于一个接收的阶段。可是对于中国哲学的研究，本来应该是我们的强项，至少我们应该不弱于他们的。但是实际情况是，西方研究中国的很多汉学著作是相当不错的，你可以批评他们的汉语水平不够高，但至少他们的研究是入流的、是学术的，因为他们的研究都是从第一手的资料开始，认真下工夫做的。相反，我们自己有很多研究没有做得那么仔细，基础没那么扎实，本来有优势的研究现在在国际上也得不到承认。

日本学者在 20 世纪 70 年代的时候就很有底气地宣布自己从文献学、语文学角度对古代希腊、罗马思想和文化的研究已经超过了欧洲，即是说，就是在西学方面，日本学者的研究也可以与西方进行比较，这是非常了不起的成就。当然，这也是他们很多年从不间断地派出留学生，从各方面认真学习积累的结果。日本人做到的理论上我们也应该可以做到，关键是学者要"沉下心来"，踏踏实实地做好学问，只有这样，我们的学术才可能"走出去"。

访： 我们可以借鉴日本这种通过研究西学达到"走出去"目的的做法吗？

沈卫荣： 要想达到日本那样研究西学跟西方一样的水平是相当不容易

的，因为日本已经有一百多年没有中断的学术研究积累。而中国中断的时间很多，还需要很长时间的积累才可以达到。

比如文献资料的积累方面，日本大学的图书馆资料非常丰富，基本上你做研究所需要的专业文献图书馆里都有，这是他们一百多年不中断地购置图书资料积累下来的。现在中国的大学图书馆资料还很欠缺。所以中国一流的大学一定要有一流的图书馆，要有足够的文献，各种文献都要充分才行。

不过，日本现在在学术研究，特别是在亚洲研究这一学术领域，受到中国学术发展的挑战很大。当中国开放程度不够的时候，很多西方学者研究中国问题都是到日本去研究，或者通过日本进行研究。现在中国足够开放了，中国在各个方面的重要性和影响力都提升了，于是，大部分西方研究中国问题的学者都直接到中国来进行研究了，这让日本感觉很失落。目前，相对于日本，中国在经济上、地理上都占优势，只是学术研究水平和学术传统还稍弱，所以我们逐步提高自己的学术研究水平，将来在学术研究上就能超过日本。

访：像国学这样非常本土化的学术研究是不是需要国际化，是不是需要"走出去"，很多人都会有这个疑问。有的人甚至会认为这些本土化的学问，外国人可能都不懂，没有必要国际化。您怎么看？

沈卫荣：这是非常短视的想法。实际上，任何研究，哪怕是非常地方化的研究，都需要有问题意识，都应当符合国际学术规范，只有这样才能与西方学者有思想上的冲撞，才有真正意义上的交流。地方性知识转化为全球性知识，无论从过程还是结果都是对人类文明的伟大贡献。所以，越中国化的东西，只要做得好，就越容易"走出去"，越应该"走出去"。

即使像国学这样的东方学问，西方人也已经有很深的研究。比如说，西方人翻译的老子的《道德经》就比我们翻译的好得多，甚至在国学上有很深造诣的华裔著名汉学大师都比不了，为什么呢？因为我们的学者包括海外的华裔学者在内，都缺乏西方学者那种充分的语文学训练，没有掌握严格的学术方法和规范。

我认识一位日本学者，他要研究清朝的移民情况，就是闯关东、走西口等移民的情况。他到中国来查相关的研究文献，发现国内有很多相关的研究，题目很好，可是内容却有些空洞，引文、注释不规范，让他觉得难以利用。这样的研究成果当然是不能"走出去"的。

我认为，如果我们只是将自己的研究在国内做得风生水起，却没有办法和国外学者作高水平的对话和交流，我们的研究水平就很难得到提高。我们应当抱着开放的心态，认真地交流和学习，既理解别人的学术研究思想，也让我们的研究被别人理解，在相互交流理解中共同提高水平。

访：越是民族的越是世界的，看来"走出去"的内容可以非常广阔。您对人文社会科学"走出去"有什么建议？

沈卫荣：在走出去的方式上，应当致力于提升自己的研究水平，应当致力于将学术研究做成符合国际规范、国际水准的研究，然后，在适当的时候将我们高质量的学术研究成果通过翻译用多种语言推出。这其中一个比较有效的办法是努力将我们的学术期刊加入国际检索系统。

另外，合作研究是一个很好的"走出去"的方式。现在"走出去"的重点不是学习的问题，而是如何利用好合作关系，有效整合学术资源的问题。比如吸纳国外学者参与我们的研究，让他们也可以在我们的学术期刊上发表中文或者英文文章。这方面不用有过多的语言顾虑，因为国外研究汉学的很多学者都懂中文。国外学者参与我们的研究，在国内的学术期刊发表文章的过程中，自然就能够接受我们的研究成果了。通过这样的合作研究，我们可以吸收他们的想法，而我们的想法也自然就被他们带出去了。

现在，从经济能力、组织能力上，对于国学及很多中国问题的研究大概只有中国学者有足够的能力进行运作，所以现在是一个让国际上参与合作研究，实现中国研究"走出去"目标的好时机。

要注意的是，一定要用学术的方式"走出去"，而不是用宣传的方式，用宣传的方式效果一定是很差的。比如现在在所谓的"西藏问题"上,我们国家花了很大的力气向国际上宣传和介绍西藏的历史与现实,但效果非常有限,国际上对现在的一些传达方式评价不高。实际上对中国比较了解、对西藏历史比较了解的国外学者常有这样的感觉:没有一个国家像中国一样,总是在拿一些价值不高的资料进行介绍,而把很多有价值、有说服力的资料藏起来。要让西方人对西藏的历史和现实有客观的了解,需要我们对西方的那一套"西藏话语"有清楚的了解和认识,从而有的放矢地把有关西藏的真相介绍出去。

访:您觉得人文社会科学"走出去"存在什么样的障碍或者困难?

沈卫荣:第一个是国内学术研究水平还有待提高,很多研究还不符合基本的国际学术规范,难以与国际学界进行学术交流。比如做一项研究至少要了解学术史,要了解国际学术界对于这个领域已经研究到什么程度,要做好参考文献整理,要有清楚的问题意识,如果这些基本的学术规范做不到,就很难走出去。

第二个是语言问题。考虑到英语在国际学术领域的地位,英语是必须要掌握的,否则就没有对话能力,没办法跟国外交流。我们开展一项学术课题研究,首先需要知道自己的题目在国际上是否有人在做,做到什么程度,不掌握英语这是没有办法做到的。否则,我们的研究就没有跟国际在一个层次上,就不入流。

年长一些的学者英语有困难还可以有借口,年轻的学者就不应该再有借口。年轻的学者做研究必须要读西方的学术著作、学术论文,要掌握西方的相关研究情况,这方面是要花很大的力气的。

以我自己的经历为例,虽说已经在国外工作、生活16年,即便如此,写一些正式英文文章仍然需要外国人帮着订正一下。在学术成果发表上,这是必须要非常重视的,语言问题是基础问题,并且不是一个小问题。德国人在这方面很自豪,他们很重视语言细节,他们可以说自己出的书没有错误。现在我们很多学术期刊上发表的文章也写英文提要,可是很多写得一塌糊涂，这样的提要别人看了以后根本就没有兴趣看下面的内容了。

访：目前政府非常重视人文社会科学"走出去"，您对政府在"走出去"过程中应该发挥的作用有什么建议？

沈卫荣：建议国家可以组织一些跨学科、跨国的研究项目，让西方学者、日本学者加入我们的研究团队，整合国际学术资源进行合作研究，这样学术研究水平提高的效果会非常好。

也可以考虑支持国内优秀的学者去国外大学进行短期讲学，但仅在国外大学设讲席是没有意义的，要真正开设一门课，像德国就派出教师在美国的大学讲授德国哲学、德国历史，一个教师教几年，这样一方面可以交流，一方面也可以提升自己。这样做比我们现在在国外建立孔子学院的效果要好得多，因为国外感觉我们设孔子学院有明显的政治背景、政治意图，学者会有抵触情绪。

另外，对于优秀的学术著作，建议国家支持直接拿到西方去出版，这样更容易被西方接受。

访谈人：沈健　倪小恒
访谈时间：2009 年 3 月 12 日

▶ 贺耀敏

以规范的学术研究推动"走出去"

贺耀敏，访谈时任中国人民大学出版社社长。现任中国人民大学出版社总编辑，中国人民大学校长助理、经济学院教授，中国人民大学学术委员会副主任、吴玉章奖金基金委员会委员。主要社会兼职有中华人民共和国国史学会理事、中国经济史学会理事、北京经济学总会理事、国家社会科学基金（经济学）评审组成员、北京哲学社会科学基金（综合）评审组组长。

访：您对中国人文社会科学的发展现状如何评价？您认为中国人文社会科学与西方国家的差别或者差距是什么？

贺耀敏：随着中国国际地位的提升，特别是中国经济的发展，国外对中国经济发展以及中国文化的关注度越来越高。尤其是对中国最近几十年的发展道路、发展经验的研究，目前在国际上已经成为显学，受到各个方面的高度重视，我接触到的很多外国学者都十分关心这个问题，不少学者在研究这个问题。中国的发展有很多自己独到的东西，我们的自然资源和环境、我们的经济基础和条件、我们的国内市场和资本都不是世界上最好的，甚至说是比较差的，但是我们赢得了三十多年的高速发展，这是为什么？大家还没有搞得很清楚，所以把它叫做"中国之谜"。一国的人文社会科学往往会重点研究本国发展过程中遇到的实际问题，所以中国的人文社会科学研究成果比以往更受到外界的关注，对海外的影响力也越来越大。

从我的工作经历和实际感受来说，每年在德国举办的法兰克福图书博览会就是一个很能说明问题的例子。这些年来，在法兰克福图书博览会上，中国各出版集团和出版社的展区不断扩大，参展的中国题材的图书越来越多。我们在图书博览会上看到的中国图书，题材已经不限于中国的风景、饮食和旅游了，还有介绍中国传统文化、历史发展的图书。近些年来有关中国现当代社会经济政治类的图书越来越多，影响也越来越大。中国是今年（2009 年）法兰克福图书博览会的主宾国，中国出版业界将要有 1 000 多人参展，我们国家的领导人也将出席书展。我们可以看出，现在国外了解中国的愿望十分强烈，这也反映出中国文化以及中国社会科学的成绩。

当然，我国人文社会科学研究成果"走出去"还有一段较长的道路要走，总体上讲中国人文社会科学的发展水平与先进国家相比，还有比较明显的差距。第一，现在我国人文社会科学研究中，经验性、叙述性和概括性的描述较多，规范研究和实证研究比较少，所以在研究方法上存在着较大差距。第二，重复性研究成果较多，创新性研究成果相对较少。所以看上去总量很大，但是雷同很多。第三，社会科学的研究队伍规模比较大，但整体研究水平还有差距，主要表现为零星的、个人的经验成果比较多，团队性、集团化的作战能力比较弱，对复杂科学、跨学科的研究能力比较弱。第四，所研究的问题往往不是处在同一个历史阶段上。中国现在所处的经济发展阶段是西方发达国家已经经历过的经济发展阶段，我们遇到的是工业化中期的问题，而西方遇到的是后工业化社会的问题，所以很多时候我们关心的话题他们会觉得不很熟悉或无法对话。

访：您对中国人文社会科学"走出去"的必要性和可行性有什么样的看法？

贺耀敏：就必要性而言，中国人文社会科学应该要"走出去"，也必须要"走出去"。当今世界越来越成为一个地球村，随着科学技术的进步和经济文化的发展，各个不同地域的人际交往、不同国家间的交往、不同族群间的交往、社会成员之间的沟通和交流都必将会越来越普遍。要进一步增进不同国家和文化之间的相互理解，必须要推动中国人文社会科学成果"走出去"。当今世界谁都不可能在自我封闭中生存与发展，中国尤其不能闭关锁国来发展。

"走出去"还意味着在国家崛起的过程中，软实力和硬实力要相互配合、齐头并进。现在总体上来讲，我国的硬实力如经济、国防等方面都不错，但是我们的软实力，尤其是文化软实力与先进国家相比还有很大差距，一条腿长一条腿短的状况还特别明显，这自然会影响我们国家在国际上的形象。从出版业来讲，我们现在图书品种的引进和输出比例大概是7∶1，我们图书进出口是严重入超，"走出去"的数量还很少。以人大出版社为例，我们去年输出海外包括台港澳地区的图书品种一共才130多种，而真正走向非台港澳地区的只有71种，即便是这样，我们出版社仍是中国出版社中"走出去"做得比较突出的单位之一，国务院新闻办还对我们进行了表彰。可想而知我们文化"走出去"的差距有多么大，这一部分需要继续加强。令人高兴的是国家现在对文化产品"走出去"的扶持力度越来越大，除了基本的经费支持以外，优秀的学术著作还能够得到国家给予的翻译费支持。据介绍，政府已经启动了一个培养高级翻译的项目，就是为了提高我国翻译人员的素质和水平，使我们"走出去"的产品人家看得懂。

当然，文化"走出去"不仅仅指的是图书"走出去"，还有很多其他方面的成果要"走出去"。今天中国人文社会科学成果的国际发表已经是很普遍了，国际合作研究也越来越多。因为在全球化进程中，随着中国融入国际社会，中国遇到的不少问题其他国家也会遇到，像金融危机、气候变化、环境保护等问题，都成为全球共同面临的问题。我们刚出版了中央电视台节目主持人芮成钢同志撰写的《30而励》，他在书中就谈到了对有关金融危机、国际争端、文化交流等的思考。在这次金融危机中，我们基本上是同一时间和西方世界面对同一问题，中国必须正视这个问题，不可能独善其身。此外，随着冷战思维越来越淡化，谁都不可能忽略中国的文化影响力。对西方的政客来讲，如果他不了解今天的中国，他就不是一个合格的政客，我们可以看到一些保守政客也在反思以前对中国的漠视和歪曲，现在西方很多人都或多或少地了解一些关于中国的事情，这就已经是一个很大的变化了。

访： 那您认为现在是否是中国人文社会科学"走出去"的良好时机？

贺耀敏： 我觉得现在是个相当好的机会，正在发生的国际金融危机给中国人文社会科学"走出去"提供了一个十分重要的机会。我们的国家在这次严重的国际金融危机中受到的冲击比起西方发达国家来说，要小得多；我们的民众在危机中镇定而自信的表现很值得总结和宣传。与西方一些国家相比，中国对待困难的态度更达观、认识更透彻、措施更有效。特别是在对我国广大民众应对危机的心理安慰上，中国传统文化和文化传统发挥了重要作用，有许多值得国际社会借鉴的东西。这就是中国文化的一个鲜明特点。中国文化作为世界文化的一个重要组成部分，更讲韧性和承受力，更讲齐心协力、共渡难关的意志，可以说中国文化应对困难的能力是很强的。

访： 您认为中国人文社会科学"走出去"的最大障碍是什么？

贺耀敏： 我认为语言或者说翻译工作是我国人文社会科学成果"走出去"的最大的障碍。我们许多国内知名学者的优秀成果虽然翻译成外文了，到国外展示了，但是外国读者也看不太懂，不知所云。就目前国内的翻译队伍和翻译水平来说，真是需要有一个较大的提升。经验告诉我们，就算是在美国或者欧洲生活过四五年的人，他们写出来的外文往往也不很规范，存在很多问题。我们出版社出版了水平很高的国内著名学者主编的《宏观经济学》，我们通过艰苦的努力把这部著作推荐到世界著名的圣智教育出版公司出版英文版，我们和主编在国内组织了一批人翻译，翻译出来后交到圣智出版公司审稿，结果圣智出版公司说翻译的英文不过关。我们只好重新找人翻译，前后折腾了几遍。最近我们计划把方立天教授的《佛教哲学》翻译成英文版"走出去"，但是在国内找不到好的译者，最后还是约请了一些居住在香港的居士来翻译,但是他们又不能保证时间。总之,从我们出版社的工作经验来看,图书的翻译工作原来想着挺简单,真正做的时候发现很困难。所以我觉得语言是我们"走出去"最大的障碍。

另一个障碍就是学术研究规范问题。我们要想开展对外学术交流、使中国人文社会科学成果"走出去",就要有一个大家都认可的规范并遵循这一规范。认识和接受这一学术规范的过程可能就是一个西学东渐的过程,在研究方法上我们许多研究者还缺乏足够系统的训练,还不太会撰写符合国际学术规范的学术论文,尽管一些论文充满了思想火花和思想成果。针对不少研究者科学研究规范训练不足的状况,我觉得需要进行培训和提高,否则的话他们的研究成果很难"走出去"。

访:您认为"走出去"的标准是什么?怎样才算是"走出去"了?

贺耀敏:要真正实现"走出去",根本上还需要争得话语权。只有你有了扎扎实实"走出去"的实力,有了系统完备的"走出去"的渠道,有了切实可行的"走出去"的规划,你才能争得话语权。话语权取决于我们的工作,话语权要与我们实实在在的工作结合在一起。

话语权当然也要通过国际交流来争取,国际交流既是交流也是交锋,实际上我们更主要的还是要和外国交锋,就是说"走出去"争取话语权不是那么和颜悦色的,这也是一场不流血的战争。现在我们积极争取把大量介绍中国改革与发展、介绍中国历史与当代、介绍中国人理想与追求的图书推向世界,实际上就是要向世界宣示我们国家的立场与观点、利益与诉求。我们现在正在编写一套反映中国人的基本价值观的图书,比如说公平、人权、法制、以人为本等基本价值理念,将来就是要出版英文版,向世界各国发行。中国人民实在是爱好和平的人民,中国人民在漫长的发展中形成和凝练了许多重要的价值理念,我们策划这套书就是想让其他国家了解中国人是这样认识这些基本概念,而不是那样认识这些概念的,也许与西方国家在理解这些概念时有差异,但是我们中国人就是靠着这些基本概念支撑着我们这个国家。

争得话语权还要靠让人家承认我们的认识和理念是一种合理的存在，这很重要。尽管他不同意你的观点，但是他必须承认你坚持的是一种观点，这也是争取话语权。这些年我们许多国际交流遇到的问题是，我们在国际平台上阐述了一通我们的观点，可是人家不承认我们阐述的是一种观点，这一点很让人恼火。"走出去"的一个基本标准是我们的一些价值理念别人接受了、理解了，但不是一定要求人家信服我们的观点。最主要是让他了解你的状况和想法，而且真的会去读你的作品。我们现在有很多书翻译成英文发行到海外后，海外读者并不买账，并不阅读。我们这里自以为"走出去"了，结果海外没有人买，这实际上就没有真正"走出去"。

所以如果从学术研究角度来讲，或者说从学术论文角度来讲，人文社会科学"走出去"就是要争取在西方主流媒体或学术期刊上发表我们的研究成果，就是要在相对接近或一致的学术规范下，积极阐述我们的价值理念和观点，就是要在 SSCI 或者其他一些西方的期刊检索里能够检索到你，使研究中国的外国专家和政客逐渐地熟悉中国的理想和追求。

我们出版社现在正在做一个尝试，就是请外国作者撰写有关中国的图书，然后我们向世界各国发行。例如，我们约请畅销书《毛泽东传》的作者罗斯·特里尔先生专门撰写一部他与中国的图书，他观察中国近五十年，切身体会到了中国的变化，对中国的变化保持着十分浓厚的兴趣。请他撰写一部他眼中的中国的图书，一定会引起海外读者的兴趣。我想，由他来说中国就比我们来说中国对海外读者更有说服力，他特别的视角也会帮助我们更好地认识中国。因为他在西方世界有一定的知名度，海外读者相信他的研究成果，如果还由我们来说中国，海外总有人不太相信我们的客观态度。

访：您觉得在"走出去"的过程中，国家层面、学校层面、学者个人分别应该采取哪些措施？

贺耀敏：当前，中宣部、国务院新闻办和新闻出版总署联合推动、实施中国文化"走出去"战略，应该说力度很大，成效明显。中国文化"走出去"战略本身就是一个国家战略。这个战略是一个长远的战略,涉及的内容很多,实施难度也很大。例如,提出要把中国古代和当代的优秀文化成果翻译出来,有规划地推出去。我个人觉得这项工作很有必要,是一个十分浩繁的工程,说起来容易做起来难。因为对中国古典文学或古代典籍的翻译能不能达到很高水平就是一个大问题,翻译不好有可能损伤了中国文化的魅力。这样的大工程就应该由国家层面支持来做。此外,只要国家给予政策上的引导,给予经费上的支持,给予相关条件的保证,我们的高校和出版社、杂志社都会积极做好"走出去"工作,中国人文社会科学成果也会更多地争取在国际上发表。

学校、社会甚至包括非政府组织层面可以多做一些学术会议交流,目前国际上很多人越来越关注中国和世界共同面临的重大问题,在这些问题上要达成一致,取得共识,首先需要我们就这些问题开展各种形式的学术研讨,包括教师之间的交流和学生之间的交流。比如,在美国大学的暑假里经常可以看到很多海外游学生,不少学校利用暑期举办各种形式的学术交流,接待国际学生。一次,我在耶鲁大学看到有大约两百名新加坡的中学生在耶鲁进行学术交流,这很必要。目前这种形式的学术交流我们一些大学也开展起来了,一些大学举办暑期汉语学习班,吸引海外的学生来学习进修,我认为这很有意义。

学者层面的学术交流更为重要。现在高等院校和科研单位的学者们经常参加国际学术交流,交流的规模与频率已经比过去普遍增加了。目前感到最大的问题是政府要给予倡导和支持,关键还要有经费的保障。西方著名学者到中国来,我们往往都视若上宾,给他们提供十分惬意的生活工作环境,请他们住豪华宾馆,参加特别重要或宏大的活动,发表各种主题或主旨演讲。而我们的学者出去,都是居住在较为偏远的地方,住在很小的旅馆或宾馆,即使是很知名的学者出去也是这样,这本身就使得他们没有办法很好地开展学术交流活动。我认为我们要逐渐地推动更多的学者"走出去",在国际平台上进行学术交流,发表自己的学术观点,给予他们更多的话语空间，配备更好的交流保障。

发挥学生国际交流的作用很重要。应该看到，青年学生之间的交流所产生的影响力甚至超过学者间的交流。我感到在不同民族和文化中间，青年之间的差异是最小的，青年之间很容易沟通。青年在一起交流，可以让人很直观地了解中国的现状。我开一个玩笑，一个篮球打得很好的年轻人，他在海外打一场漂亮的球赛，那个影响力可能比一个学者的报告影响力还要大，因为他从中看到了中国的青年现在是这样一种生活状况，他对你的歧视就会减少，对你的敌视就会减少。著名篮球运动员姚明在美国NBA打球，因精彩的球技所刮起的"姚明旋风"影响力可谓空前。其实我们每个人身上并不标有这样或那样的符号，但是西方人把我们符号化了。

我建议国家要加大投入，给予"走出去"工作更多的支持，通过学校、社会或非政府组织，推动更多的学者、学生"走出去"。另外，培养更多的学者在国际舞台上去宣讲中国人文社会科学成果，形成一种全方位齐头并进的"走出去"态势，这样效果才能够更为明显。

访：现在有一种观点认为，各个学科有各自的发展状况，"走出去"的方式肯定是不一样的。您怎么认为？

贺耀敏：从本质上来讲，中国的人文社会科学与西方的人文社会科学应该是相似的，学科的划分都是从西方来的，不管是从苏联来的还是从西方来的，其研究范式、研究方法、研究路径都差不多，有相通的地方，不应该过于强调中国的特殊性。例如实证研究作为一种研究方法，许多学科都是共用的。现在有些人过于强调中国的特殊性，往往导致我们的学术无法正常与国际学术界交流和沟通，其实不少就是给自己找的借口。

科学研究的传统是从西方来的，这一点几乎没有人否定，我们搞科学研究，总要遵循一些基本的东西，例如，事实判断是第一层面的，价值判断是第二层面的，没有事实判断，就很难有价值判断，这是最基本的原则。我们有时候把事实判断和价值判断混在一起，经常会用价值判断代替事实判断。当然这也有传统，我们东方人比较注意或侧重讲善恶，不太注意或侧重从真伪开始探讨问题，我想这一点总是不够的，就必须调整和修正。事实判断是科学研究最基本的判断，是科学研究的精髓。学术交流只有规范了才可能相通。

访：成果的推广是不是"走出去"的一个重要表现？

贺耀敏：科学研究首先是通过成果来说服人的。但是研究成果要说服人，必须是规范的研究，不应是感情式的研究，要避免口号式的语言和表达方式。我们知道，真正的科学研究其过程必须是十分规范的，研究环节和程序也是没有问题的，即使你的研究结果不一定得到所有人的认同，但是其他人可以在你所确定的研究基础上去进行更加深入的研究，这就是科学研究最突出的特点。我们看到许多人文社会科学的学术大师都有这样的品格和影响力，例如方立天教授是一位中国的著名学者，他的佛教研究的学术影响力远远超越了国界。不光是日本、韩国学者信服他，西方研究佛教的人也必读他的书。我相信，只要你在某个领域进行了深入的研究，只要你的科学研究方法是合理的，你就会得到世界其他国家相关学者的尊重。

访：有人提出一个问题，中国人文社会科学拿什么"走出去"？您怎么看待这个问题？

贺耀敏：拿世界普遍关注的中国话题"走出去"。就从改革开放三十多年来中国的发展来说，它已经成为 20 世纪 80 年代后最大的事件，其中蕴涵着巨大的发展之谜，我们要搞清楚，西方人想搞清楚。所以我说对中国问题的深入研究，特别是对中国发展的事实研究，都值得我们花大力气积极推动"走出去"。中国人民在几千年来创造的巨大文明成果，需要我们介绍到国际社会中去，使之真正成为世界文明的重要组成部分，成为国际价值体系的有机组成部分。此外，中国对世界不断发生的若干重大事件也有自己的态度和主张，这也是西方世界很想了解的东西，我们有必要深刻阐述中国对当今世界重大问题的观点和立场，加强与世界其他国家的沟通，使世界各种问题的解决更符合国际社会整体的利益和要求。当然，我再强调一下，要想这样推动"走出去"工作，还是首先要有一个统一或接近的学术研究规范。只要我们的研究成果是高质量的，就不怕别人不接受。

访谈人：舒颖岗　詹宏毅

访谈时间：2009 年 3 月 17 日

让中国文化参与世界文化的重构

詹福瑞，访谈时任国家图书馆馆长。现任国家图书馆党委书记、常务副馆长，教授。主要社会兼职有国务院学位委员会中文学科评审组成员、国家社会科学基金规划与评审委员、国家教育咨询委员会委员、中国文心雕龙研究会会长等。主要研究领域为中国古代文学、中国古代文学理论。代表作有《走向世俗——南朝诗歌思潮》、《中古文学理论范畴》、《汉魏六朝文学论集》等。

访： 您对当前我国哲学社会科学的综合实力与国际影响力有何评价？

詹福瑞： 这是一个很好的题目。十七大提出了文化大发展、大繁荣的任务，同时国家也在实施文化"走出去"的战略。人们对哲学社会科学的重视程度比过去要高，这是一个很好的机会。另外，我国的哲学社会科学在 20 世纪 80 年代前也有一定的实力，但受意识形态的影响，整个哲学社会科学研究意识形态化，这影响了哲学社会科学研究的科学性。哲学社会科学研究离不开意识形态，但是不能完全意识形态化。我认为改革开放以来，我国哲学社会科学研究有了长足的进步。现在可以说，基本上是第三代、第四代学人在共同努力创造一个比较繁荣的局面。

我比较了解古代文学，我认为现在古代文学研究的范围之广、程度之深在新中国成立以来是最好的。现在我们给古代文学的博士生、硕士生定论文题目越来越难，就是因为我们现在的研究比较广泛，比较深入。过去的研究主要集中在几个大家身上，如屈原、李白、杜甫、王维等，在60年代还形成了一些热点，但是研究的范围不像现在这样广泛。在古代文学研究领域，几乎历史上的大家都已经有专门的研究了，现在已经开始向中小作家延伸，而且研究的领域越来越多，如区域文化研究、家族文学研究等。所以说，研究的广泛性是前所未有的。在研究深度上，虽然仍有浮躁的学风，但总的来说还是在不断深入的。像唐代文学研究领域，过去主要是边塞诗、山水诗等研究比较深入一些，研究盛唐文学比较多，而初唐、中晚唐文学研究相对少。现在，初、盛、中、晚这四个时期，研究的深度与过去相比，有了很大的发展。而且这些研究都产生了一些很有代表性的成果。就研究成果的深入程度来说，哲学社会科学现在的成绩还是很大的，已经具备一定的影响力了。

但是现在存在一个很大的问题，就是我们与国外哲学社会科学的交流现状已经严重地影响了我们自己的研究。现在国外前沿研究的各种理论都在国内得到了大量的介绍，我们对国外哲学社会科学的了解应该说是比过去要多得多，直接影响了我们自己哲学社会科学的研究。比如在文艺理论研究领域，这些年都是在受西方哲学社会科学的影响，甚至有些人提出了"失语症"的问题，认为我们现在的学术研究不会说中国自己的话了，说的都是外国的话，整个文艺理论面临失语。失语的原因就是大量西方理论的引用。一方面我们对国外哲学社会科学的了解越来越深，但另一方面，国外对中国哲学社会科学的了解远远赶不上我们对国外哲学社会科学的了解，形成了一种反差，就像贸易逆差一样，文化也有一种"贸易逆差"。这种情况现在比较明显，需要我们反思。

访：国外对我们不熟悉是因为我们自己的努力不够、沟通不够，还是有别的方面的原因？

詹福瑞：我们了解别人的多，别人了解我们的少，其原因是多方面的。第一，欧美等国家缺乏对中国哲学社会科学学术研究的了解，与欧美长期的西方中心主义有关。这是不可否认的事实。第二，我们现在确实向国外介绍得太少，国内学者介绍我们研究成果的不多，尤其是合适的翻译人才大量缺乏。现在的情况是既对哲学社会科学本身有研究、外语又比较好的人太少，而国外真正懂汉语的人又很少。语言成为国内外学术交流的很大障碍。第三，政府、学者自身对这个问题的关注程度不够。我觉得前些年我们缺乏这方面的战略眼光，学者本身也是如此。研究完了就完了，至于研究成果谁来接受，学者是不关注的。结果，我们对成果本身的去向、它的影响所及不了解，在国内读者越来越少，在国外由于语言的问题读者就更少。

访：您认为"走出去"的可行性与必要性有哪些？我们当前应该实行哪些做法？

詹福瑞："走出去"的必要性，首先就是要打破西方中心主义，使中国文化参与世界文化的建构。中华民族有数千年灿烂的文化，是世界文化的有机组成部分，为人类的文明作出了巨大贡献，应该使世界了解中华民族的伟大文明。其次，要想让国外了解中国，不但要了解传统意义上的中华民族，也应了解当代中国，介绍哲学社会科学的成果，这也是一个很重要的措施。因为当代哲学社会科学的研究成果，一方面反映了我们的研究水平和能力，另一方面也反映了我们当代人的学术观念，我们对世界的认识、对人的认识。所以通过对哲学社会科学成果的介绍，使国外更加了解当代中国人的思想情况、精神状态，以及当代中国人对社会、人生的认识和看法，也了解当代学者的学术水平、创造性。所以"走出去"是非常有必要的。

"走出去"也是可行的。国家图书馆每年引进大量的外文图书，与中国图书进出口公司、国际图书贸易公司、中国教育图书进出口公司等有很密切的业务联系。据我们了解的情况，现在我们引进的图书和我们输送出去的图书相比差距太大。我们介绍出去的图书太少，引进的太多，形成很大的反差。怎么样才能改变这种情况？首先需要政府有一定的投入，其次要靠商业运作和市场行为。据我了解，国外学术界其实很希望能看到中国的研究著作，我们去国外图书馆访问，他们一再跟我们讨论的就是我们和他们进行图书交换的问题，他们比较关心的首先是科技类图书，国外需要了解你的科技状况；其次就是想了解哲学社会科学状况，希望得到这样的图书，说明他们也还是有需求的。因此，政府要有计划、有组织、有保障地翻译和介绍哲学社会科学研究的成果。要靠市场运作，靠中图公司等这些进出口公司和国外的出版机构、收藏机构、研究机构进行密切合作，通过市场把这些成果推出去，要在国外建立一些网点，尤其是在一些大学、重要的研究机构和图书馆建立一些销售网点。另外，还需要学校、研究机构和学者本身在这方面做一些努力。学校应该有目的地培养一些翻译人才，把本校的一些优秀成果介绍出去。同时在英文索引、英文目录、英文提要等这些具体的工作方面要做扎实。

访：您认为政府还有没有更好的政策性举措来支持哲学社会科学"走出去"呢？

詹福瑞：我认为，一是应有意识地在高校里设立一些哲学社会科学成果的研究和翻译基地，专门做一些图书的遴选、翻译和推介工作。比如在一些哲学社会科学研究的重点高校设立专门的研究所，从事图书的遴选；再一个就是进行推介和翻译，应该有目的地布一些这样的点。二是可以在哲学社会科学课题里，包括教育部的课题里，有意识地确立一些这样的研究课题，研究一下哪些可以"走出去"，怎么"走出去"。同时也鼓励学者本人写英文的哲学社会科学著作，或出版双语著作。三是可以专门设立一项翻译资助（类似于后期资助），有重点地资助一些著作。学者如果想出版英文专著，可以申请这项资助。四是在国外搞一些读书会，有意识地组织一些大学生、学者搞一个中国哲学社会科学著作的读书沙龙。这也是一种很好的推广途径。

其实在这几个方面我们现在已经有一些很好的做法了。例如我国的哲学社会科学基金，这些年新设了后期成果资助和社科优秀成果文库项目，资助出版优秀成果，这是一项很好的政策。建议将来国家哲学社会科学课题,包括教育部的哲学社会科学课题,都可以设专项的哲学社会科学翻译基金,把我们立项的优秀课题成果翻译推介出去。成果翻译出来后资助出版,资助它"走出去",这就是一个很好的政策导向。另外翻译出版的外文著作也可以算作学者的研究成果,可以起到导向作用。同时在各个高校遴选一批哲学社会科学领域的专门翻译人才,加以重点扶持。还有就是在高校建一些基地,可以每年在国外办一些推介会,带着我们的优秀成果到国外去推广。

当然,以上所说的都是中国哲学社会科学"走出去"的组织手段,最重要的还是我们的学者能够潜心研究,不受任何干扰,创造出确实为世界文明作出贡献的优秀成果,这才是中国哲学社会科学"走出去"的根本前提。

访谈人:胡莉芳　王亚敏

访谈时间:2009 年 3 月 25 日

"走出去"应更多地面向第三世界

温铁军，中国人民大学农业与农村发展学院院长、二级教授，"三农"问题研究专家。执教之前曾经有过十一年的基层工农兵生活经历和二十多年的政策研究经历。先后被聘为国家环境咨询委员会委员，商务部、林业总局、北京市、福建省等省部级政策咨询专家。主要社会兼职有中国农业经济学会副会长、国务院学位委员会第六届学科评议组农林经济管理组成员等。主要研究领域为发展中国家比较研究、国情与增长、制度变迁、乡村治理与乡村建设、农村财政金融税费体制改革等。代表作有《"三农"问题与制度变迁》、《解读苏南》等。

访：您如何看待我国哲学社会科学"走出去"？

温铁军：可以从几个角度来说。

第一，从现实意义来看，任何一个国家在人文社会科学领域中的发展往往与该国在一定的经济社会发展阶段的客观需求相结合，这与人大校训"实事求是"和"三人"的内涵一致。我曾经写过一篇文章指出，产业结构高度化的国家和地区所形成的符合本国和本地区发展阶段特征的人文社会科学及其高等教育对于其他国家和地区未必适用。当今世界上只有美国、英国和香港实现了产业结构高度化。美国和英国以金融为中心的服务业占 GDP 的比重达 85%，它对高等教育以及人文社会科学的需要是服务于这个第三产业为主的发展阶段的客观需求的。类似的情况是香港，服务业占 GDP 的比重约为 80%，那是因为香港只是"前店"，它的"后厂"已经大部分转移到内地了。

在当代中国，按照胡锦涛总书记的说法，我们刚刚完成了工业化的初期阶段，进入了工业化的中期阶段，尚处在产业资本结构性调整和扩张的阶段上。当我们在这个阶段强调国际性的时候，却往往以服务业占 GDP 的 80％的国家形成的需求以及那里的哲学社会科学为标准，来要求一个尚处于产业资本中期阶段，服务业占比根本达不到这个层次的国家。

世界上本来就没有统一的人文社会科学的标准。由此可以认为，不同的经济发展阶段的客观需求应该算是一个基本前提。而从当代中国发展的客观需求来说，如果要体现创新型国家的战略要求，那就必须和中国处在中期阶段的产业资本的结构性扩张的现实需求相结合。所以，哲学社会科学领域任何罔顾前提的盲目追赶，往往是得不偿失、事倍功半，甚至是邯郸学步的。

第二，是不是因为中国尚不处在结构高度化的阶段，以这种客观需求为前提所形成的人文社会科学就不可能"走出去"呢？错！恰恰是当代中国所处的这个阶段的发展经验具有普遍意义，"走出去"的被接受程度才本来就应该很强。

因为，即使按照华盛顿共识看世界，也是一个"二八开"的结构。我们工业化中期阶段的经验教训，恰恰是可以在那些发展情况类似的 80％的国家和地区得到相当广泛的传播和影响。实际上，只要是在产业资本的结构性扩张阶段，每个国家对国际社会的需求都是相似的，不管是何种体制、何种政府，都要顺应基本规律。这些国家无论"走出去"或者"走不出去"，对国际社会的要求一是原材料，二是产品市场。若中国在新世纪真正利用这次国际金融危机，有效地提升自己的经济结构，也跃迁为金融资本主导型经济，才有可能在意识形态领域也产生今天美国的这套哲学社会科学的阶段性需求。在此之前，中国还只能主要考虑一般的产业资本结构扩张的客观需求。

那也就是说，当代中国的人文社会科学研究一定要更多地转向发展中国家，转向原材料来源和产品输出地区，这才有可能有效地服务于国家的客观需求。除此之外，无论学者怎么紧跟国际潮流，也只是紧跟那20%，对自己身处其中的那80%却知之甚少，甚至对发展中国家一无所知。而理论界在这方面的无知少知，恰恰是中国产业资本走不出去的一个重要原因！产业资本走不出去，学者的哲学社会科学或者人文社会科学"走出去"谁出资来支撑啊？

我们对此不妨话分两头，第一个可能是政府出资教条化地搞赶超，从全民那获取税收，财政拿钱支持理论界往那20%走，但是无论追赶到哪里都永远是从属的，基本上不能服务于国内需求。当然可能会有几个高校发了些各种"唯Ⅰ是举"之类的文章，却并不意味着这个国家成为创新型国家，也并非中国的哲学社会科学建设服务于国家的客观需求。第二个可能是先发国家"育种性地"出资支持少数学者搞服务于他们战略需求的所谓研究并使之成为国内的先进经验，搞得我们放弃本来应该瞄准的这个阶段的客观需求，我们对发展中国家知之甚少，甚至在这个最需要国际化的领域中几无创见。这恰恰是中国哲学社会科学很难"走出去"的一个主要原因。

当前中国的高校理论界有多少是研究第三世界的那80%的？为什么稀少呢？这就得和现有的教育体系内在的机制性问题结合作分析。有没有这种激励机制、这样的评比标准？高校中有多少经费是用于吸纳发展中国家的外聘教授、访问学者、研究生？国内谁是因为研究了发展中国家那80%的有普遍意义的问题而得到激励？提升职称的规定哪些利于对发展中国家的研究？研究那80%的项目在国家级课题的资助领域中列入重点、重大了吗？得到国家级奖励了吗？如果以上这些回答都是没有，那就表明刚才讲的第一个问题——邯郸学步反映出方向性的错误。不仅如此，还因此导致第二个方面，越是邯郸学步就越是没有可能得到具有实际需求的国内企业界的资助，可以说，靠有关部门从财政拿钱来构建的科研激励具有相反的作用。

所以，我认为必须先讲大的框架问题，我们哲学社会科学现在"走出去"的困境，究其根源是要走到哪去——还是基本的哲学问题：我们向何处去？

第三才是具体的制度和标准。

如果谈论哲学社会科学"走出去"，就要把它与理工科"走出去"做一个区别——不要简单化地使用技术思维导向的评价方式。

理工科习惯于技术思维导向，强调 SCI 发表和建立一套唯此为大的评价指标体系。中国人民大学是人文社会科学重镇，人大的"走出去"应该另建一套不同于理工科的指标体系，服务于中国这种客观上属于超大型大陆发展中国家的需求，服务于中华民族的文明复兴的需求，服务于中国产业资本及其相关经验、制度文化的全面"走出去"。一定程度上，甚至进一步地需要服务于中国过剩要素也就是劳动力的全球流动。如果在这些问题上，我们总是按照西方的路子，那就会发现存在技术思维所不能解决的导向问题。

因此，我希望讨论的第三个问题是，要考虑一个不同于技术思维导向的哲学社会科学"走出去"的评价体系、指标体系。

访： 那么，您觉得面向 80%，我们应该如何做呢？

温铁军： 如果认真地面向 80%，我们"走出去"就要把中国、东亚或者亚洲经验上升到与以欧美经验为基础的西方理论同等地位的具有普遍意义的理论层次上，才能是真正的"走出去"，才能真正意义上服务于国家的产业"走出去"战略。

日本在侵华战争之前，大量派出商人、学者、学生、旅游者到中国来，乃至我们在解放战争后期剿匪时所用的地图大都是日本人留下来的。中国官方的资源地理资料远不如准备向中国境内进行所谓产业扩张的日本人准备得细致。

有一次我去一个东南亚发展中国家，看到报道里说，中国来的一个企业家，既不懂当地语言，又不懂当地文化，连当地交通规则都不知道，由于人家交通方向是反的，所以一出机场就被撞了。

我与很多企业家接触过，跟很多海外朋友接触过，长期以来与第三世界有相当广泛的联系。发现现在中国的产业资本在第三世界是处处碰壁，一定程度上是缺乏对第三世界的基本了解造成的。这也说明中国学者们还没有很好地用自己的哲学社会科学思考能力来总结本国发展的经验教训。如果我们连自己的基本经验都没有认真梳理过，没有总结归纳为理性认识，我们拿什么"走出去"？拿什么去影响那 80%？因为我们没有立足于本土归纳经验、总结出符合我们客观需要的哲学社会科学理论，也就缺少可以拿出去在那 80% 中发挥作用的思想，因此才造成那 80% 接受西方文化浸淫的理论界和舆论界对我们是一片反对之声；最尴尬的是在一片反对声中我们也是西方话语，竟然无言以对！

现在反对我们最厉害的不是西方主要发达国家，而是中国人要伸手去拿资源、占领市场的那些发展中国家。我们自己在这个 80% 的领域中长期没有投入的重大失误，导致了在产业资本结构性扩张的过程中处处碰壁！这难道不是我们的问题吗？难道不是中国知识分子失责？难道不是高校理论建设走错了方向？难道不是意识形态的指导方针问题吗？

再看看高校哲学社会科学领域。且不说抄袭愈演愈烈，最近一二十年来科研领域的学风是端正了还是恶化了？当前严重的学术腐败之一就是把反智的制式教育和教条化的科研体系作为百年大计！

举个例子，计量分析被高校所谓学院派当做看家本事，但我没看到这些有时间公开自诩派性的人中有谁真下工夫在鸿篇巨制中提交哪怕一份"科学性分析"！他们一般都不去了解数据采集本身的科学程度、此前研究者的数据从哪里来、对于研究整体有多大推断意义。有几个这种所谓学问家是认真地去做过基础数据的？也许因为我过去不仅干过这些脏活（dirty job），而且在这个领域的国际交流中多次叫板，现在才敢于这样提问。如果被聘为专家的人士连这些基础性工作都没有了解，怎么去建立所谓学院派的学术理论基础？

哲学社会科学"走出去",要从体制、机制角度找原因,高校国际性不能只是盲目地追随。否则,大家都以美国为标准去赶超,可能导致哲学社会科学"走不出去",永远跟在别人后面爬。

访:您认为"走出去"的目标是什么?

温铁军:这个问题刚才已经说过了。

中国处于产业资本的结构性扩张的阶段,国家客观上有社会科学为"走出去"服务的这种现实需求。如果不能为国家需要服务,哪怕获了世界上的大奖,也没有实际价值。因此,在目标确立上,"走出去"要服务于中华民族伟大复兴,服务于工业化中期阶段产业资本的结构性扩张,有效地使得中国的产业资本在"走出去"的时候减少像现在这种盲目性,有效化解第三世界发展中国家对中国产业"走出去"的强烈不满。人家批评中国人在实行"新殖民主义"、"新帝国主义",我们这边无言以对,指望着几个官员走出去跟人家声嘶力竭,已经给你们提供了什么,免了你多少债,等等。但这东西虽然很实惠却根本没文化,不具有思想高度。当然,讨论哲学社会科学"走出去"的目标,应该内在地具有文明教化的作用,我们在这些问题上还缺乏起码的战略思维。

访:哲学社会科学本身可以从文化的角度来看待,而且从全球化的角度考虑,它也是文化多元化的现象,从这个方面来看,我们哲学社会科学"走出去"有什么意义?

温铁军:这个意义刚刚说过了。我下面把与社会科学"走出去"有关的全球化单独拿出来讨论。

全球化至少应该是两个方向。

第一个方向是在金融资本帝国主义阶段服务于金融资本全球化或者资本全球化的主流,由此有服务于这个目标的西方当代哲学社会科学主流,它突出表现为本质属于新保守主义的所谓"新自由主义"意识形态。因为传统的西方自由主义只能服务于西方殖民化阶段的产业扩张,而不能服务于西方在资本化阶段的金融扩张,因此才有了其实是新保守主义的新自由主义。因此这个意义上的所谓全球化就是金融资本主导的资本全球化，它客观产生的是西方新自由主义导向的社会科学需求。这套需求形成的西方哲学社会科学理论体系所本质性提出的无非是新自由主义的"四化"：产权私有化、交易市场化、政治自由化、经济全球化——"四化"之间的逻辑性很强。

与这种传统的全球化主流研究的非主流内涵不同，我们正在形成一个借鉴"世界系统论"的理论创新——成本转嫁论——谈的是资本主义进入到当代阶段是怎样占有制度收益、怎样转嫁制度成本的。这是一个关于全球化加剧贫富分化的基本假说。

之所以"马太效应"表现为发达国家与发展中国家之间的差异，发展中国家弱者恒弱，发达国家强者恒强，并且形成华盛顿共识的"二八开"，成为很多人都认同的一个规律，这种规律其实只是这一套意识形态的哲学社会科学理论所给定和推演的。因此，我认为这是全球资本化导向下的非主流研究方向。

根据制度学派的理论，我们进一步指出：任何一个占据主导地位的利益集团或者占据主导地位的国家，它推进的所谓制度变迁，一定是符合主导利益集团追加利益的需求，并且一定会产生一种制度变迁内生机制，即它在占有制度收益的同时，把制度成本转嫁出去。因此，帕累托最优在客观经验上是不成立的。也就是说：并不存在正负反馈在一个经济体内部的共生，或者说一个经济体内部的收益与成本不可能对称。

在现行这个全球化体制下，当主导利益集团的制度成本转嫁导致另外的 80% 从被动地接受到无力承载不断转嫁的成本的时候，最没有声音的资源环境和非人类的其他物种就承担被人类甩出去的代价。于是，就有了全球化加剧资源环境破坏、全球气候变暖，反过来对人类社会形成整体威胁。

第二个全球化的研究方向是资源、环境、气候，就是中国 2007 年明确提出的生态文明战略。在这个导向下的全球化研究当然不同于上面讨论的那种主流。因为，既然全球都面临共同威胁，来自第一个全球化方向——资本全球化，那么第二个全球化就是生态文明的全球化。

因此，如果要谈到我们中国人的哲学社会科学"走出去"的现代化全球导向，我更愿意谈第二个全球化导向下的"走出去"。这个方向，恰恰也是符合中国的国家战略需求的，那就是如何以生态文明为导向，在全球人类不分任何差别地共同面临生态灾难威胁的时候，转变为生态文明导向来推出生态全球化，把它作为形成哲学社会科学体系方向性的指导思想。

访：您认为我们面向发展中国家"走出去"的话，首先应该怎么做？

温铁军：首先是改变评价、激励体系，形成促使高等院校的知识分子和青年学生的科研项目在面向 80% 上来做研究的一套全新标准。

以我在西方发达国家的研修经历看，大多数西方发达国家的科研经费其实是朝向这个领域的。学生之所以更愿意去非洲、拉美、南亚，那是因为这样的研究显得更有学术价值，得到更多资助，更有利于升职。这当然和西方殖民主义的老传统有关。西方在走出去的需求之下，院校所获取到的经费是教授处理的，根本不是行政分配，可以给这个方向更宽松的资助条件。在当代中国一切向钱看的趋势已经形成，如果对发展中国家的研究得到的激励弱于去发达国家做研究，那么就没有人愿意去。同理，无论我怎么动员青年教师去印度、尼泊尔，也没人愿意去，其原因就在于高校没有激励机制。对这个方面的研究很辛苦，成果既难以发表也难以申请课题，不能评职称。因此，要想朝发展中国家的研究方向努力，首先得要改这个体制，改评价标准。新的体制和评价标准要有利于形成新的转向的激励。

这套改变，当然不是人民大学能解决的。我坚持这么多年去发展中国家所在地研究，去那儿租车、请向导、坐飞机、住店的费用，大部分是自费。这只不过是因为我条件特殊，支付得起，可以不为家人买房子、车子，只要埋头做研究，没有多少负担。要是像大多数年轻人那样上有老下有小，还要买房子、买车的话，对不起，中国不会有我。一般人很难做到，尤其是年轻人，我也是从年轻过来的。我要去了解墨西哥和危地马拉交界处的土著游击队的情况，先后四次去那里，都是自费，主要是利用去美国讲学、开会的机会挣一些钱。像我这样是极偶然的、个别的留在体制内做实验研究的，导致我对这些东西的理解和一般书斋学者之间的差别越来越不可解释。我下决心要走出另外一条路，做贴近科学真理的研究。

第二个需要改变的问题：中国没有刊物面向第二个全球化方向——生态文明的全球化！以至于我们在这个领域几乎没有发言权。

总之，在这些领域中的改变，我认为第一要形成新的评价标准、激励机制，第二要有足够的论文发表条件。

第三个要改变的是，要与中国现在的有客观需求的产业资本相结合。人大办可持续发展研究院，目的之一是跟中国不同于西方殖民主义的产业资本走出去相结合，据此我们转向做发展中国家研究，碰到了不少困难。比如说跟发展中国家打交道，发展中国家办事的拍子特别慢，难以像现在外事要求的那样提前一学年或者一个学期报课题或项目，很多需求都是临时发生的。因为所研究的是发展中国家，不可能都像发达国家那么有效率，事实上80%的人大部分是难以把效率作为原则的。中国作为发展中国家已经是效率最高的了。但你到印度、墨西哥、巴西或其他任何一个发展中国家去看看，根本就没有人会按照中国人的节奏办事。又如，我要满世界地去找研究发展中国家的学者，但是这些人可能只是一个讲师，很难符合现在的引进人才标准。我们的主管部门用美国的标准来引进人才，完全不符合中国的情况。再如，我们某个学科在国内有影响力的带头人就是个别由美国培养的、完全讲美国那套东西的人。中国引进了这种人才，这个学科差不多就变成了美国特色的学问。高校有些学科不仅没有人研究发展中国家，也没有人脚踏实地研究中国自身经验。

所有发达国家学术界、教育界都在极力向发展中国家扩张，只有用它们的哲学社会科学使发展中国家变成思想附庸，它们才扩张得了。中国在农业文明时代曾经能使周边国家依附过，但现在是金融资本时代，或者说

"后产业资本时代",中国到底在产业层次上比其他国家高多少,是比别人高一个层次还是两个层次?不同的层次就会有对应不同的发展中国家的思想工作或者说文化工作或者叫哲学社会科学工作的工作方式。

既然你们这么耐心地问我,那就得问现在中国的产业资本在全世界原料市场上不同地区到底占有什么份额,进入、退出方式如何,制度成本乃至广义文化成本到底有没有认真做过测算。这是需要相当多的人来形成合力才能做的一项研究。这里,我只是谈感觉,因为这项研究我现在没有能力做。

所有发达国家在发展中国家的影响都比我们超前得多,我们学了人家那么多东西,却不学人家怎么做发展中国家研究。我们当然要学发达国家,但是学的东西不能照搬。因为中国在发展中国家形成的以往的革命化的群众路线资源和西方发达国家是不一样的,我们不能轻易丢掉过去的资源,按照发达国家殖民主义经验来布局我们向发展中国家"走出去"的战略,要有我们自己的全面考虑。

访谈人:张伟　王亚敏

访谈时间:2009 年 4 月 1 日

中国人文社会科学"走出去"的
挑战与对策

罗伯特·罗兹（Robert Rhoads），加州大学洛杉矶分校（UCLA）教育学院终身教授，全球化与高等教育研究中心主任，中国研究中心、拉丁美洲研究中心兼职教授，美国富布莱特访问教授。主要研究领域为大学与社会、大学与全球化、发展中国家大学与经济社会发展的关系、全球化视角下的大学改革等。代表作有《全球化与大学：世界学术生涯变化的视角》（*Global Citizenship and the University：The Changing Context of Academic Life around the World*）、《大学、国家、市场：美国全球化的政治经济学》（*The University，State，and Market：The Political Economy of Globalization in the Americas*）。

访：身为一名社会科学家，您是如何认识美国的人文社会科学的当前地位及其世界影响力的？

罗伯特·罗兹：首先，我认为我们需要注意到这样一个现象。在美国，人们通常不把人文学科和社会科学相提并论并且作为一个整体来考虑，而是较多地讨论某个具体学科及其发展的问题，例如社会学、心理学、历史学以及政治学等，美国的社会学家可能只关心如何认识美国社会学以及它在世界和全球范围内的互动。每个学科都有自己的活动，很多学科是跨国和全球性的。现在一些基金或政府主导的项目会把许多学科联系在一起统称为社会科学或人文学科，但即使如此，这两类学科群也是分开的。例如，美国联邦政府设立的国家人文学科基金会（National Endow-ment for the Humanities，NEH）专门资助从事人文领域工作的教授、博物馆和机构等；美国国会创立的国家艺术基金会（National Endowment for the Arts，NEA）专门资助艺术教育等事务。社会科学家不同之处在于，他们可以从自然科学基金会（National Science Foundation，NSF）等多个渠道获得资助。所以很多社会科学家可能会将自己定位在人文社会科学领域，也可能会将自己定位在自然科学领域。一般来说，美国学者很难把社会科学和人文学科当成一个集合来思考，因为各个学科通常面临不同的挑战和问题。

我认为美国的社会科学之所以具有全球性的影响，原因在于学科的实力很强，学术研究推动了学科的发展及影响的扩大。换句话说，这些学科注重研究工作，并且因为其研究而获得世界认可。社会科学和人文学科的研究基础使得这些学科能够具有全球性影响。研究的大量经费来自哪里？来自联邦政府和大学。人文学科的教授有时很难从政府那里得到资助，但是他们所在的大学希望成为人文学科最好的大学，就会投入大批经费来推动该领域的研究活动，帮助教授们获得更大的影响力。

访：在我校，人们经常讨论如何评价我校，因为我校以人文社会科学见长。我们有一个建设世界一流大学的使命，但如何判断这样一个注重人文和社会科学的大学是否进入了世界一流大学的行列？我们发现很难评价。以 X 学院为例，X 学院院长会说，X 学院已经是世界一流了，因为 X 学院是中国第一，已经具有国际知名度。但是你很难去评价他们的学术论文，因为他们写的很多论文是用中文发表，不是英文发表，没有在 SSCI 等类似国际刊物上大量发文。因此，我们想知道您如何看待中国社会科学和人文学科的评价问题。

罗伯特·罗兹：我认为你刚才提到一个最大的障碍因素，在我自己的研究中也存在这个因素。中国的语言文字使得世界无法了解中国最好的学术成就，有很多优秀的学者不被世界了解，语言是一个阻碍中国学术产生全球影响的障碍因素。为此，中国现在的对策是要求学者在英文期刊上发文。但实际上，很多期刊对中国并不感兴趣。这些期刊往往是英国、澳大利亚和美国的，它们对中国的问题并不太关注。所以如果我要成为一个全球知名的学者，我可能不得不把本国的研究需求搁置一旁，而去写这些国际期刊编辑们希望看到的主题。这是一个两难的选择。因为在产生世界知名度的过程中，我不得不忽视中国的广泛需求。中国的大学和教育部门需要解决这样一个自相矛盾的事情。要获得全球知名度，需要依靠教授的质量，需要国际水准的发文。发表国际文章对于教授成为世界一流学者非常关键，对于院系成为世界一流也非常关键。但是中国学者无论是用英文写作来获得世界知名度，还是说选择一些国际学者感兴趣的问题进行研究（而这些问题可能不是中国社会期望学者去重点关注的），都是有障碍的。所以相应的解决办法是：第一，使那些无法用英文写作的教授获得支持，帮助他们把成果翻译成英文并在国外发表。第二，教育部和大学挑战国际期刊编辑的控制权威以及当前国际期刊的结构，让他们意识到中国关注的问题也是世界关注的问题。这些英语主导的期刊应当做出改变，需要认识到有关中国的问题也是非常关键的。

访： 在您的研究领域，您如何看待中国同行的成就？

罗伯特·罗兹： 之前我仅认识一位中国学者，那是我在查找论文时发现的。那些没有用英文发文的作者，我没有办法发现他们，除非有人告诉我，所以我一般只能搜索那些用英文发表文章的中国学者。但是还有很多非常优秀的学者我并不了解。中国学者的学术成果现在越来越多，可以用谷歌、雅虎等搜索出来。但总的来说，国外接触到的中国学者很少。因此我认为，中国需要有一个支持结构来保证学术成果能用中文和英文发表。我认为，仅要求教授们用英文发表成果存在误区，因为可能会出现中国问题被忽视的情况。不仅如此，还有一个问题是，西方的理论在中国社会科学和人文学科领域逐渐占据主导地位，但是这些理论却无助于真正理解中国问题。中国的学术领域需要的应是更为中国化的理论，是来自中国的理论，是来自本土经验的理论。我在与中国人民大学温铁军教授交流的时候，温铁军教授称之为本土知识（local knowledge），而不是美国的理论视角。

访：您是否认为中国哲学社会科学"走出去"的最大障碍是语言问题？

罗伯特·罗兹：我认为这是问题之一。但这是假定我们已经具有较高质量的研究了，已经有一些世界水准的中国学者了，这是前提。目前有一些这样的学者，但是还不太为人所知。另外一个问题就是如何在中国培养出更多的世界水准的学者来影响世界学术界。

访：如果说国外学者只关注翻译成英文的中国研究，那么针对这种情况是不是很有必要把大量学术成果翻译成英文？

罗伯特·罗兹：世界对中国更加关注，这是事实。因此我相信会有越来越多的关于中国的文章被国际期刊接受。要继续保持这一趋势就要坚持目前中国大学正在进行的努力，那就是推动国际学术交流。国际学术交流可以提升全球对中国问题的兴趣，并逐渐促使国际期刊发生转变，令越来越多的国际期刊讨论有关中国的问题。目前中国教育部和大学已经在积极推进国际学术交流与合作，我认为这是很有必要的。

访：如果中国学者在国内用英文发表学术成果，美国学界如何寻找到它们呢？

罗伯特·罗兹：我们应当力推美国各大学的图书馆收藏这些书，收入到大学的数据库中去。因此中国的出版商应当与美国大学及图书馆合作，让它们购买图书并进入数据库。你出版的图书能被美国大学图书馆购买，这非常重要，因为美国大学图书馆有 4 000 多家，如果你出版了一本书，有 4 000 多家大学图书馆都购入该书，那很了不起。因此中国的出版商把中国的书籍用英文在中国出版并不意味着就能被世界所接触到，它需要进入数据库系统。问题在于，出版英文书籍的中国书商如何让国外的图书馆和数据库能够接触到它。

访：现在一些学者提出一个想法，我们应当创办更多的英文期刊，然后努力让它们进入 SSCI 等类似国际期刊索引，您如何看待这种想法？

罗伯特·罗兹：是的，这很关键，如果中国有更多期刊进入国际期刊索引目录，那么中国作者就会在国际上产生影响。现在是，如果你要求作者用英文写作，这会产生一些问题，因为一些中国学者不太擅长英文写作，这就必须要求助于期刊和编辑。我想很多中国学者不太愿意或者没有能力用英文写作。这样期刊本身就会有很重的负担，也会是很大的经费支出，需要有人给期刊提供翻译资助。

访：您在研究中与中国学者的交流多吗？您与中国学者交流时最突出的感受是什么？

罗伯特·罗兹：我过去曾与一位来自香港的教授交流过，最近结识了一些中国内地的学者。在美国，人们通常会在学者的文章中发现他们的邮件地址，并与他们取得联系。但是对于我来说，很难联系上中国学者，我找不到他们的邮件地址。我注意到许多中国大学的网页不太完善。网页对于推广中国学者的成果非常重要，因此，大学应当大力加强网站的建设，帮助每个教授建好自己的网页，大学无法也不应该要求教授们掌握全部的电脑技术来更新网页。在加州大学洛杉矶分校（UCLA）教育学院，我们有一些计算机工作人员，他们在一个技术中心工作，每次我想要更新我的网页时，我会给他们一个留言条："你能帮我在网上加入下面这些文章吗？"我只需要把这些文章录入电脑成为电子文件，而不需要亲自进入网页操作。学者有一个好的个人网页对于扩大知名度很重要。因为其他学者在做研究的时候，可以通过网页找到他们，并与他们取得联系，建立合作关系或进行交流。这是大学的责任。大学如何帮助教授与全球社会互动？某种程度上意味着要对教授的网页建设投入足够的关注。

访：根据您与中国学者和学生交流的经验，您认为中国学者与美国学者的主要差异是什么？您与中国学者交流时有哪些障碍？这些障碍主要是语言障碍，还是思维方式的障碍？

罗伯特·罗兹：我的感觉是，中国学术研究在对理论的应用上可能与西方世界不同。我在和我指导的中国学生交流时感受到一个问题，我的中国学生在应用理论和构建理论过程中感到非常吃力。建立一套概念和假设，并将它们运用到研究中去，我们称之为构建理论或概念框架，这是一个从事学术研究的必要过程。他们告诉我，他们在中国本科教育阶段较少练习这些，这与美国的本科生教育有些差异。这也许是中西方思维方式的不同之处。

我认为我们在对自然科学和社会科学的重视程度上也存在文化的差异。也许我们对自然科学的看法略有不同。美国人认为中国对人文学科和社会科学不太重视。中国政府出台了许多举措来提升中国大学的世界地位，但似乎这些举措的重点是自然科学。许多引进的人才是自然科学领域的国外学者。在美国人看来，中国想要建设的世界一流大学并不是建立在社会科学和人文学科之上，而是建立在硬科学（hard science）之上，是建立在工程学和技术相关领域之上。美国人也有一些刻板印象，认为中国学生多数想要成为著名的科学家，他们在校期间不学习社会科学和艺术。他们还认为，中国学生的数学很好，但是在他们的学校教育过程中缺失了某种东西，例如批判性思维、创造性等。

我不同意这些看法。美国社会认为人文学科在中国不重要这也许是一个误解。以历史学为例，我自己对中国历史非常感兴趣。我感到，历史学作为一个学科在中国比在美国要更受重视。中国人非常注重历史，即使是接受很少教育的人也对历史感兴趣。历史在中国社会具有特殊地位。美国的历史学是社会科学与人文学科的混合产物，像是一个跨社会科学与人文学科的中间学科。社会学相反，社会学在美国比在中国更受重视。我知道中国的社会学在"文化大革命"期间曾经被停办，经历了一段非常艰难的历史阶段，现在正在复兴。

访：您能否简要评价中国的教育学等学科的国际影响？

罗伯特·罗兹：现在中国的国际影响在显著增强，全世界对中国越来越感兴趣，中国高等教育面临很好的发展机遇。因此要充分利用这种兴趣，建立各种伙伴关系和合作关系。这些伙伴关系和合作关系促使人们逐渐增加对中国社会科学和人文学科的认识，建立这种联系非常重要。但是回到前面的问题，包括语言在内的很多问题是中国学者通往西方的障碍。因此，如何让中国学者的成果让西方更多地了解依然是最大的挑战。

访谈人：胡娟　舒颖岗　王亚敏

访谈时间：2009 年 6 月 30 日

▶▶ **王正绪**

中国学术期待自我特色

王正绪，英国诺丁汉大学当代中国研究学院副教授、中国政策研究所副所长、资深研究员。美国密歇根大学政治学、教育学联合博士，在美学习期间，师从比较政治、比较民主化和公民政治观念与政治行为研究大师罗纳德·英格尔哈特（Ronald Inglehart）教授。曾任新加坡国立大学东亚研究所研究员。主要研究领域为比较政治、民主转型、民主政治、东亚社会现代化中公民民主价值观念的变迁。代表作有《儒家东亚社会的民主化》（*Democratization in Confucian East Asia*）、《东亚民主和中国政治发展》（*East Asian Democracy and Political Changes in China*）等。

访：相比于国外，国内政治学领域研究是什么状况？

王正绪：作为研究来讲，国外学术文章一般有一定的格式：你到底研究什么题目，为什么重要，从文献角度哪些人做过类似研究，缺口在哪，你现在要解决的问题是什么，你的问题需要的经验数据是什么，这些材料怎样支持你的观点，等等。每篇文章基本上都有这些部分的内容。国内的政治学包括教育学，与国外研究有比较大的差别：第一，很多文章还是泛泛讨论多一些，以问题为导向不是特别突出；第二，很多论证是个人的观察和体会，对文献的掌握不是很全面和充分。

当然，最近十来年，在社会学和政治学领域，有一批相当优秀的人才出现，情况已经发生了变化。社会学在实证研究方面走在最前面，这个领域的学术研究已经与国外没有太大差别。政治学由于与国家政治体制、政治环境有比较大的关系，相对来讲在方法上正在慢慢接轨，现在用实证方法来研究政治学的老师也越来越多，但是有些领域还是属于敏感领域，研究会受到一些限制。

国外中国研究领域最重要的学术期刊是《中国季刊》（*The China Quarterly*），在我看来，这个杂志上发表的有关中国政治的很多文章实际上有相当部分没有把握住中国政治发展最新、最复杂的局面，所以从某种程度来说国外的中国研究已经有些偏离现实了。我们国内很多学者的研究，包括研究生的毕业论文，选题是比较能够贴近实际问题的，从实证方法的角度讲，做得非常扎实，数据也收集得非常充分，只是可惜国际视野不够，很少参与国际学术对话。其实具备方法和数据的优势，加上了解国外学术当前的讨论话题，把理论背景和学术背景讲清楚，把研究的实证过程做好，把自身研究和国外学术圈已有的研究放在一个层面考虑，就是非常优秀的作品。

所以，我认为目前国内学者对中国社会、政治的实证研究做得相当好。我们这样的华裔学者，既了解国内同行在做什么，又知道国外在做什么工作，我们就能看到国内学者的研究还是很有价值的。然而，国内学者身在局中，看不到这点，看不到自己的东西其实是很好很有价值的。在研究中国的西方学者中，有一部分人对中国学术界有了解，特别是一些比较成熟的学者与国内学术界接触比较多，中文阅读能力也比较强，但是多数人做的研究只是自己的一小块，根本不注意国内学术界在关心什么和做什么，他们有一个自己的内在的生产空间，消费对象与我们也不一样。所以目前这两块有很大的融合空间，但是基本上两者还是隔离的。

访：国外对中国或者中国问题感兴趣的人多吗？

王正绪：在英国，我所在的学院就叫当代中国研究学院，我的同事都是从事中国研究的。如果从整个政治学界来看的话，英国和美国大学的政治学系、社会学系、经济学系，一般至少有一个人是从事亚洲研究的。20

世纪 70 年代，这些系研究亚洲的很多是研究日本，因为当时日本对西方影响特别大。最近十几年来，中国的影响越来越大，有些系增加研究中国的职位，或者是等研究日本的人退休了，再招研究中国的人进来。现在国外大学里研究亚洲的学者多数是研究中国，规模大的系，例如密歇根大学政治学系，甚至有两个研究中国的老师。这些老师有自己的研究重点，但是他们教的课都是与中国政治相关的内容。这样一个过程也说明，学术圈职位的设定与整个世界结构格局的变化有关系。

海外进行中国研究的人不少，最活跃的是政治学和社会学。由于技术上存在一定的共通性，经济学虽然很活跃，但是比较少见有人专门研究中国经济；人类学领域，很多人对中国的少数民族很感兴趣；历史学领域也不少，比如密歇根大学历史系就有两位研究中国历史的学者。

访：纯粹西方的学者如果要研究中国问题的话，一般有哪些渠道或途径去了解有关中国的主题？

王正绪：美国的博士训练是很严格的，研究中国的学生，做博士期间要差不多一年时间在中国做田野调查，学中文。这样他们能够读一些中文的东西，能够有基本的交谈，有第一手的感觉。部分学者对中国现实很了解，也知道西方对中国有偏见，他能够从中国的角度来解释一些问题。不像西方的新闻媒体看东西很浅，看不到很深的历史背景。当然了，每个学者的背景不一样，对中国的理解力也有差别。整体来讲，国外学者写的文章，尽管视角略有不同，但是分析很缜密，对数据掌握得比较扎实。这一方面是由于学者的素质和能力的原因，另一方面国外学术圈评审规范对此也有促进作用：如果一篇文章对问题把握得不全面，对问题的分析有失偏颇的话，是不会被一些高水平的杂志所接受的，因为杂志的评审过程是多个专家进行匿名评审，对一些规范性的东西要求很高。

访：在中国问题研究领域，除了纯西方学者、中国本土学者，还有一些像您这样具有中西方教育背景的学者在做研究。您觉得您在进行中国问题研究时，会有优势吗？

王正绪： 我觉得，国外培养有一个好处，就是使学者在人格上慢慢就成为纯粹做学术的人了。每天面对的是你的同行在发表什么东西，通过期刊、邮件组、新闻等去了解最新的学术信息，了解你做的研究到底在这个领域处于什么位置，什么研究能让你在这个领域做出一篇东西，让别人认为你这个东西很优秀、很前沿，是对已有文献的扩充，或者是把前沿又往前推进了，一切就是为了做学术。

我还特别注重与国内学者的合作，这是非常重要的方式。现在，不仅是我们，比较好的外国学者也与国内学者合作，和一些很有名气的教授合作，也和一些非常年轻但是很优秀的学者合作。国内研究很多在国外看不到，通过合作能够互相提升。不过，国内的学者和国外的学者面向的对象不一样，国外的学术生产有自己的空间，自己形成一套规则和运行模式，海外发表的中国研究成果与国内的成果相比不一定更好。

还有一方面，我也想提一下，那就是在国外教职人员没有生活上的后顾之忧，这很重要。只要博士毕业后在大学里找到一个教职，你就可以过一种很体面的生活。国内的年轻教师相对比较艰苦，甚至国内有一个新的名词叫"青椒"——青年教师。如果国家能够形成一个更为有效的晋升制度，形成更有竞争力和有保证的工资水平，特别地考虑青年教师的生活问题，对于学者安心学术能有很大的帮助。简单说，一个博士毕业的劳动力价格应该在什么水平呢？你至少要允许这个老师两三年内可以有钱去买一套房子。

访： 那么您觉得从中国出去，在国外获得学位并工作过一段时间，然后再回国任教，这样的形式是中国学术圈成熟需要的一种模式吗？

王正绪： 可能不是。

我认为，未来中国自己的学术会自成一派，像德国学术圈很长时间不与美国比，它自己有一个圈子。我们把自己的评审规则搞清楚了，形成一套相应的指标体系，同行之间互相能够认可，而不是拿国外发表来评价。

未来我们努力的方向应该是，慢慢建立起我们自己的学术规范。在这方面，我们有很大的潜力。我们国家人多，那么优秀人才就多，充分地调动起来，就会变成世界的重心。现在，高校都很有理想，资源越来越充分，人才呈现很强的增长趋势，不过，还有些东西需要理顺，比如内部机制、权力结构、学术规范等需要调整。所以，我们应该培养本土的优秀学者。出国然后在国外有工作经历再回来的人毕竟是少数。有一些在国外毕业后回来的，是因为国外就业机会比较少，所以回国找工作。这些人在国外训练也不是很充分，比如说英国有些学校的博士培养很简单，博士培养水平很低；美国也必须是很好的学校培养的博士水平较高，很多中等水平的学校培养的博士质量也一般。因此，我们还是要立足培养自己的学者。自己培养优秀的学者，就要求改善我们的博士教育和学术环境，把体制机制理顺。国内的优秀人才实在是太多，应该好好地培养。在国内已经工作的青年学者，可以资助他出国做一到两年的访问学者，给他机会去接触国外的文献，与国外同行交流，建立一些合作关系。国际会议的作用也很大，应该多资助学者参加国际会议，在会议上可以认识很多人，知道其他人在做什么研究，扩大视野。还有一个渠道，就是充分地利用电子化的数据库。一方面，我们要拥有国外的权威期刊数据库；另一方面，要加强培训，掌握使用这些期刊数据库的技能，知道怎样把它转化到你自己的研究中去。

访：您觉得"走出去"面临哪些障碍呢？

王正绪：最重要的障碍，是能不能形成独立的学术空间。独立不是说你可以讲一些反政府的话，而是说政府不要评价学术，而让真正搞学术的人来评价学术，能够在很大程度上分权。从管理学的角度来讲，如果要由政府来评价某项学术成果，那肯定就失去学术的意义了。现在国家有很多资源投给高校，想要把学术搞好，但是它在投资源的时候就要求有权力。原则上这也是有道理的，因为政府希望资源能够得到有效的应用。不过，这个结果不能由政府来评价，而应该由学术圈自己来评价。国外也有很多公立高校，政府给很多钱，给了之后就不管了，否则肯定会影响学术的方向。我们要形成一个独立的学术宇宙，像美国评价学术好不好，就是学术圈里的人自己在搞。政府需要人的时候，学术圈的人会推荐，学术圈知道哪些人最优秀。有些学者学术做得好，慢慢地也参与写一些政策性的建议文章，这样的人更容易被政府发现，第一是因为他学术做得好，第二是他对政策也有兴趣。

访：如果教育部打算投入一笔钱来推动中国的哲学社会科学"走出去"，您认为这笔钱投向哪里会最为有效，最为关键？

王正绪：我的建议是，有这笔钱的话，可以创建一些学术期刊，例如各个学科都可以创建一本面向国际的学术期刊。毕竟走向国外，还是要通过文章国际化来实现。期刊的编委必须能够跟国外交流，与国际惯例保持一致。可以在全球范围内招聘优秀的编辑人员，主编甚至可以请一个国外的人来担任，并且拿到国外去出版，让国外的学术出版单位来出版。期刊可以全球征稿，也可以面向国内一些学者写的英文文章，国内外的学者都可以在这个期刊上发表文章，但是以中国学者为主。这个做起来会很难，过程会很漫长，需要长期的投入。做好了，就能在国际学术界慢慢形成自己的招牌，别人知道你这个杂志是以中国学者为主的杂志，文章是全球水平的文章。

访谈人：王亚敏　舒颖岗
访谈时间：2009 年 7 月 16 日

"走出去"要大力提升基础研究水平

祝建华，美籍华人学者，香港城市大学媒体与传播学系教授、互联网挖掘实验室创办人。分别获得复旦大学文学学士、法学硕士学位，美国印第安纳大学大众传播学博士学位。曾执教于复旦大学新闻系和美国康涅狄格大学传播科学系，先后兼任《计算机中介通信杂志》（*Journal of Computer-Mediated Communication*）特邀主编（2002年）、美国国家科学基金会审稿人、联合国经社署传播技术顾问、五种SSCI期刊编委、中国人民大学新闻学院长江学者讲座教授等。主要研究领域为互联网使用与效果、社会科学计算化、传播研究的国际化与本土化等。曾在研究美国媒体议程设置时创立了"零和游戏理论"，在研究中国互联网时提出了"权衡需求理论"、"数码沟指标"、"中文网页茶壶结构模型"等概念和方法。

访：根据您的中西方文化教育背景和长期的国外教学研究背景，从您所在的传播学角度来看，如何评价国内的哲学社会科学研究水平？

祝建华：国内的新闻传播学同行中有一句口号：先做大，再做强。我在国内读书的时候，全国只有3个系，十几个专业，25年后的今天，全国有300多个院系，800多个专业。无疑是做大了，但还没有做强。我曾在全国传播学会成立大会上建议，如果要做强，一是要有一个民主、共同参与的学会；二是要有一批匿名评审的高水平学术期刊；三是要培养一批具有深厚方法训练的博士研究生，使他们能够参与国际研究的对话。如果这三方面都能够按照高标准去做的话，我们"走出去"是有机会的。

从现状来讲，中国新闻传播学基本上是用自己的话语系统去研究自己关心的问题，拿国际化的标准来讲，这是不够的。最明显的是对策性研究，或者说应用性研究，主要为党政机关和商业机构服务。这种研究不是说不需要，特别是像中国这么大的国家，处于翻天覆地的改革之中，出现很多新问题，政府决策部门和媒体都希望学界提供咨询，这毫无疑问是有它的价值。但是，任何一个大国，如果仅有这种应用性研究的话，学科发展是没有希望的。因为没有基本理论，没有一定的理论和方法的训练，就永远只能跟着跑。

我想这种状态大概是由好几种原因造成的。第一，跟中国的传统文化有关系，一直强调学问要经世济用，其意愿是善良的，但效果可能适得其反。第二，新闻传播学这个学科跟媒体的关系历来很密切，更容易把重点放在对策上。第三，近年来出现的新现象，有些媒体拿出经费来支持学术研究，有些是真的希望得到咨询建议，有的其实是为了炒作，是借用学院的品牌、名声来进行商业炒作。在这样的诱惑下，不去靠近媒体，不做一些它们关心的问题其实是很难的，特别是在大学目前的考评机制里，研究经费本是一个重要的考核指标。

访： 您觉得国内应该更重视基础研究，这个问题确实非常重要。除了这方面，您觉得国内研究和国外有差别吗？

祝建华： 以传播学为例，国际主流是实证研究和定量分析，而这是国内这个学科研究的弱项。除了前面提到的外部的原因，从内部来讲，学者的基础训练不够。其中外语能力反而是一个小的问题，不必担心。主要是研究方法、研究范式的区别，如国内重视对策研究，与国际主流不在同一个兴趣圈内，即使我们把研究结果翻译介绍出去也未必会引起关注。

有些学者认为学术研究如同以前毛泽东讲艺术创作那样，越是民族性的，就越是世界性的。这个话讲艺术是不错，因为艺术讲究多样性。但是社会科学基本上是倒过来的，应是越是民族性的，越是没有世界性的。这并不等于说我们不要去研究中国问题，而是不要强调民族个性，通过研究中国问题来看人的基本行为。

大家都知道中国正在发生根本性的变化。如果以历史观来看,这些变化里有些是其他社会共同经过的,例如工业化、城市化及其带来的社会、管理、生活方式等问题。同时自然有中国的特殊性。国际上关心的是中国的这些大变动中,哪些与世界各国的基本趋势相同、哪些是中国的特点。如果要把这些讲清楚,首先要求我们的学者有国际思维和比较视野,否则就会觉得这里发生的任何事情都是独特的。其实很多事情表面上是独特的,实际上都是大同小异的。如果你单单做对策研究、咨询研究,是分不清的;只有做基础研究,才能知道哪些是中国的特点,哪些是长期趋势,哪些是短期现象。

访:在法学领域,有一个说法:最好的法学家往往是法官,因为他接触过最多的实际案例。在新闻传播学领域,是否会有类似的现象?还是理论跟实践差别很大?

祝建华:我们必须认识到,理论与实践的差别是很大的。国内的媒体人经常批评新闻学院理论与实践脱钩,这种批评全世界都存在。但是在美国,大学的教育和研究遵循的是学科的发展和科学规律而不受媒体人的影响。因为很多批评其实带有功利性。为什么是大学?这是欧洲的传统,大学是超越世俗社会,站在社会发展的前沿。美国的高等教育比起欧洲的传统,较强调应用性,但是与中国比,又是小巫见大巫了。美国的大学如果被媒体批评理论脱离实际,教授根本不会为此感到有压力。他们当中也有很多人是在媒体做了多年资深记者、编辑之后回到学校重新读博士,毕业以后教本科生的采访、编辑、摄影等专业课,比较受欢迎,但是他们做研究时则关注基础研究,学校对他们的考核主要也是看他们的学术成果。

访:新闻传播学是与应用结合比较多的学科,特别是新媒体研究,那么新媒体研究这一块,国内研究的国际性程度怎么样?

祝建华:中国的新媒体研究与美国或其他任何国家都是在一条起跑线上起跑的。在新媒体研究中,美国绝对领先的局面还没有形成,而是与欧洲平分秋色的。如果我们把韩国、新加坡、中国台湾及香港地区做的研究加起来，虽然还没有与欧美形成"三国演义"，但至少不像传统的传媒研究中美国独大的局面。大陆做新媒体研究的人也很多，但是这方面研究在大陆被认可的重要性没有像在国际上那么高，也许是因为大陆主流掌握话语权的是一些"老先生"，而新媒体研究里面几乎清一色是中青年。大陆在硬件上投入不少，但是从事这方面教学研究的教师在每个学校都还是配角。

访：我们国家有很多电视台，在新闻传播的实践和技术方面的情况如何呢？这方面的进步是否对新闻传播学的研究也提供了良好的基础？

祝建华：是的，如果从技术设备来讲，中国的很多媒体不是同步、而是领先于世界的。但是一个传媒大国不等于学术大国。在传播学科里，美国是一个绝对领先和主导的国家。我曾统计这个学科的六份核心期刊1999年到2000年间论文作者的所在地，美国作者占了将近九成，其次是德国、以色列和荷兰，而不是英国、加拿大、澳大利亚、新西兰等英语国家，这在一定程度上说明语言其实不是主要因素。德、以、荷既不是英语国家，也不是传媒大国。当然德国历来就是一个科学强国，它的哲学和社会科学一直都很强，所以它有如此地位不奇怪。但是以色列和荷兰就值得探讨。以色列的传媒是很落后的，20世纪90年代初全国只有一个电视台，但它的研究却非常领先，有些犹太学者原来是在美国工作，到了中老年他们返回以色列，有的是长期定居，有的是两边走。学术研究有自己的规律，学术的发展来自学者，不是来自媒体。在新闻传播学科里，美国学者虽然人多势众，但是他们对以色列学者的研究是非常尊重和重视的。另外一个是荷兰，其实它在社会科学各个学科的排名都是远远领先于GDP等经济指标的排名。这也是荷兰的一个历史传统。

访：您在了解学科实力时，会选择统计几份核心期刊的发文量，那我们是否也应该通过提高发文来实现"走出去"呢？

祝建华：是的。目前我们这个学科存在强调书，不强调期刊论文的现象。其实在国际上，大家公认的研究成果，人文学科是以出书为主，社会科学是以期刊论文为主。另外，国内通常把获得的项目、基金作为研究成果，这更是一个问题。研究经费不是成果，而是投入，不应该成为一个考量学术贡献的指标。这个问题在社会科学领域比较普遍。我曾经对国内一些年轻学者说，如果你要赶会议、赶出书、赶项目的话，你的研究一定做不好。

访：那现在国内的新闻传播学有没有面临一个很好的"走出去"的时机？

祝建华：这个时机指什么？如果是指人，已经有很多学者"走出去"了。如果是指钱，新闻传播学的纵向研究经费，已经远远超过美国同行从政府拿到的钱。所以时机是什么，我认为不是资源，也不是人力，而在于整体的学术水平。

说到底，我们要思考一下，为什么要"走出去"，为什么要提高国际化水平？按照我的理解，从国家来说，希望"走出去"可以提高中国在国际事务中的话语权，弘扬中国文化。我认为这些目标将来都是能水到渠成的，但是如果去刻意追求，则是求不来的。我相信，很多社会科学目前的情况都是类似的，应该把提倡"走出去"的近期目的，定位在提高我们的学术研究水平上。

访：您觉得，国内目前在新闻传播学理论研究方面的国际性还是非常不够的。其原因主要并不是语言问题，而是思维方式和研究范式的问题？

祝建华：主观上讲是学者研究范式的问题，客观上讲是整个学术环境的问题，过分强调应用性研究，忽视基础理论研究。而应用性研究是很难进入国际学术圈的。因此，如果要"走出去"并被国外同行所了解，首先要按国际化研究范式来提升基础研究水平。

访：那您认为我们应当怎样去改善您上面提到的学术环境中的一些突出问题呢？

祝建华：我认为现在可以从引进人才入手，就是要引进一些这个领域真正的前沿学者。这方面需要做一些前期的工作，比如去了解美国在新闻传播学领域比较前沿的专业。据我了解，美国公认比较好的新闻传播学科，主要是在几个大学，比如威斯康星大学、明尼苏达大学、印第安纳大学、俄亥俄州立大学、密歇根州立大学、伊利诺伊大学、西北大学等。除此以外，还有斯坦福大学、南加州大学、北卡罗来纳大学、得州大学奥斯汀分校等。国内的新闻学院对此并不很了解，所以在引进人才方面存在一些问题，很少引进一流前沿学者。

访：也就是说，我们现在需要真正了解国外学术界前沿成果和学者，然后去跟他们做良好的互动。

祝建华：是的。但是这里有一个问题，就是对"前沿"的定义。我认为，谁是主流，谁是边缘，你去查一下 SSCI 的期刊就一目了然。当然有一种不同观点，认为期刊反映的只是一个方面，用来定义"前沿"有偏差，还应考虑教学、社会服务等。但我觉得中国大学与美国大学相比，教学上的差距还是比较容易赶上的，反而是研究上的差距大，不易赶。所以，应该把学术研究水平用来作为定义"前沿"的最主要标准。从这个角度来看，目前新闻传播学科在"走出去"的过程中任重而道远。

访谈人：胡娟　舒颖岗　王亚敏

访谈时间：2009 年 7 月 16 日

以影响力为中心的"走出去"
才是真正"走出去"

黄伟，访谈时任美国俄亥俄大学商学院终身教授。现任西安交通大学管理学院执行院长、教授，哈佛大学研究员，世界群体决策支持系统的开拓者之一。先后从华中科技大学、西安交通大学获得学士、硕士学位，从美国佐治亚大学和新加坡国立大学获得联合培养博士学位。世界信息系统协会（AIS）亚太管理信息系统研究学会（SIG-ISAP）的发起者及主席。兼任美国大学学科评估与国际认证 ABET 机构特聘评估专家，中国自然科学基金评估专家，以及香港城市大学研究资助委员会特邀评审专家，国际 MIS 学术期刊网络与企业管理国际杂志（IJIEM）主编。代表作有《全球移动贸易：战略、执行和案例研究》（*Global Mobile Commerce：Strategies，Implementation and Case Studies*）、《电子政务：战略和执行》（*Electronic Government：Strategies and Implementation*）。

访：作为一名长期在国外工作的华裔教授，您认为中国的人文社会科学研究"走出去"状况如何？中国学者和国外学者在研究方面有没有差异甚至差距？

黄伟：我以管理学、商学为例。从研究的角度来说，过去的十年尤其是这五六年，国内的管理学发展很快、前景非常好，国内的年轻人起来了。

具体来说，研究方面第一个差别是方法论。美国的商学院也走过这样的过程。30年前的美国商学院研究方法上侧重定量研究、数学模型，认为没有数学模型就不严谨，难登学术大雅之堂。现在他们开始意识到，真正能够跟实际企业和产业发展比较吻合的方法是实证的研究方法，有科学性，也可以把理论与实际较好地结合起来。所以，除了经济学现在还有自己比较独特的计量模型或其他一些非常严谨的数学模型，管理学界尤其是和实际结合得比较紧的学科都是以实证研究为主。现在中国也已经开始意识到这个问题。我们有很好的管理实践，中国在过去二十多年经济发展这么快，毫无疑问，中国有中国式的管理，否则，中国的经济在过去二十多年不可能有这种比较持续的高速发展，但是我们在国际上没有看到中国的管理理论。从"走出去"这个角度说，其中一个主要原因就是我们的学者在管理理论方面缺乏研究方法论，我们比较多的是故事性的描述，但学术上强调要比较严谨地把理论总结出来。以前我们没有太重视研究方法论问题，但是我觉得现在中国管理学界尤其是重点大学都开始重视，在不久的将来，研究方法上会有很好的突破。

第二个差别是科研政策体制。从政策上来看，国家对教育科研的支持力度非常大；另一方面，国家也对教育科研的一些东西管得很多。未来除了继续给大学教育予以支持以外，方式上可以再改进一下，换句话说，国家可以在更高层次上给予支持、指导，在细节上放松一些，把基层的活力激发出来。

我理解的"走出去"应该有两方面的含义：一是在国际上发表文章，二是形成一定的国际影响力。我们需要鼓励中国的学者形成自己的学派。在国际上有自己的学说，除了学者要好好做研究以外，也要有自己相对独立的思维，这样才会在国际上形成自己的声音，得到人家的尊重。我有时候听到有些评论，认为中国的社会科学只是政府的"喉舌"，外国学者就认为不需要和中国的学者交流，你是官方的"喉舌"，我了解了官方就了解了你，为啥还要和你交流。人文社会科学的发展都是应该为国家的建设服务的，这是毫无疑问的，这个大的原则不能动摇，大的方向大家要一致，但是细节上不一定要那么具体。就像一个家庭里面夫妻还有不同的意见，也有吵架的时候，但是家庭还是家庭，只要我们为同一个目标努力，有时候有一点小的杂音没有关系。如果有自己的学说、自己的学派，这个意义上的"走出去"在国际上的影响力更大，尤其是我们可以总结中国自己的经济发展理论或者管理学说理论，形成自己的学说。这种"走出去"的意义就在于，任何对中国感兴趣的国际研究都会被吸引到中国来，因为这里有中国的学派，而且理所当然地研究中国的问题应该是我们中国的学者最有权威，遗憾的是至少现在还没有完全看到这样的状况。"走出去"的意义应该是更看重实际影响力，而不只是重视发表的文章。很多文章虽然都在国际上发表，也可能被 SCI、SSCI 收录，但很多这样的文章都是跟着别人的理论，为别人"背书"，不一定能够提升我们"走出去"的影响力。

去年我在清华做访问教授时也提出这个观点，中国很多大学考核教授的一些评判标准是跟发表文章的数量挂钩，过于强调数量标准，我认为这是对国家最优秀人才的浪费。一个教授如果有一个好的研究发明，他如果把科技发明或者学术理论全部弄透彻，然后发表一本专著，他这一辈子可能就写一本书，但这本书在这个领域就是经典之作，整个领域就遵循这本书、这个学说。在哈佛能看到这样的角色，但是在中国现在这个体制下，这样的角色就没有办法生存。在这样的体制下会造成什么样的结果呢？即使教授有很好的研究课题、想法、理论，有一个很好的案例，他往往会把它分成几个、十几个小的案例，然后发表更多的文章，问题是整体的东西你把它分割以后，对学科的影响基本上就没有了。

这就涉及评估、对人才判别的问题。普林斯顿大学有一个经济学教授就是这样，这个教授花了九年时间写了一篇很好的文章。美国也有评估体制，教授在刚开始都是三年一评。到了三年没有东西，院长就找他谈，他就说他在做什么事情，院长也没有办法作判断，就去找同行来评价。同行都说这个想法非常好，但是谁也没有把握能不能做出来，但是很值得探索。院长最后就拍板说我支持你，你失败了就表明我判断失败，但是我还是支持你。他做了九年做出来了，为普林斯顿大学赢得了很高的学术声誉。

所以，我们需要一个客观标准，但是也一定要有灵活性，否则就很难有大师型人才。现在不是因为我们的人不行，是因为这个体制不鼓励你。因为几年不出成果你就不能生存了，每个人要先为生存着想，这是现实问题。而这一套类似于"打工分"的评估标准很多是基于香港、新加坡的大学的经验。香港、新加坡的战略就是 follow，就是去跟人家。香港是个弹丸之地，新加坡也是一个小国家，这么小的国家和地区，没有精力也没有资源去创立自己的学说，所以其策略就是去把大牌教授的理论拿来去跟随他，我只要跟得紧，我的地位就跟着上去，可能很少或者永远都不会成为学术上的前沿、有自己的学派，但是我能够跟最优秀的学者在一起，跟着他一起走，我也就在前面了。内地不能完全走这条路，因为我们有自己的文化，有自己的学术、自己的特点。所以我觉得对内地顶尖大学，国家教育科技管理部门应该有特殊政策，在对待那些资深的教授时，不能按照"打工分"的标准来评，这很重要。

访： 在中国国内，灵活对待占相当小的比例，很多人担心这样的操作方式会比较主观。

黄伟： 新中国刚成立的时候，"三钱"回来，国家给了多少特殊待遇？肯定是和一般的科技人员不一样。可是这样的判断就对了，不是说其他的科技人员没有做工作，但是"三钱"起了很重要的作用。每个国家、每个专业，在学术前沿的创新上都会有这些人，但不是说每个学校特殊对待几个人，这几个人每一个都会成功。我们去看看美国大公司的创新，IBM 也好，微软也好，它们投了大量的资金去研发，十个里面有一两个成功它就收获很大了。

访： 像风险投资一样。

黄伟： 是，比例要比较小，不能把特殊搞成常态化。举个例子，比如控制在 5%，100 个人里有 5 个人具有这种可能性，可以有很好的创新，可以在学术领域有自己独特的学派或者学说，我们就给他比较特殊的政策。

访：在管理学领域，国外学者对研究中国问题的兴趣程度如何？

黄伟：这与中国的实力和经济发展密切相关。现在的情况是，中国的经济发展很快，举世瞩目，基本上每个学者都知道中国是不可忽视的一个国家。但是从另一个角度来说，真正对中国研究非常感兴趣、以中国为题去研究的比例并不是非常高。主要原因是包括国家影响力在内的一系列因素。

从"走出去"的角度来说，促使国外学者关注中国也可以采取比较好的途径实现。日本有一些技巧或者方式值得我们中国借鉴。日本在"走出去"过程中认识到，在学术领域里，西方学术界有很强的对政府不信任的一种情绪：如果是政府资助的项目，就会很自然地被认为是为政府服务。因为你拿人家的钱你就说人家的好话，所以如果是政府出面资助的项目反而让即使是对日本研究有兴趣的教授不敢为日本说话，因为他说话稍微好听一点，即使是事实，也会被扣上帽子。日本前面也走了很多弯路，后来才意识到其实好的方式是间接资助。所以他们成立一个机构叫丰田基金会（Toyota Foundation），它是由日本的大企业出钱成立的，至少在名义上不附带任何条件，但是其实目的非常清楚，就是要资助一些有关日本或是增加对日本的了解的项目，培养亲和日本的研究。我在俄亥俄大学工作，据我所知，日本通过大学之间的交往，送很多樱花到俄亥俄大学，然后通过大学的资助或者是基金会的资助，资助教授的研究或者设立冠名教授（endowment professor），这样教授拿了钱一方面他的学术地位被认可，另一方面他就会对日本有兴趣进行一些研究。所以目前为止，日本相对来说比较成功地在美国培养了一批亲日的学者，日本不断地通过研究、文化交流，把这种意识培养出去。去年一个俄亥俄大学教授去日本访问，他居然自愿地把日本博物馆里面存放的美国用原子弹轰炸日本的资料、照片拿到俄亥俄大学的图书馆里展览，使美国人看了以后都会觉得有一种负疚感。

所以我认为日本已经很成功地做了这些事情。我了解了一下，像日本的丰田基金会，虽然是日本丰田公司在做，但是最终还是政府在支持，采用的是很巧妙的间接的方式。政府把这些大企业弄过来说，我们要做一个这样的基金会，但是政府不能出面，你们出钱，我通过一个税务之类的法案，法案一出，丰田每年十几亿美元的税收可能就不用付了，你再拿出 5 亿美元支持基金会。企业还是赚钱了，名声也很好，政府也把事情做了，西方也没有任何的反感。

我们现在政府很想做事，这非常好，但是有的时候，我们政府投了很多钱，包括孔子学院，但是至少在美国的效果目前看来不是非常理想。主要的问题还是方式问题，即政府直接出钱。我在俄亥俄的时候曾经跟我们的副校长提过孔子学院，曾经希望说服他对这个项目感兴趣。可是真正在讨论的时候，有些教授就直接提出：我们为什么要接受中国政府的钱？西方对政府的行为是非常敏感的。我们反过来想，如果现在美国政府出钱在中国国内成立很多学英文的学院，中国怎么想？由政府出钱，不是商业行为，不是学术交流。如果借用日本的这种成立民间的基金会的方式，我想效果可能更好。

访：国外学术界对中国的学术及中国的学者不太了解，是因为缺乏兴趣，还是因为缺乏了解的渠道？

黄伟：今年我到哈佛做研究，以往哈佛对亚洲的日本、韩国一直保持研究兴趣，近一两年它对中国的研究兴趣增加了，因为它意识到中国经济的发展对美国的重要性越来越大；另一方面，它对中国的了解远远不如对日本、韩国的了解，相对来说比较缺乏深入的了解，所以近几年哈佛对中国的研究更加重视。我在哈佛大学肯尼迪学院见到韩国的一个卫生部副部长，他就很惊讶地对我说，为什么有这么多的中国访问学者在这边，而日本、韩国的相对少一些。我的理解是，日本、韩国他们已经研究得比较长久、交往得多，不需要那么多人去；现在随着中国的重要性增加，发现对中国的了解还是比较少，所以交流比较多。所以可以看出，研究兴趣随着中国经济继续不断地发展还会进一步增强。

今年 10 月要在哈佛召开第三届 China Goes Global 会议，整个会议从开始就叫"中国'走出去'"，去年也在哈佛开。今年我被邀请担任会议的主要组织者，我的想法是尽量邀请中国的优秀学者参加，因为这是在美国少见的几个专门以中国为主题的国际学术研讨会议。前两届参会的有超过 2/3 的是西方学者，华人学者占 1/3，中国学者反而不多。所以今年我邀请了包括人大商学院的很多学者过去，因为我认为，研究中国问题没有中国学者的参与至少是不完备的，他们也接受我这个观点，只是在国际上中国的管理学、社会科学方面发表的文章少一些，他们了解得少一些，也不知道该邀请什么样的人来参加比较合适。高水平的学术交流也应该是"走出去"的重要部分。

访：您刚才谈到，很多人对中国感兴趣，但是并不一定转化为学术研究的兴趣。是什么原因让他们没有办法把这种兴趣转化为学术动力？

黄伟：任何国家的学者都一样，当面临着把兴趣真正作为一个重要的、严肃的研究问题的时候，都会有一个动力问题。这个问题非常重要。中国的经济这样持续发展，首先在动力方面解决了中国的经济对世界经济、对美国的经济都比较重要这个问题，这就解决了一个大的动力前提问题。但是要真正促使学者来研究还有一些具体的障碍，因为只有少量的学者是根据兴趣来做研究。很多学者在没有拿到终身教职时，在学术上还需要把自己的地位进行巩固，他就会看主流，或那个研究是否可以让他建立起学术地位，是否可以在比较顶尖的期刊上发表文章。从这个角度来看，可能还不太令人满意。另外一个是价值取向问题。美国研究中国问题的专家学者大体上可以很清楚地看出是分成两派，一派对中国的前景非常看好，一片赞扬声；一派非常明确地不赞同中国模式或者发展体制等。这两派对中国都很有兴趣。所以，我们要分清，不是说对中国感兴趣的学者都会做一些对促进中国"走出去"、促进文化的交流、促进中国和世界的和平发展有正面影响的研究，有些人来中国调研、访问、拿数据可能是要证明相反的东西。我们在哈佛开这个"中国'走出去'"会议就很明显地看到这两派的学者都存在：对中国友好的和对中国不是很友好的。

访：有人认为海外学者研究中国目前来看有一些现实障碍，比如跟国外相比没有高质量的网络研究数据库等。

黄伟：网络数据库是非常重要的一个方面。我个人研究中也直接需要用到很多中国的数据库，我觉得其实中国，尤其是一流的大学，其数据库等基础研究条件都已经非常好，和美国已经没有太大的差别了。但是我感觉，需要花一些时间、精力建立自己的数据库。举个例子，在管理领域，我感觉似乎国内对能够进哈佛案例库比较看重。我认为这有些问题，还是一样存在价值取向问题。进哈佛的案例库我并没有认为它不好，但是它的价值取向是为美国的企业服务，中国某某公司被写到哈佛案例里面，我们这边报道往往就是说这个企业或组织机构达到了一定水平，所以被哈佛收到案例库里。我与哈佛商学院的教授聊，他们选取的标准不是一样的，也有可能选的是失败的企业，它想要告诉美国的 MBA 学生或经理，中国现在的经商环境是什么样的，企业在发展过程中碰到哪些障碍和问题。它并没有对中国的企业有什么认可，并不意味着中国企业达到了世界先进管理水平。举个例子，哈佛商学院有一门选修课叫"Doing Business in China"，在中国做生意，里面有 20 个大大小小中国的案例，主要想告诉没有到过中国或者是没有在中国做生意的经验的美国 MBA 学生，中国经商的环境和情况是怎样的，会有哪些可能的失败、挫折。所以我觉得，第一，我们不必要过多地觉得，人家把我们的东西收进来就好像是说我们的水平高了；第二，更重要的是，要重视我们中国案例的水平和标准。这就是说，为什么我们需要中国的案例进到哈佛案例库里边去，才觉得我们的企业或者教授写的案例有水平呢？为什么不应该是我们中国的一流大学有自己的中国问题的案例库，让哈佛对中国有研究兴趣、要了解中国，觉得要来引用中国的案例库呢？理论上应该是这样，我们才对我们国家的企业了解更透彻，对我们的企业评价更全面，所以我们在这方面不应该给予过高的评价，包括评价教授，否则，就会造成大家对自己的案例库、对自己的案例写作水平评价不高。我觉得要重视中国自己的案例库的建设。可以请这方面的国际知名教授作为合作者、顾问来参与中国案例库的建立，甚至在刚开始的时候比较多地尊重他们的意见，但是主权是我们的，做出来以后这个案例库是我们中国的。美国现在做的也是一样，它请中国的学者参与，它给你很好的报酬，它也不亏待你，但是很明确的，主权是它的。我们也可以这样做，我也可以付给你很高的报酬，但是最终这个主权是我的，以后美国商学院要来引用中国的案例你也要付给我钱。现在的情况是，案例是我们中国自己的，我们帮它采集了数据，我们还帮它写，最后版权还是哈佛的，我们中国要用还要付钱，而且我们还鼓励甚至奖励我们的教授这样做，这就很滑稽。我们现在把我们的知识产权全部拱手让给人家，然后我们还要奖励我们做这些事情的人。所以我们一定要很清楚地确定我们的价值取向或者战略目标，就是确定出来哪些是对我们很重要的主权、版权、自主创新的东西，形式上的东西我们可以稍微放宽一些。国家在政策上可以给予支持，最起码奖励和重视的程度应该跟给哈佛写案例的等同或者标准更高，这样就可以帮助我们拥有一个权威的数据库。大家都做了大量的、非常好的工作，现在要认真考虑怎么样把它规范化，怎么样把它的质量提高，怎么样让它"走出去"，让国际上的同行认可，让大家都来引用。美国有哈佛的案例库，加拿大西安大略商学院有自己的案例库，中国至少要有一个国家级的案例库，这对于在海外产生影响力会有很大的作用。

总之，我认为中国想要"走出去"，从人来说，需要扶持一些中国自己的学派、学者、代表性人物；从具体成果来说，要有具体的学说，这样才是最踏实的"走出去"。不光我们"走出去"在世界上赢得大家的尊重，不"走出去"，我们在中国也可以吸引那些对中国有研究兴趣的人过来，这个意义上的"走出去"是最根本的"走出去"。

访：我们自己要形成较好的研究实力、基础，这样的话才会在这个基础上拥有国际影响力。

黄伟： 以影响力为中心的"走出去"才是最实在的，只靠发文章那是比较虚的。影响力到了一定层次以后发文自然就上来了，但是反过来不是这样，你文章可能多了，但不一定有影响力。

访： 能否简单介绍一下"中国'走出去'"会议（China Goes Global），"走出去"是指什么方面的"走出去"，"走"的含义是什么？

黄伟： "中国'走出去'"会议主要探讨两个方面的主题。第一个主题是经济。中国的企业开始走向国际，对美国公司、欧洲公司而言，大家感兴趣的是中国的企业"走出去"会给美国及欧洲的经济或者企业带来哪些影响、带来哪些机会，甚至带来哪些挑战，这就是我说的动力问题。他们很想了解，学术界也能够给他们一些建议，中国企业带给他们什么机会，大家可以怎样合作，以在这样的机会下互利双赢，同时又有哪些因素是要注意的。第二个主题是金融。中国有这么多外汇储备、美国国债，美国就很想了解，对中国来说这些资金有什么选择，它可以有什么样的动向，中国这么多的外汇对美国未来的金融、经济发展有什么影响，中国可能采取哪些策略，将来对于国债的投资组合，等等。这是大家关心的问题，很实际、很明确。这个会最开始是这样的背景。

我在这想提醒一下，中国"走出去"一定要符合国家利益。我参与"中国'走出去'"会议的组织，我觉得中国学者在"走出去"的时候，要有很强的价值取向。就是说，至少应该从正面角度探讨中国企业"走出去"对世界经济、美国经济的作用。因为从理论上、客观上来说，让美国学者和欧洲学者去做这样的工作，这不是他们的义务，因为他们不是中国人，没有义务去为中国说好话，当然凭良心，他们是应该做的，因为的确存在这样的影响，他们也可能会去做。但是，从价值取向上来说，不是自己的国家，不是自己的人，他没有这个义务。我研究中国外包，我就很少看到中国学者发表文章讨论中国发展外包对世界经济、对美国经济的贡献，而印度学者发表了不少这样的文章，讨论印度的外包对美国的经济作出了什么贡献。国家、教育部应该强调、支持这一类的系统研究，用数据、事实说话，那么我们这些在海外的学者就可以配合。像在哈佛开这个"中国'走出去'"会议，我们就请中国的学者把他们这方面的研究通过哈佛的平台向全世界宣传出去，这样的话，人家一想到外包或者中国企业"走出去"，至少就有一个声音更多的是正面的。像哈佛举办的这个会议，虽然是以中国为题目，听起来是为中国宣传，但实际上是为美国的跨国企业服务，其目标很清楚。所以我们做这件事情一定要有很清楚的目标，然后要有具体的措施，想办法实现目标。

访：国家应该在"走出去"上采取什么样的措施？

黄伟：我觉得你们现在做的这个课题就非常有意义。就把它作为一个专门的课题来研究，提出一套可以实施的建议和措施，有清楚的战略目标，然后再配备可以达到这个战略目标的具体措施和行动方案。另外，可以推进国内的学者与国外的华人学者或者非华人学者加强学术交流，尤其是对中国的研究比较中立、比较友好的这些学者。如果进行资助的话，一定要区分资助的对象，从而达到我们的战略目标。研究的课题如果是侧重于中国哲学社会科学"走出去"，扩大影响力的话，可以和海外的学者多交流，因为海外的人比较了解什么样的课题对于中国达到这样的战略目标，增加中国的文化软实力更贴切，可以多交流，听取他们的意见，然后跟国内的学者相互合作。如果是对外树立中国的学说、形象，肯定缺不了政府的支持；政府可以在总的大方向把握上给予指导，细节上放开一些，这样就比较容易在海外摆脱目前这样什么事情都要由政府出面的状况。以后可以在教育部或者自然科学基金专门有一项针对社会科学"走出去"研究的制度，可以试点做一些这样的探讨。

访谈人：王亚敏　沈健

访谈时间：2009 年 7 月 20 日

▶▶ 丹尼尔·威廉姆斯

希望中国更好地"走出去"

丹尼尔·威廉姆斯（Daniel Williams），美国贝勒大学宗教学系教父学和历史神学教授，贝勒大学中美文化交流协会顾问。在多伦多大学获得博士学位。主要研究领域为教父文学和神学、基督教史。代表作有《传统、圣经、诠释：古代教堂全书》（*Tradition，Scripture and Interpretation：A Sourcebook of the Ancient Church*）、《福音派和传统：早期教堂的形成影响》（*Evangelicals and Tradition：The Formative Influence of the Early Church*）。

访：在您所专长的学术领域内，有没有中国学者是您特别熟悉的？

丹尼尔·威廉姆斯（以下简称"威廉姆斯"）：我研究的领域是古罗马帝国文化，以及早期基督教政治、社会、文化的发展等。涉足这个领域的中国学者不是很多。我知道的比较著名的有几位中国学者在澳大利亚工作。在大陆地区，浙江大学有几位教授从事这个领域的研究。他们主要研究公元 1 世纪到公元 5 世纪的拉丁语以及希腊语文本。有一位教授对我帮助很大，我们目前在一起合作一个项目，主要是对翻译文本的研读，而且有很多项目希望进一步合作。大部分中国人对这些文本很陌生，比如北非、埃及、土耳其、巴勒斯坦这些国家和地区的古籍。在中国人眼里，这些都属于西方。

访：有时，我们也把这些地方称为"中东地区"。

威廉姆斯：是的，但是在文化意识里，中国人都会觉得这是西方。有时，一些中国学者要研究中国文化，他们并不考虑这方面的问题，或者是他们教授的内容也不涵盖这块领域。我不知道我的观点是否正确，但是依我的经验来看，要在大陆找到和我的研究领域相关的学者非常困难。我觉得可能是因为大家把犹太教当做西方宗教，而事实上不完全这样。或许从文化的角度来说，犹太教和基督教都来自西方，与中国文化关系极小。然而，这个观点有两个误区，不然，如果这个观点正确，东方人就没有必要把那些古文本整合起来进行学术研究了。大部分的犹太教和基督教社区起源于罗马帝国的边缘地带，而且从未受罗马律法的管辖。信奉这些宗教的群体最开始来自波斯、阿拉伯以及远东地带。到 5 世纪至 6 世纪的时候，这些人甚至还到过中国。这都是 1 500 年前的事情了。我的观点是古基督教许多信徒并没有在罗马或者西方。尽管古基督教社区确实大部分是在罗马帝国得到了繁荣，但是也有很多人是在波斯地区，也就是现在的伊朗、伊拉克、乌兹别克斯坦南部、哈萨克斯坦的部分地区。我们知道，在 6 世纪，东方基督教的中心在今天的巴格达，一个重要的基督教中心，这一点可能会让很多人大吃一惊。

另一个我认为古文本非常重要的原因是古文本并不是西方观点的表述。公元 2 世纪到 3 世纪犹太教、基督教最大的社区在埃及的亚历山大。这些地区实际上是不能算做"西方"的，而且这些地方的人也从来不认为自己是西方人，他们也不把自己和欧洲、远东地区联系在一起（事实上，当时还没有欧洲），他们认为自己就是埃及人或叙利亚人。古基督教、犹太教等朝着西方发展，也朝着东方发展。在杭州发现的碑文就有 5 世纪或 6 世纪基督教刻写的文本。因此我认为，需要打破古基督教就是西方的这样的误区，我们要重读文献，重新发掘他们，甚至可能从中发现中国的过去。我在中国人民大学的暑期学校教授"西方文明的根基"。课上我做的第一件事就是给每位学生都发了一份西方地图，先从地域进行解释。

访：如果我们把讨论范围扩展到整个宗教研究的领域，您如何评价中国学者的学术研究呢？

威廉姆斯：我在中国待的时间其实不算短，除了中国人民大学，我曾经在北京大学、清华大学、复旦大学、浙江大学开课，也了解一些同行所做的研究项目。但是，对于中国学者在这个领域的学术研究，要做到全面客观的评价还是很困难的。我只能从我自己了解和感受到的情况来谈。就目前来看，从对基督教、犹太教的研究视角来看，我认为在中国专业性的学术研究还是比较少的。尽管在大陆已经有宗教社会学、政治与宗教以及人口学等角度的研究，而且有不少相关领域的优秀学者，但总的来说，对于基督教、犹太教的研究要比对佛教和道家的学术研究少。

访：您能评价一下中国学者与西方学者在研究方法和思维模式上的不同吗？

威廉姆斯：就研究方法而言，不同之处或许就是美国学者更侧重细节，更关注细小的问题，研究目的也更加细微。大陆学者更侧重宏观研究领域，因此研究问题也更为概括。这两种都有利有弊，关注细节的研究可能会忽略整体，而宏观的研究可能更容易使其得到应用，却可能会忽视实际情况的复杂性。过去几年间，越来越多的美国学者以及研究机构对中国研究感兴趣。在这种形势下，中国的学者应该更多地走出国门去拓宽视野。我不是想谈论技术、经济、政治，但是人文社科领域的学者基本有这样的共识，中国在经济、社会、政治方面吸收了大量的国际经验，因此可能会出现一些与欧美很相像的问题。许多美国学者认为中国不应该由技术经济驱动社会，因为那样会让中国传统的文化、精神、历史认同感受影响。

其实有很多美国学者希望看到中国繁荣，希望中国越来越好，包括我自己来人民大学参加暑期学校的授课。虽然这趟行程对我在美国的学术发展并没有帮助，但是我认为这趟行程对我是有益的，对人民大学是有益的，对中国文化也是有益的。

访：那么，请问您自己是如何对中国感兴趣的呢？您是通过哪些途径获得有关中国的讯息的？

威廉姆斯：在过去的 25 年间，由于互联网、电子邮件的发展，世界越变越小。很多学者的视野也越来越国际化，他们无论要做什么项目，都会将中国纳入考虑范围。毕竟中国在世界上历史悠久，影响深远。从历史看来，中国在国际上一直都扮演着一定的角色，时而重要，时而微小，但都是不可或缺的。要想将全球纳入研究视野，你就不可能忽略中国。现在西方的学者都已经达成这个共识。

访：如今在中国，很多大学都强调在学术领域的国际交流与合作。要想让中国学者更多地融入世界，您有什么建议吗？

威廉姆斯：这个问题范围很广。我对这一块的了解非常有限。我个人认为，如果要帮助美国学生或是欧洲学生来中国，我宁愿去帮助一个中国学生去美国。因为他们是中国人，懂自己的语言和传统，所以待他/她学成归来后，会大有作为。当然中国花很多钱引来很多外国学者，这也是值得的。但在我看来，把中国学生送出国可能意义更大，收获也要比引进学者更大。

访：您在与中国学者交流的时候，碰到过困难吗？遇到的最大的困难是什么？

威廉姆斯：我们需要把这个问题细化处理，毕竟我在中国的经验还是不够多，不能非常理性地回答你的问题。我一生中大部分时间都是待在美国，来到中国感觉是这里很棒。尽管两国有很多不同之处，但是我们尽力去接受原汁原味的本土文化。有时候，我会觉得与中国的听众沟通不容易表达自己的意思，因为语言中有许多微妙的地方。

访：您认为中国学者对外交流，语言是一个较大的障碍吗？

威廉姆斯：美国唯一的工作语言是英文，而且长久以来，这一点一直没有变化。所以，要与美国进行正式的学术交流确实存在语言问题。这一点已经引起了我们国内很多人的不满：我们懂的其他语言太少了。中国学者与美国学者交流的困难在于，美国人只懂英文，很少有人懂中文，因此中国学者就得在语言上多下工夫。这与美国的文化传统有关系，美国从建国之初就是这样，我们不学习别的语言。现在情况有一些好转，在大学以及国际项目中，懂中文的人正在逐渐增多。我 20 世纪 70 年代初期上大学的时候，当时没有学生出国交换读书，现在反而是不出国的人非常罕见了。这也就意味着，我们正在培养的这一代学生知道自己要懂更多的语言，不仅仅是懂法语、德语，也包括懂汉语等其他语言。同时，从欧洲学生身上也会看到同样的转变。

访：您是否经常阅读中国学者的研究论文？

威廉姆斯：如果发表的文章是在我的研究领域，或者是相关领域，我会读。这和别的学科一样，你肯定会想知道文章是谁写的，不管文字是中文、日文还是西班牙文，作品的内容才是最重要的。我现在与中国学者合作的项目，出版物都是中文的。有时我得读翻译版本，如果中国的期刊想吸引更多的读者，那最好要有英文版本。不过，内容往往比语言重要，只要术语没有用错，能够读清楚就可以了。比如一个美国学者，如果他看到作者是中国人，又以英文写作，他们对文章本身会更加重视，就算英文只是马马虎虎，他们也不会介意。当然，这个英文必须得让人读懂，尤其是学术术语。如果是译者翻译，那就要求译者不仅英文好，还必须得了解这个领域。

访谈人：胡娟

访谈时间：2009 年 7 月 26 日

▶ 成中英

"走出去"是中西方文化的
双向沟通和平等对话

成中英，美国夏威夷大学哲学系教授。1935 年 11 月 8 日生于南京，1955 年毕业于台湾大学外文系，1959 年获得华盛顿大学哲学与逻辑学硕士学位，1963 年获得哈佛大学哲学博士学位。著名哲学家，被认为是"第三代新儒家"的代表人物之一。《中国哲学季刊》（*Journal of Chinese Philosophy*）的创立者和主编，国际中国哲学学会、国际易经学会、中国哲学高级研究中心、远东高级研究学院等国际性学术组织的创立者和主席，国际中国管理与现代伦理文教基金会的奠基人，国际环境决策管理咨询委员会（IACEDM）环境哲学总顾问。

访：成先生是中国哲学走向世界的代表人物之一，学术造诣非常深厚。我曾经读过成先生的一些文章，知道成先生少年时就很聪明，17 岁念大学，21 岁就从台湾大学毕业了。

成中英：虽然因为战争耽搁了，但是我中间跳班了，小学没有读完就跳读初中，初中没有读完就跳读高中，高中没有毕业就跳入大学。跳班都需要考试，那个时候一考就考取了。所以进入台湾大学的时候，年龄比其他同学都要稍微小一些，毕业时 21 岁。1958 年到了美国，拿了一个奖学金，去了西雅图的华盛顿大学。我在大学时就读于外文系，毕业时考进了台湾的哲学研究所念硕士。

我当时有一个感觉就是我们必须要了解西方文化。因为从中国近代历史来看，很多问题都可以说是受西方文化的一种影响，甚至冲击。再深入地想，一方面，中国人的痛苦遭遇与西方列强侵略有关，在战乱中也切身感受到中国这个国家受到如此之大的冲击；另一方面，西方有很多很好的东西。我父亲是一个研究中国文学与文化的学者，所以我对中国传统文化有很浓厚的兴趣，我很早就接触像《周易》这样的经典，我觉得有一种特殊的感受，很深奥，却很吸引我，需要用心去想。古代西方的经典不是神话就是上帝的话。中西方文化有很大的差别，所以我们必须要知己知彼。我们如果不了解自己，就不能够更好地了解西方，不了解西方就不能够更好地了解自己。知己知彼，你才能够不但掌握西方的长处，也知道西方的短处，也可以了解中国的长处和短处。正是在这种相互了解中，人们可以形成一种更好的对自己和他者的了解，同时也才能产生一种相对完美的文化理想或价值理想。

我把哲学看成是中国怎样去了解西方，以及西方怎样去了解中国的一种方式。我感觉到，西方的科学建立在一种严格的知识体系上面，而这个知识体系的模型一定是数学和逻辑。所以，早期为了解西方的知识体系和西方哲学的思想，我对西方的数学和逻辑非常感兴趣。我记得在大四的时候，美国出版了一本数理逻辑的书，台湾有个教授拿着这本书，是从美国买的，但是他看不懂。由于那时候我对数学有兴趣，在一年级时就学了微积分，我就说我看一看，结果一看我觉得能够了解，他就把那本书送给我了。我在华盛顿大学进入哲学系，那时候就专注于西方的知识论和数理逻辑哲学这一块。这很重要，因为只有这样才能了解西方现代哲学的基本精神，它的逻辑分析、概念分析、语言分析都是在逻辑的形态、逻辑的思考基础上建立起来。

访：成先生具有中美两国的高等教育经历，您对西方文化也很了解。就您所在的学科专业来说，您怎么看待中国和美国的不同，比如您在高等教育阶段受训练的过程中，有什么大的差异？

成中英：我从几个阶段来讲。早期我在台湾读大学，那时候的哲学系教授基本上都是从北京大学、南京大学、东南大学等学校迁移到那边去的。他们的课我都去听，现在回想起来，他们都各有专长和学养。但可能有这样一个情况，他们讲的内容和我后来到美国以后看到的最现代的内容还是有距离的。

中国大陆的哲学在 20 世纪五六十年代给我的感觉是还停留在 30 年代"五四"时代后期的那种状况，但 20 世纪 30 年代以后西方已经有一些很大的变化。整个逻辑实证论在 30 年代的发展已成潮流。经过二战，很多欧洲逻辑实证论名家跑到美国，在美国大学里发展了非常新颖的、新一代的语言哲学、逻辑哲学和科学哲学，这三个是非常重要的发展，这等于说把科学理性、逻辑理性用到哲学的各个方面，对传统的现象学、知识论，甚至是伦理学都有很大的批判与冲击。这代表了一种崭新的潮流。当时中国哲学界对西方哲学的认识应该说有一个好的开始，但随后就停滞了。

访：为什么它会停滞呢？据我们所知，那时候的很多学者受过很好的西方教育，他们中西合璧，很多人与美国学界有很好的联系，他们应该可以跟上最新学术前沿。

成中英：战争是个大因素。上世纪 30 年代日本开始侵华，1945 年抗战胜利，然后又有国共内战。50 年代大陆在进行"三反五反"这样的政治运动，可说与外界隔绝。台湾要稳固国民党政权也在进行一些改革。那段时间我读中学感受不到外界的气息，那时候的老师和外面的接触很少，可能要到 50 年代后期 60 年代初，台湾才开放留学。所以，从抗日战争到 50 年代，这中间几十年其实与外面没有太多学术交流。大陆由于战争以及整个社会重组，50 年代中间有断层，老教授们还停留在三四十年代。所以 1985 年我在中国社科院哲学所演讲，来了一些老先生，譬如贺麟与洪谦两位哲学界前辈。之前我还见到冯友兰先生。他们也都对国外的情况很好奇，后来我在中国文化书院讲中西比较哲学，大家也很有兴趣，很多东西他们也是不知道的。中国可以说在 1978 年改革开放前，跟外面还没有建立这种关系，大家很想去了解国外，但是很少有人出去。

　　1965 年在夏威夷大学举办了一个"东西方哲学家会议"，请来代表中国的有方东美先生、唐君毅先生、梅贻琦先生、吴经熊先生、谢幼伟先生等，他们分别来自台港地区，但大都是第一次出国，或十数年后再出国，之前也没有什么交流。可说那时候香港也是处在一种文化飘零的状态。我记得有一次唐君毅先生跟我谈，想在新加坡找一个地方开会提倡中国哲学与中国文化，却得不到反应。50 年代大家对中国文化没有太大兴趣，只有夏威夷大学有兴趣，这是因为在 30 年代哲学系的 Charles Moore 教授与陈荣捷教授创办了这个"东西方哲学家会议"，他们的目的实际上是让美国了解东方，东方指的是印度和中国。Moore 教授自己是搞印度哲学的，我之所以到夏威夷大学，也是因为他们想找我来结合东方和西方的研究。所以我开课也是开一门中国哲学课程，一门西方哲学课程。我开的课程是"现代的西方，古典的中国"这样的课程。

　　所以我自己的立场是，"走出去"不仅是去了解西方，而且也是让西方了解你。要创造一个环境、一个方式让西方了解你。但是要西方了解你，你先要了解西方。那就是说，我们需要对西方的哲学有了解，我们需要了解怎么陈述自己才能让他人明白。我们想要"走出去"，只能自己陈述自己，而且不但要陈述自己，这样的陈述还要有一定的体系化的话语。也就是说，要从西方哲学中提炼出相应的能说明中国的话语，然后还要用中国人的概念，用一种更为创造性的语言来表达它的新意。这是一个理解与诠释的过程，需要一个话语自由的、展开的环境。

　　我 1964 年在美国芝加哥参加美国哲学会议，就我一个人是华人，我讲的问题还不是中国哲学，是美国的知识论与方法学问题。当时我注意到这个会上有很多别的学会，比如有美国哲学学会、希腊哲学学会等，但怎么没有中国哲学学会呢？当时有趣的是，我要谈中国哲学的时候，不是在哲学家里找到对口，而是要在历史系、亚洲研究系、东方语言系去谈，他们也不叫它中国哲学，只叫做中国思想、中国思想史。那些人完全以历史作为基础，来谈中国思想怎么发展，当然也涉及一些哲学内容，但是他们自己不是哲学专家，不能分析、评价，也无法进行与西方的比较，不能创建新的理论来说明或者诠释。所以我那时说过两句话，中国哲学不只是中国史，历史上的一种思想，或者历史中的思想形态，而是中国人的一种活生生的思维，是 Chinese Thinking，是中国人对很多基本事物的看法和理解，是一种宇宙观、世界观、价值观。

所以，在这样的情况下，我决定创办一个国际中国哲学学会。后来我发现，要创办一个国际中国哲学学会，你必须要创办一个展现自己、让别人来了解自己的场所与方式。西方有很好的研究西方哲学发展哲学思维的杂志，所以我也想要创办一个研究中国哲学的杂志。重新用现代的话语来说明中国哲学的思维内涵、对象与目的是什么，说明中国人对事情有什么样的深入看法。这里要强调看法的深入性，是真知灼见，而不只是简单介绍，要解释为什么我们要尊重这个想法，它有什么价值，它为什么具有哲学意义。这就是当时我想到的，我们要"走出去"的话，先要建立自己，要建立自己就先要了解他人，不但要了解他人，还需要通过对他人的了解来了解自己，之后能吸取他的方式，形成表达我们自己的方式。你不能只是重复孔子的话、孟子的话，你还要用现代人的话来讲孔子、孟子。这就说明一个现象：语言是随时间发展的，要用我们的理解来表现古人的思想，甚至评价它，给它一种新的含义和阐释。

访：你们创办中国哲学学会的过程是怎样的？

成中英：中国哲学学会在 1973 年由我建立，两年后正名为国际中国哲学学会，再合法登记于夏威夷州政府。那时候没有电脑，电话费也很贵，我最开始出版了一个哲学通讯叫 *Chinese Philosophy News*（《中国哲学通讯》），并请一些学生把它分送出去，也分送给一些外国学者，所以慢慢地就从这些通讯中知道有人在英文系里教中国思想，有人在亚洲系教中国艺术史。我把他们都请进来，但最初成员不到 30 个人，有中国学者，有外国学者，很多外国学者都是汉学家。这个哲学学会里面只有我一个中国人是在哲学系里教哲学的，而且同时教西方哲学。当然，一切都是慢慢发展起来的，最主要的是我们开始有了一个自己的组织。

召开第一届国际中国哲学学会是在 1978 年，我也认识了一些学哲学的中国年轻人。我就提出一个想法，哲学的意义在于能够帮助我们来建立做人的一个方式，使人能够发展成为人，所以我们从古代伟大的哲学家那里所体验到的就是，我们怎么更好地了解什么是做人的道理。会议对学界产生了一些影响。比如说，当时有一位来自菲律宾的华侨哲学学者 Antonio Cua 是搞西方伦理学的，受到我的影响后，他转而去研究儒家，后来研究荀子很出色。

我那时候定了一个规则，每两年开一次国际中国哲学学会。每次开会都有很多学者来，当然学校也帮忙做了宣传。刚开始有一半中国学者，另外一半是外国学者。由于我在夏威夷大学教中国哲学，同时强调中国哲学的理想性与现实性，因之也产生了重要的与广泛的影响。我们的哲学学会到了第三届就有很多美国学者来参与了。第三届是在纽约大学开的，我们已经以整个学会的身份加入美国哲学学会。今年我们这个哲学学会是第 16 届，在台湾的辅仁大学召开，会开得很成功。这也是第 32 年了。

在方法论上我很重视西方的分析和逻辑，重视客观理性的概念建设，但是作为人对世界的认识，我们要经过自己的体验，把内在的深度表达出来，要在这种立场上来认识天地宇宙与人性人心。天地宇宙不是单纯的事物，不是单纯的空间时间，而是一种动态变化的创能，要想知道它里面的含义是什么，就必须要从自我的体验出发。所以，我主张在价值观上要中国的形而上反思，在知识论上则要西方的严谨分析，我一直想把这两者结合起来，把知识与价值结合起来，也就是把体验与方法结合起来，这样就能启发很多对中国哲学与文化有兴趣的西方人。

所谓"走出去"是什么？所谓"走出去"的意思就是，你要有东西给别人，你要从别人那儿学到东西，你要和别人有对等的交流。所以，走向国际，走向世界，从我的经验来看，意义很大。

作为中国人，我们能发展到今天，中国文化能成为历史很悠久的文化，我们要问中国人的立身之道是什么，中国文化的长处是什么，一般人说不清楚。一个人读了古人的书，但没有一种现代意识，就不能从现代的意思里去把握古代的智慧；如果能把握古人的意思，又有现代意识，就等于有能力把传统的资源变成现在的营养，这是个现代化的问题。有了这种现代化的能力，再和西方交流，你就有东西和别人谈，也就有可能更进一步和西方人进行互相了解。中国人过去没有这样一种认识，很多时候沟通起来就比较困难。这里有两个方面很重要。一方面，如果你有很多东西，但是对西方的了解不够，就无法展现你自己。"五四"以来，有很多好的理念和思想，但因为没有办法与西方进行交流，就不能达到相互了解。比如早期的新儒家很有智慧，但是他们只能掌握古今之变，无法正面和西方交流。另一方面，有很多人对西方科学很了解，但是不能掌握自己的文化、历史和传统，这也不行，往往走向盲目的西化派。

这里我想补充一下。我策划了一本书，请了一些学者来写当代中国哲学，里面对 20 世纪的中国哲学家进行了深入的评价。你看中国哲学家中，事实上有很大一部分是想重建中国哲学，但是问题是，我们要与时俱进，一方面要再进一步地对西方进行了解，了解越深，越能够更好地表达自己，同时还要对中国自己的东西有深入的了解，你不能因为西方的标准去抛弃中国的一些好的传统。

访：成先生，您这些年和中国大陆的学者特别是中青年学者交流很多，他们大多数是改革开放以后成长起来的一代人，您看他们对西方的了解程度，把中国的知识介绍给西方的功力，也就是国际化程度怎么样？

成中英：我 1985 年第一次回大陆，到今年（2009 年）已经是 24 年了。当时是在北大做客座教授，开了两门课，讲中西比较哲学、当代西方哲学。那时候北大的学者总的来说对西方了解得比较少。同时，那个时期大陆对于中国传统的了解也是一个重新开始的阶段。我 1985 年回来的时候，刚好是北大这边一些老学者，以梁漱溟先生、季羡林先生、汤一介先生为核心组织成中国文化书院，形成了一种文化热。形成中国文化热的主因是学者们和年轻的知识大众突然发现中国在世界上应该有它自己的地位，意识到应该去了解自己的过去。中国文化热在 80 年代热了一阵，后来又有些消沉。为什么呢？主要是经济发展，人们开始追逐财富与经济利益了。

大量的中国大陆人文学者或者社会学者到美国、欧洲去，我想一定是在 1985 年以后。因为那之前我在美国没有看到中国大陆来的人文社会科学学者。

访：那现在的情况呢？

成中英：经过二十几年的发展之后，到国外去的人已经很多了。总的来说，很多人对了解西方很有想法，去了解了西方很多的学科和专业，但是对中国的传统文化还是没有一个深入的把握。原因在于，经过了两次文化革命——"五四"新文化运动和"文化大革命"，中国人对自己的文化传统与立身之道丧失了一个整体的、深入的眼光和了解，所以在某种意义上讲，当代的中国人迷失了，失去了自己的精神家园与文化广场。有的学者甚至对中国的东西感觉更为陌生。对于西方的东西，因为它能够跟现在的生活建立关系，所以觉得更有新颖的吸力；对于中国的东西反而觉得有一种隔阂，比如，繁体字啊，古诗文啊。我觉得在过去二十几年来，这方面的问题一直是存在的。

今天，我们对中国的传统文化的精神和原典的义理能够把握到一种什么样的程度？我想我们还处在一种重新开发的状态。所以我必须要说，人民大学提倡国学教育是很重要的。现在有很多人想重新了解中国的东西，在一个现代意识之下，在一个中西文化比较的意识之下来了解国学，所以早期北京大学、厦门大学、清华大学，都有国学院这类的机构设置，但是因为种种原因，没有真正推广。现在人大国学院的推出，代表了一个新的高度，反省的高度，就是再深入了解，因为原来了解得还不够。1985 年以后的几十年里，我每年都回来开学术会议，能看见有很大的进步，但是还不能说达到了一定的广度和深度。

现在对西方经典的了解进度是比较稳定的，比如我们开始有对康德著作的翻译,甚至包括对海德格尔著作的翻译,这方面是在稳定地进行。但是对西方哲学整个潮流的发展还介绍得不够。那么介绍、翻译、研究要达到什么程度?要想跟西方人谈西方哲学,还能对西方人产生一种冲击和影响,目前中国人可能比较难做到。那么现在西方学者对中国哲学的了解呢?他们对中国哲学的一些发展,有时可能会启发中国人对自己哲学的了解,这都是我们应该关注到的。

所以,我们是在一个发展的状态之中,有进步,但是还有反复,有迟疑,这种迟疑应该慢慢地转化为更大的信心才对。

访: 如果不从哲学本身的角度来看,而从整个人文社会科学的角度来看,您是不是认为,现在影响中国人文社会科学"走出去"的最大的障碍是我们对自己了解得不够深刻,同时又不擅长用西方的表达方式和话语体系来表达自己的思想?

成中英: 当然学术分工不能要求每个人都能对西方和对中国有同样深度的了解,但是在一个领域里,在一个专业里,比如文学、历史、哲学等,我们应该建立起什么知识基础呢?就是我了解中国传统,能够找出它在世界上的位置,这就要求我对西方的了解达到一定的程度,这是一方面。另一方面,我对西方的了解能够加深我对中国的了解,更重要的是,我对中国的了解又能够让我对西方的了解形成一种新的认识。在这种认识的基础上,产生一种相互的新认识与基本评价。

访: 但是,会不会还有更基础的原因,比如无论是中国大陆还是台湾地区的学者,可能"走出去"的最大障碍不是这个方面,而是语言?

成中英: 语言确实是一个障碍,而且是相当程度的障碍。你看西方人,比如英国人、法国人、德国人在交流时,由于语言掌握得很好,就很容易结识。日本人在对外交流时也有个语言障碍问题,但是他们的翻译做得非常系统,西方一有什么东西,他们很快就能翻译出来。

访: 为什么日本能够做到这样?政府有什么项目吗?

成中英: 可能是因为从明治时期开始,日本人就真正地学习西方、接纳西方，尤其是在科学这一块。在人文社会科学这一块，他们建立了一种政府支持的翻译书局这样的机构，他们有大量的书局，已经很有根基，翻译的能力很强。

访：日本人学习西方学得很好，他们在让西方人了解日本文化方面做得如何？

成中英：他们做得不一定比中国人好。我在日本教了半年书，做客座教授，那里的教授有英国人、美国人，他们就告诉我：在这里十几年，到现在还不了解日本人到底是怎么回事。日本人也不跟他们说是怎么回事，从这个角度来说，日本也是很闭塞的。

访：日本有没有很多英文书介绍日本文化？

成中英：当然有，但是日本的文化是具有某种程度的神秘性的。日本人有一个很复杂的心态，在很大方面受到中国的影响，但又不愿意直接承认中国的影响，尤其是经过战争之后。比如说，他们就表示对中国哲学没有兴趣，这让我很吃惊。但是呢，他们以自己的方式来了解中国。比如他们要了解中国佛教，不是从中国佛教来了解，而是从印度佛教去了解。所以他们的心态是很特殊的，不够开放、明朗。

访：就您在美国工作和生活的经验，您认为非英语国家中，哪个国家在向英语国家输出自己的文化方面做得比较成功，能够让英语国家的人比较快地了解自己国家的文化？成功的措施又是什么？

成中英：我曾在台湾，也在大陆说过一句话，"科技输入，文化输出"。政府和民间应该尽量让中国文化、哲学传统、好的东西能够输出。输出不是说把它卖出去，而是要发挥它的作用。比如说很多东西西方人觉得好拿去了，自己反而不能掌握得很好。要输出的话，你自己要能够说出我的东西什么地方好，不能放弃对自己文化的主权。文化主权很重要。在今天这个时代，我们还是要争取一种基于历史根源的文化主权，拥有发言权，善于跟人家分享，目标是为了人类文化的相互丰富，是为了人类的未来发展。所以输出文化是有讲究的。

非英语国家要输出当然要花很多力气，但从中国来说，有一点好处就是中国作为一个大国，可以提供给世界的东西是很多的。当前相较于日本，中国的优势是国家正在兴起，有经济上的优势，这个潜力很大，而日本没有这样的潜力。已经有人看到这样的潜力，所以很多人愿意来学中文。

访：按照您的说法，随着中国经济的发展，中国哲学社会科学要"走出去"不需要任何的推动，别人自然而然就会来了解？

成中英：自然而然是一个大趋势，但是还是需要人的努力。这里要指出来，人家看到你的发展有潜力，会产生一种心理，羡慕你，但也可能嫉妒你。

今天中国在海外造成那么大的影响，中国的经济发展得那么好，中国的文化又那么悠久，就自以为很不错了，一切自然就好了，要尽量打破这个迷失；也不要认为我对别人好，别人就自然对你好，我了解了别人，别人也可以了解我。不是的，了解是要慢慢深化的。所以一定要以一种理性的态度来探索这种了解。今天西方对中国可能了解，但是它的了解没有善意，那也是不行的，了解必须要有善意才行。

要让西方人建立一种真正的心服口服的了解态度，就需要我们展现更多的自觉、自我理解，来了解东西方，来帮助西方了解中国，甚至帮助西方了解西方。因为现代人自我的迷失，特别是美国人，以为很了解自己，其实可能是最不了解的。所以要帮助美国人了解自己，帮助西方人了解西方人。另一方面，我们需要有实力，没有实力也不行。

所以，要有诸种因素才能帮助中国人真正"走出去"。中国人"走出去"需要有自己的一种功力，内在掌握自己，外在掌握西方人的文化，然后还能够融合两者，这才是对东西方都很好的一种交往形式和合作状态。

访：您刚才谈到的可以理解成您对当前中国学者的期待，您认为政府可以采取什么具体的措施来推动"走出去"？中国政府应该做什么？比如是不是应该像日本政府那样设立翻译馆，设立大项目、大工程之类？

成中英：我很关心中国的发展，因为我从小是在战争中长大的，现在看到中国发展得已经很不错了。但是从 2008 年奥运的经验来看，西方人对于中国还是有很大的戒心，甚至有些西方人敌视中国的发展。现在这几年的西藏问题、新疆问题也都离不开外在因素。策略上的运用就是，怎么样用一种正义的、合理的、道德的态度来寻求共同发展，来解决这个冲突问题。所以，用西方的话来说，我们怎么来发展我们的软实力和巧实力策略思想、道德话语思想。中国人不善于在国际上论辩，这个要加强。我们自己有一套对人类的关怀、道德语言，当然，这个也是要看行动的。但是，从策略上怎么样来建立一种共同发展的关系？自己的权利不应该放弃，但也不是要故意压迫别人，对别人要有一种说服力，要运用一点策略，这个策略要以自己的实力做基础，来推行一种国际化的道德观，一种国际化的伦理观，一种国际化的秩序观。

访谈人：胡娟

访谈时间：2009 年 8 月 2 日

谈经济学研究"走出去"

洪瀚，斯坦福大学经济学系教授，中国人民大学汉青经济与金融高级研究院学术委员会主任，《计量经济学》（*Journal of Econometrics*）杂志副主编，国际计量经济领域著名学者。从中山大学、斯坦福大学获得经济学学士、博士学位，曾执教于普林斯顿大学、杜克大学等，并曾在比利时鲁汶大学、芝加哥大学和北京大学做访问学者。主要从事计量经济学研究，也对产业组织理论及微观经济学有所研究。

访：作为一名兼具中国和美国高校教育背景的知名学者，请您谈一谈中国经济学学科"走出去"的现状。

洪瀚：我主要的研究领域是计量经济学。结合我对中、美两国经济学研究的了解：中国的经济学比较强调研究的应用价值，而美国的经济学前沿研究在某些方面更注重研究的理论价值，强调方法论。就中国的经济学问题而言，国内学者在回答问题和解决问题上已经达到比较高的水平，但是，在方法论和基础研究上，与国际前沿研究的差距还是比较大。

比如，《经济研究》是中国经济研究的顶级刊物，该杂志发表的多数论文是面向如何解决中国问题的针对性研究，不少文章水平很高，在分析思路和逻辑架构上应该可以与国际顶尖经济研究杂志的类似应用型研究发文水平相比。但是，其中很多文章在方法上还是存在一些问题，更勿谈在方法上有创新和突破。与此同时，因为方法论研究的语言障碍比较小，许多方法论研究的学者都在国外工作，海外华裔学者在计量经济领域的影响力比较大，比经济学其他领域要做得更加出色，计量经济领域的好论文有不少是华裔学者发表的，但是国内学者做方法论的比较少，力量比较薄弱。

剖析其中原因，有国内学者普遍对经济学基础、数理研究的重视还有待提高，在教学中对数学不太重视，许多学生应用方法时不清楚原理、纯粹为了得到结论而生搬硬套方法等各种因素。事实上，经济学基础的、方法论的研究对应用的实证研究也是一个促进，对经济研究整体水平的提升都是很有意义的。特别是，加强基础理论研究是具有正外部性的，是需要长期投入的，一方面需要学者沉下去下工夫做工作，另一方面也需要政府在方向上进行引导，对该领域加大支持力度，保证做基本方法和基础理论的学者能够跟做应用的学者一样有一个比较宽裕的工作环境。

访：您觉得《经济研究》发文水平是可以与国际顶尖的应用型杂志相竞争的。那么，如果《经济研究》上的实证文章直接翻译后会被国外同行接受吗？

洪瀚：因为文化和思维的差异，有些直接翻译后还是很难理解的。比如中国政府管理，中央财政和地方财政分权，国外学者就很难理解；同样的，国外学者经常直接用自由市场更有效的假设，国内学者会觉得太草率。经济学与自然科学的很大区别在于，经济学受意识形态影响，各国都有所谓的"政治正确"的思维方式。

一般而言，外国同行在理解研究中国问题的文章时，是有个体差异的。少数非常了解中国国情的人，能够完全理解文章；还有极少数人是对中国有敌意的，他们不想理解；大多数人是不能完全理解，但是会从自己的利益出发，去理解他们能理解的语言，也就是通用的理论、模型和量化的方法。经济学基于一定的理论机制、假设、模型，如效用函数最优化等理论假设和量化模型方法，这些内容是通用的、容易互相理解的。比如说，汉青经济与金融高级研究院年轻教授的研究指出，仅仅私人投资于公共基础设施往往是不够的，因为基础设施存在的正外部性是私人经济难以内部化的，政府投入的话会更多一些。那么政府的投资量是否会过大，正外部性到底多少，就是量化的问题，使用通用的量化方法而不是给出一个观点的文章，在外国同行中似乎有一定的市场。

量化研究的方法及通用理论、模型等是相互沟通、促进理解的重要渠道。现在最重要的是把西方量化方法消化提高，因为只有真正理解了西方的方法论，写出的文章无论是支持还是反对的观点才能够被外国同行理解，进行学术争鸣，才能使学术影响力上升。毕竟，目前国外的研究相对来讲还是有方法论的优势。当然优势指的是更广的知识面，而不是完全的正确性，国内研究要想有更大的影响力，只有先理解了国外研究的方法论，在能够相互沟通的情况下，才能进行学术争鸣，才能扩大影响。

访：数学是通用的语言，有利于跨越语言障碍进行沟通。不过，社会科学研究中也会存在部分量化的模型本身是有问题的，甚至推导出一些荒谬的结论。您怎么看？

洪瀚：您提到的这个问题，确实是一个现在争论很多的问题。比如，在计量经济学领域存在着争论，计量经济学有些接近数理统计，偏理科，但是它又是为经济学研究服务的。应该说，那些对经济有应用意义的而非数学游戏的研究长远来说是更有利于学科发展的，但是，数学游戏型的研究可能更容易发表论文，有些学者为了发表而发表论文，这之间存在着矛盾。

数学模型可能并不科学，有可能成为服务于某种目的的工具。比如在反垄断诉讼法庭上，正反双方都会请经济学家，双方律师能够清楚地看到对方模型中的某个假设忽略了哪个重要的因素从而得出有利于己方的结论，双方就可以就此辩论，看看哪种假设更为合理。但是，如果一方没有模型支持，有模型的一方就会占有比较大的优势，因此尽管模型并不完美、不是特别科学，但模型的存在比没有模型更加有说服力，也为讨论问题提供了一个思路。所以说模型还是很重要的。反方也必须能理解模型的假设基础才能进行辩论。

与此同时，数学模型作为工具，其实是一个门槛，数学模型并不是每个人都可以很快或者很容易就能弄明白的，西方经济学研究在这方面的长期投入已经形成了进入壁垒。我们想要进入主流前沿学术圈，与他们进行学术争鸣，必须首先踏过门槛，了解这个工具，应用这个工具，用能够互相理解的方式表达出来。中国的很多文章思想性很强，但是没有踏过门槛，不能用量化的方法来清晰表达，很难为国际学术界理解和接受。

另外，我想特别指出一件事情，美国的学术界并不会完全陷入"为模型而模型"的怪圈而缺乏思想性。尽管美国学者非常注重量化的方法，但是他们并不是单纯以模型来决定文章好坏，也不会单纯以文章的数量来决定教职。他们会抓住两类人，一类是非常有思想的，一类是做方法很好的。比如，在美国评定职称，一般会由评定小组先把这位候选人的成果小结以及三篇代表作提前一个星期发给全系的资深教授，然后开会来让教授说自己的看法。文章达到一定的数量是必要条件，而不是充分条件，如果文章经不起推敲，没有创新或缺乏思想，数量多是没有用的。通过这个过程，学术界鼓励对方法论的研究，但是又避免受到方法论的束缚。当然了，能不能真正达到这样的目的，也是要看每个系的学术氛围。一般而言，在比较好的系里，氛围也是比较好的，因为在领域内影响力强的系本身就是引领前沿和趋势的，所以教授会更重视文章的内容，而不是看数量多少或者只是强调文章有没有应用计量方法，或者只看杂志的等级。

访：您认为外国同行是如何看待中国计量经济学研究的呢？

洪瀚：一些外国同行还是对中国人的研究很尊重的，特别是在统计方面，外国同行对于不管是在中国还是在美国的中国学者所做的研究都是很尊重的。但是，外国同行会觉得我们在经济学研究方面作的贡献是技术性的，而非实质性的、经济思想的方面。不过，我认为这是片面的，中国人的贡献两者都是有的，目前来看可能是比较偏技术性，但不能说完全没有思想性。因为非量化的经济学研究除了中国人和外国人在做学术的方法上有所不同外，也掺杂了多方面的因素，包括语言障碍和文化差异，甚至是意识形态。

访： 您认为，当前中国学者和美国学者在经济学研究方法上的差别大吗？是否有差距？如果有的话，差距在哪里呢？

洪瀚： 差别不大，但是西方学者还是处在领先的地位，而中国学者更多的是在后面跟。

现在中国学者的很多经济学研究文章与国外的区别已经不大了，但是，西方是在引领前沿，发展趋势是由他们决定的。美国在学术界的影响还是很大的，英语杂志的影响也比较大，所以国内的学者会追随，欧洲、拉美等的学者也会追随。如前些年美国强调数学模型，现在有趋势开始做实验行为研究，国内都会有学者跟着去做。然而，即便是中国学者作了一定贡献，但是想引领前沿还是很难的。

不过，美国学术引领前沿并不单纯是美国人贡献的。美国国家实力强能吸引更多的高级人才，这些人都为学术界作了很大贡献，推动了方法论等的进步。这一点在美国的工程领域、经济领域是相似的，学术上的发展不是一个人的贡献，而是一个团队的贡献。当然在团队中站在前列进行学术管理和领衔学术思想的还是美国人居多。我个人认为，美国有一些制度和方法论是可以学习的，但没有必要照搬照用。中国的经济学研究是有一定水平的，各个国家的国情不同，不需要完全跟美国比。欧洲和日本也强调国际化，但是主要是吸引人才，了解前沿的方法论，而不是全盘美国化。

访： 您觉得"走出去"的标准是什么？特别是整体而言，怎样才算是经济学科国际化了呢？

洪瀚： "国际化"的标准甚至目的是可以讨论的。这也许是短期内很难达到的，可以一步步来，如先要求学者达到可以和国外同行顺利交流的程度，能够清楚地了解国外的研究方法，然后再要求可以共同开展学术研究，最后自己独立发表高水平文章。国际化也许有两个层面：一是中国问题研究，只要做得最好本身就是国际化。二是国际化交流，就是能了解并且有能力研究国外的方法，可以直接在国际学术界工作，只要他们是中国的大学培养出来的，那也是国际化的一个体现。当然这只是一些片面的看法。

如果将中国的学者看做一个整体的话，国际化的标准应该是在一个或多个领域打出自己的旗帜，就是国际学术界提起某个领域会说做得好的是中国。如日本学者在有些微观理论上被公认做得非常出色。中国人多，可以在多个领域都有所发展，争取形成自己的品牌。这是一个比较慢、比较长久的过程，国际化最终还是要接受国际挑战。说服国际同行接受中国学者的思想是很不容易的，有些人可能就是排斥，有些人则不排斥但也不支持，只有小部分人可能支持或认可。在这个过程中，学术影响与经济的发展也是有关的，经济发展了国家影响力更大，学术影响也容易得到提升。

访： 您认为经济学研究成果"走出去"有哪些途径呢？

洪瀚： 中国应该自己主办高水平的杂志。在顶尖的计量经济学杂志上发文的中国人其实很多，包括在华和在美的学者。然而，中国计量经济学领域没有国际公认的杂志，如没有达到《经济研究》同等量级的计量经济学杂志。我现在在《计量经济学》（*Journal of Econometrics*）做编审，对这个杂志的情况比较了解，个人觉得中国完全有能力主办这样一本计量经济学杂志，并采取这样的方式快速提高影响力。我举个例子来讲这本杂志的水平：在美国经济研究领域，有五本杂志是大家公认顶尖的，其中，《数量经济学》（*Econometrica*）和《经济学研究综述》（*Reviews of Economics Studies*）是以基础理论、方法论研究为主，《美国经济评论》（*American Economic Review*）、《政治经济学杂志》（*Journal of Political Economy*）、《经济学季刊》（*Quarterly Journal of Economics*）是以应用型、实证型研究为主。计量经济领域的学者一般会优先向前两本顶尖基础杂志投稿，如果发表不了的话就会投到《计量经济学》杂志来，这本杂志可以算是国际排名第三的计量经济学领域的杂志。因此，中国完全有能力自己主办杂志，这种方式能比较快速地提高学术影响。

把中文论文或者著作翻译成英文或许也是一种方式，但是在我的领域比较少。我个人觉得，把中文的著作翻译成英文给外国人看，需要从对方的角度来考虑，为什么他们需要看这些译著？利益在哪里？互相了解才能更好地国际化。有些技术性的文章，如果你的方法论有贡献，那是可以直接翻译的。如果说涉及的问题有多方面的文化、体制背景，比如贸易纠纷等，就需要更清楚地了解双方出发点，写出来的文章才会被双方接受。

总的来说，英文发表或者英文翻译要让对方接受，需要事先了解对方的需求，寻找互利共赢的契合点。一种情况是，你了解的别人不了解，比如你分析中国问题很透彻和权威，并且你谈的东西外国人又必须知道，别人只能通过读你的文章来了解。另一种情况是，你真正地了解了国际学术界的"生态"，你明白他们是哪几派的观点在争论，争论到什么程度。如果你能通过自己的研究来支持某一派的观点，参与争论，那么别人也会来读你的文章。除了这两种，可能还有其他的方式，重点是能够"知己知彼"，从对方的角度换位思考，明白对方的关注点，明白对方的疑惑或顾虑，知道如何表达更容易被对方接受。比如，为什么西方学者研究中国反而有时比中国人自己的研究更容易被国外接受？除了语言外，他们的思维方式、表达方式更容易被西方同行接受。

举办国际会议也是一种方式，现在国内这样的会议已经有很多，关键是如何更好地发挥作用。我感觉到现在有一个误区：开会要邀请名头最大的人。实则不然，应该是邀请对自己有用的、友善的，并且处于上升通道的学术新星，而不是已经功成名就但处于夕阳阶段、在本土影响已经开始减弱的人。

另外，还可以充分发挥在中国受教育但在国外工作的年轻学者的作用。在计量经济学领域担任教职的华人人数相对较多，在前30~40名的学校里就有20多人，如果算上前100名学校里研究各分支经济学的学者，估计有上百人。这是非常宝贵的资源。比如，可以请他们帮忙向国内推荐人才，推荐国际会议的受邀发言人等。他们会更清楚哪位学者学术影响力强，对中国发展有利，对中国的经济学的发展更友好。

访： 中国政府非常重视中国文化"走出去"，政府应该发挥怎样的作用？

洪瀚： 政府现在已经做了很多事情，都做得很好。比如孔子学院，是宣扬本国文化的一种形式，其发展需要有全局的谋划和长远的打算。这里可能有个误区，有的人分不清孔子是一种文化、精神，还是宗教，所以会对孔子学院有一些抵制。孔子的很多观点如中庸在国外是没有听说过的，体现了文化的不同，因此孔子学院代表了一种不同的声音。当然，抵制也不是可怕的，因为不管你做什么事情，都会有抵制的。能争取的就争取，不能争取的就辩论。

在中国文化里有很多传统民俗，也可以多宣传，比如宣传中国的春节、传统礼俗、尊老爱幼、人与人的和谐等。宣扬传统文化，应该从目标对象出发，采取不同的策略。美国中南部地区相对更不了解中国，排斥情绪就会相对较重，有的人甚至会认为中国人是在抢他们的饭碗。很多外国人也是尊重中国和中国文化的，但是他们确实会顾虑中国对本国的威胁，担心是否文化入侵。政府在做一些宣传的时候，可以采取针对性的措施，通过适当的方式打消这些顾虑。

访谈人：胡娟　沈健　刘昊

访谈时间：2011 年 7 月 18 日

人文学科如何"走出去"

　　杨慧林，中国人民大学副校长，中国人民大学文学院教授，兼任中国比较文学学会会长、中国宗教学会副会长、中国欧洲学会副会长等。主要从事比较文学与宗教学领域的研究，代表性学术著作有《神学诠释学》、《移动的边界》、《基督教的底色与文化延伸》、《欧洲中世纪文学史》、《西方文艺理论史》等；在《当代中国思想》（*Contemporary Chinese Thought*）丛书出版英文论文专辑《基督教在中国：杨慧林文集》（*Christianity in China：the Work of Yang Huilin*）。

　　访：您是比较文学研究的专家，从您的角度怎么看中国人文学术"走出去"现状？

　　杨慧林：中国文学经典和学术经典的"走出去"，如果只是采取我们自身组织大规模翻译的方式，我是持保留意见的。英国人宣传莎士比亚，会围绕着莎士比亚推出很多活动，但是他们不会把莎士比亚的作品翻译成中文来给中国人看。改革开放刚刚开始的时候，英国专门演出莎士比亚剧作的老维克剧团就到中国来访问过。英国人后来甚至在北京茶馆里、长城上演《哈姆雷特》，为的是让中国人在本土的传统氛围里来体验莎士比亚的魅力。他们为了传播自己的文化会做很多事情，但是极少会直接通过翻译来进行。由西方人翻译成中文给中国人看的，我能想到的只有一本书，就是《圣经》。即使如此，西方译者还是认为"真正的《圣经》中译本要期待以后由中国人来完成"。

真正在西方有影响的中国经典，并不是由中国人翻译的，反而是由西方人翻译的。有人把"从西学东渐到中学西传"描述为一个转变过程，这恐怕是有问题的。任何文化传播都是双向的，西方人在中国传教的过程中，中国文化就已经开始形成反向的影响，因此才有很多传教士后来变成了汉学家。理雅格（James Legge）就是很好的例子，他在中国做了30年的传教士，后来被牛津大学聘为第一任汉学教授。理雅格真正留给世界的遗产不是传教，而是中国典籍的英文翻译。他在中国参与了翻译《圣经》的工作，但他更重要的贡献是把"四书五经"翻译成英文。他甚至还翻译了《道德经》、《离骚》，并且做了大量的注释。收录其译文的 The Chinese Classics，内文的排版是中文、英文、注释各占 1/3，非常值得细读。另如《道德经》一共 5 000 字，他所做的前言就有 60 多页。他的翻译已经成为真正的经典，到 1890 年间出齐，一直到现在仍然被西方学界所推崇。

还有一位西方学者麦克斯·缪勒（Max Muller），他有一个命题广为流传："只知其一，等于一无所知"（He, who knows one, knows none）。他一直致力于把东方的经典介绍给西方，编了一套书《东方圣书》（The Sacred Books of the East），包括佛教经典、先秦诸子，其中《老子》、《庄子》就是理雅格应缪勒之约翻译的。这就是西方人有了解中国文化的需求，进而自发进行的翻译。

西方人在和中国人进行文化交流的过程中会自然而然地翻译，他们的翻译就是一种诠释、一种理解，是从西方的角度来看中国，看中国的文化、思想、传统、经典、信仰。翻译过程本身就已经是交流，这带给西方的不是"从字到字"的翻译，而确实是新的文化生产。

历史上还有些"走出去"的例子很值得参考，可以说是一种有效的文化传播。比如林语堂可以用英文写作，但骨子里还是中国文化的传承者，是在与西方的对话中谈中国。有效的传播是有接受需求的传播，是在互动和对话中的传播。单向的传播是不太可能的。

访：直接由外国人来翻译或者是解读中国经典，这对外国人的汉语水平要求很高，会不会出现误读呢？

杨慧林： 其实，不仅是外国人可能出现误读，中国译者未必就能更好地理解自己的文化。外国人对于中国文化当然难免会"误读"，但是这种"误读"有时恰好可以让我们了解他们究竟是如何阅读中国的典籍、如何认识异己的文化。当他们用西方的概念工具为中国思想"命名"时，同样地使中国思想进入了西方的概念系统。

比如理雅格在翻译"恕"的时候，他不是翻译成通常的"forgive-ness"，而是用"reciprocity"，即相互关联，乃至后来很多传教士都认为"恕"就是"如心"。事实上，从《说文解字》可知"恕"中的"如"只是声部而没有含义，但是现在的很多中国人也已经用"如心"解释"恕"了，即所谓将心比心，推己及人。于是，当年的误读似乎也启发出某种创造性的引申。去年欧盟总统（原比利时首相）讲到"战略伙伴关系"，认为最核心的概念就是 reciprocity。他大概不知道这个词居然和中国人的"恕"有关，可见"误读"也可能成为"衍指"（super-sign），成为同时具有中国意义和西方意义的新词语。

访： 那么您觉得怎样的翻译是好的翻译呢？

杨慧林： 好的翻译不可能只是凭借语言能力和翻译技巧，更要基于真正的文化理解。我曾举过例子，有一位先生翻译了《道德经》，他的英文很好，翻译得很漂亮很讲究，但是他可能没有充分借鉴相关的学术研究成果，只是"字对字"的翻译，乃至许多地方的理解并不对。这种"走出去"是很可怕的，其实也走不出去。作为中国人，并不一定必然就比外国人更理解中国文化，对于文化而言并不是本地人最有发言权。反过来也是一样的，西方人对西方经典的理解也不一定就是最准确的。

杨宪益先生晚年回忆他第一次见毛泽东，周恩来介绍说这是中国很好的翻译家，曾经把《离骚》翻译成英文，毛泽东只是"嗯"了一声。杨先生一辈子都没有忘记这件事，到晚年终于明白了：毛泽东是一位诗人，他根本不相信《离骚》能翻译成好的英文。《离骚》可以"字对字"地变成英文，但是味道完全变了。另一个例子是保罗·策兰（Paul Celan）的诗，现在公认的翻译最好的是王家新的，他是我们学校（中国人民大学）的教师。为什么呢？因为王家新本身是用中文写诗的人。

好的翻译不是"字对字"，应该是基于文化理解和思想对话，否则不会有什么价值。理雅格下了很多工夫做研究，并且请了中国助手，脱离了就字论字、逐字翻译的局限。在现有的中国典籍翻译中，逐字翻译的情况很多。《论语》的英译本超过 300 种，《道德经》的英译本有 200 多种，多数都是如此。很多翻译研究讨论"道"怎么译，是 way、method、law 还是 principle，这是没有意义的，应该是通过研究提供何以然的解释。在这样的情况下，简单地予以重译并不能解决问题。中国经典重译的前提，应该是对现有译本的汇释汇校。中国人民大学最近在承担国家社科基金的一个重大项目，就是"中国古代典籍英译本汇释汇校"，立项初衷就是针对盲目重译的现象。

访：您觉得"走出去"的标准是什么呢？

杨慧林：随着经济社会的快速发展，中国有实力也有能力推动人文社会科学"走出去"，而如何界定和评价"走出去"，确实是非常重要的。我举一个例子，英国文化委员会（British Council）在全世界推广英语教学，他们设定英语教学世界化的标准就是"让外国人编的英语教材或者外国人教的英语课比英国人更好"。他们还设定了到 2020 年的阶段性目标："让英美本土以外学英语的人数翻一倍"。

就中国的情况而言，我觉得至少可以给出一个方向："走出去"就是要进入西方的理解系统和规则系统。

在很多情况下，中国人即使用外文写作也不一定能进入国外的理解系统。比如最近法国《比较文学》准备出一个专号《中国的比较文学》，约请中国十位学者每人写一篇文章。结果第一轮稿子让法国人大惑不解，只好与中国学者沟通。其中的主要问题并不是语言的障碍，而是双方表达方式有所不同。

当今所谓的国际惯例和规则系统，其实也就是西方世界的惯例和规则。我们推动"走出去"、"提升国际性"，当然会强调在外文杂志发表更多的成果。就此我很认同纪宝成校长对大学国际化的看法："我们别无选择"。因为现在的规则系统是西方的，在我们没有进入评价规则之前，是无法抛开这个系统的。有一次人大在北戴河召开院长工作会议，把韩国高丽大学前校长鱼允大先生请来，他针对这个问题说："It is not fair, but it is the rule."（这不公平，但这就是规则。）虽然这个说法让人很不舒服，但是不能不承认这个说法有道理。修改或者颠覆规则的前提是进入规则，如果你没有能力进入规则，你就没有能力也没有机会改写规则。

进入规则，仅仅通过写外文文章、在外文刊物发表文章，可能还不是根本的办法。外文发表当然很重要，但是更值得做的是要让自己的刊物进入检索系统，进入 SSCI、A&HCI 等，而进入检索系统并不一定要用英文。《中国社会科学》的英文版发行了多年，但是至今没有进入国外的检索系统，因而影响力受到了很大局限。华中师范大学的《外国文学研究》则进入了 A&HCI，成为中国大陆人文学领域第一本能被国际学界普遍检索的刊物。香港和台湾在这方面做得比较多也比较好。比如台湾一本刊物，从创刊开始申请进入 A&HCI，按照 A&HCI 规则连续出版三期可以提交评审，它出到第四期就已经进入了。不过，大陆杂志现在还有一些技术性的问题和制约，比如排版不规范、注释不规范、英文提要不规范、出版时间不准确，这些细节并不是不可解决的。如果我们下工夫把中文刊物列入国际检索系统，那么在进入规则方面就进了一大步。

当然，进入规则很重要，但并不能过分地看重它。很多评价应该是因学科而异的，比如 SSCI 不可能用来评价人文学术，一定是用 A&HCI。英国牛津大学出版的一份著名刊物《文学与神学》（*Literature and Theology*），其创刊主编正是我校的长江学者大卫·贾斯帕（David Jasper）教授。有一次我请他帮忙校改一份材料，其中提到了 SSCI。结果他就把 SSCI 空出来并打了个问号，因为他不知道 SSCI 代表什么。他主编的刊物那么有名，他却不知道 SSCI，这就是学科之间的差异。另外，欧洲人对待美国的规则其实另有办法。比如在美国出版的 A&HCI 检索刊物 *Contemporary Chinese Thought*，是由一位比利时学者做主编，因此欧洲人虽说不是规则制定者，进入规则却是没有门槛的。

在国际发表方面，引用率往往被强调，这恐怕也需要区分。因为只要涉及实证材料或者敏感事件，引用率马上就会上升，却不一定具有很大的学术价值。比如在宗教学领域，如果你发表关于"守望教会"的文章，引用率肯定会大大提高。而这类敏感话题与学术本身并没有关系，追求这些短暂的东西有什么价值呢？对人文学科来说，我认为过分强调引用率是违背学科规律的。

访：您觉得人文社会科学"走出去"，国家、机构、学者应该如何来推动呢？

杨慧林：人文社会科学"走出去"，最重要的可能是培养和引导国外学界对中国的兴趣，吸引国外学者来了解中国，来做跟中国有关的研究，哪怕其研究结论跟我们不一样都没关系。他们来了，就会主动了解、思考中国的主流学术，这本身就是"走出去"。从目前情况看，在中国的国外留学生已经逐渐地在了解中国、理解中国，甚至能以新的视角来思考世界。迈克尔·马伦（Mike Mullen）（美军参联会主席、海军上将，于 2011 年 7 月 10 日到访人民大学）来演讲的时候，有一个美国留学生提的问题非常尖锐："您演讲的题目是'合作的安全'，为什么美国总是把自己的民主模式强加给全世界？"这根本就不是我们教育或者引导她，而是她来到中国以后自发产生的困惑。会后，马伦的助手跟我说，这个问题真的很尖锐。

那么，如何吸引学者、学生来中国？人大其实一直在推动一件事，就是建立"国际青年汉学家研修基地"，把国外年青一代中对中国问题感兴趣的人，哪怕是研究经济的、不懂中文的，请进来跟我们的学者、学生直接交流。我们应该培养一批对中国有兴趣的国外研究者，可以为他们提供中性的课题指南，提供帮助，提供文献，让他们申请，这可能比我们自己做研究效果更好。现在国家汉办已经列出"新汉学研究计划"，准备以课题招标的方式开展。这种做法在西方是很常见的，美国就有很多这样的项目，吸引全球学者去美国。中国也可以采用类似的方式，用民间化的学术研究基金鼓励国外学者、学生到中国来。

孔子学院也是很好的文化交流平台。比如中国人民大学在哥伦比亚大学、芝加哥大学、密歇根大学等设立孔子学院，如果能借此促进双方的学术交流，那么大学当然会长期做下去并投入更多的资源。

孔子学院的设计是非常有创意的，它直接挂靠在大学，这让英国文化委员会、德国歌德学院、西班牙塞万提斯学院等都很羡慕。孔子学院的发展应该发挥双方大学的积极性，与国外大学建制中的汉学研究、东亚研究结合起来，与各种汉学交流项目结合起来，借助大学培养出一个群体。孔子学院甚至可以和我们的留学生招收结合起来，从孔子学院的学生中择优录取留学生，帮助他们来华深造，形成一个完整的链条，逐渐成为中国主流学术影响国外汉学的一个渠道。当然，孔子学院初建阶段肯定是以汉语教学作为入口，但是起步之后，下一步再怎样切入就是一个重要的问题。

最后还有一个想法：我们也许可以通过官方主导、民间参与的方式在国外大学设立讲席教授，这个日本人也做过。这类讲席教授所做的研究、所带的学生、所教的课程自然也就把中国人文社会科学的影响扩散开了。欧洲大学也有这样的传统。比如我在英国格拉斯哥大学担任的 Roberson Fellow，就是历史上有一位名叫 Roberson 的人捐了一笔钱设立讲座教席。孔子学院不能设立 Confucius Fellow 吗？我们不能帮助有意出资的企业家建立由他冠名的教席吗？

访谈人：沈健　刘昊

访谈时间：2011 年 7 月 19 日

▶▶ **蓝志勇**

从体制机制上推动哲学社会科学"走出去"

蓝志勇，中国人民大学公共管理学院教授，公共管理学院副院长，"千人计划"国家特聘专家，美国亚利桑那州立大学公共管理学院终身教授。美国麦克斯韦尔公共管理学院公共管理学博士。美国国际文化交流委员会富布莱特高级专家（2005—2011年），兼任世界银行、联合国亚洲中心、世界经合组织、港台地区与新加坡等高校的聘请专家和美国、中国数个城市的顾问，国内外多种杂志编委或主编。主要研究领域为公共管理的理论和改革实践，地方政府与市政管理创新，公共企业家精神，信息技术管理及政策（电子政务）、研究方法等。主要著作有《行政官僚与现代社会》、《实践中的美国公共政策》、《公共管理研究方法》等。

访：作为在国外长期学习、工作并获得终身教职的中国学者，您怎么看待中国人文社会科学对外影响力的现状？您所了解的国外同行对中国的人文社会科学教育及科研水平有何评价？

蓝志勇：中国人文社会科学目前在国际上的影响力不够，这与中国目前不断崛起的大国地位不相匹配。影响力不够体现在多个层次，从国家宏观方面来说，一个是中国对外的文化传播和出版物在数量和范围上都还不够，另一个是现有的对外传播手段、途径和媒介还有所欠缺，报纸、广播、电视等媒介的传播都不够，在国外的传播范围很窄。比如像《中国日报》（*China Daily*）这样的报纸很好，但是我在国外基本看不到。从具体层面来讲，一个是内容方面水平还不够。比如我们出的书和文章整体来看质量不高。主要问题体现在，语言的运用不规范、表达方式有欠缺、思维逻辑有一些僵化。比如说《西游记》这样的文学作品，内容栩栩如生，而且有很多人性的普适东西在里面，翻译出去以后，外国人就很容易接受。但是像我们过去对外宣传的一些东西，在思维逻辑上就显得有些僵化，是单向思维，这样的宣传很难让外国人接受。另一个就是语言的障碍，比如用汉语的语言习惯来表达，像我们通常说的"Chinglish"（中式英语），这样在对外宣传的过程中就达不到想要的效果。所以说，我们有些时候单纯地翻译一些东西，想推广到国外去，影响力就比较有限。社会科学的影响力是多层次、多方面的，在"走出去"过程中要特别注意推广的方法和手段，要体现客观性和针对性。

在社会科学领域，大多数的西方学者对中国问题其实不是非常关注，他们主要还是关注自己国家的问题，因为像美国、欧洲都是很大的区域，本身就有很多问题需要研究。除非你的影响力大到了在他身边造成影响，让他不得不关注。当然，也有一些西方的学者很关注中国的问题，但是有部分人是带着他的观点来关注的，结果可能与我们预想的有差异。另外，西方的学者关注较多的是我们的经济奇迹，甚至有的学者是心里面有些不服气的，不知道你怎么就发展得这么好、这么快。发展中国家的学者反而更关注中国的问题，因为中国取得了巨大的发展成就，但没有走西方的道路，因而对他们可能有借鉴意义。

在公共管理学领域，外国学者也会关注中国的问题，比如中国的行政体制改革等问题，但主要还是要靠我们自己来组织推动。我愿意回国来做一些事情，就是因为在国外看中国的问题始终是隔了一段距离，不能完全看透。比如中国公共管理的运行机制，需要很实在地去观察，回到这里才能够更加近距离地观察中国社会和中国的公共管理。

访：那么在您看来，中国的人文社会科学怎么才算"走出去"了呢？

蓝志勇：主要看文化上的影响力，而这个影响力在学术方面就体现在我们的成果是否让别人信服。中国已经在经济上慢慢起来了，经济上有一定的影响力，现在就需要有一套自己的有中国特色的理论体系和数据支持，从而形成比较正面的文化影响力。我们这么短的时间就取得了这么大的发展成就，国外会对我们的成长表示怀疑。比如我们一下子建设了这么多的新城市，外国人看来这是很了不起的成就，但是他会对你能否管理好这些城市表示怀疑。如果我们能够把这些管理好的城市的具体案例一个一个地展示出来，有体系、有数据地给他们看，那他们就会心服口服。所以光是嘴巴说说是不行的，要有理论体系、要有数据支持。

国外的研究很看重研究方法和数据支持，因此，我们国内做的研究要想更好地"走出去"并与西方学术界对话，就要在研究方法和数据支持上进一步提高，不能总是主观地说我某一个东西就是好，而是要提供客观的数据支持，让对方看到这些论据就能够信服你的观点，这样就能使得我们的东西更好地被外国学者接受。我在国内讲学期间，一个主要工作就是要帮助身处国内的年轻老师，提升他们的国际性，在研究方法和研究的科学性上帮助他们有所提高，从而更好地与西方主流研究体系对话。

访：您对孔子学院这种"走出去"的方式有何看法？

蓝志勇：我认为总的应该是个正面因素，但其中一些具体措施是有问题的。我举个例子，亚利桑那州立大学也设有孔子学院，投入了很多钱，但是它指定必须由当地教授来做外方院长，学校的教学科研工作都由外方院长来决定，中方院长只是起到辅助作用。那么，外方院长有时候就会按照自己的需要来制定孔子学院的运行规则，我们的老师在教学方案、教学管理等方面参与得很少。比如，在美国，传统的汉语训练方法都是韦氏拼音、繁体字方法，不是现在的汉语拼音、简体字方法。由于传统因素，他们不让我们的老师按照新的汉语拼音、简体字方法去教学，而是教授韦氏拼音、繁体字方法。

孔子学院在文化推广上产生了一定的作用，但有时候它的资金利用效率太低。在我看来，与其这样，还不如用奖学金的方式把外国学生吸引到国内来。

访：您觉得，国家层面上，应该在资金使用或政策制定上采取哪些更好的手段来推动人文社会科学"走出去"呢？

蓝志勇：从管理学的角度来说，在文化传播的过程中存在一个文化价值观的差异。比如我们传统文化中一些我们自己津津乐道的东西外国人听了可能并不感兴趣，而我们不经意间表现出的东西可能会让他们觉得很有意思。所以说，政府在推动文化交流的时候，要注意文化价值观之间的根本差异。在具体实践方面，特别是在人文思想的传播方面，国内的学者可能没有国外研究中国（汉学）的学者在这方面做得好。为什么呢？因为国外的学者对中国人文的东西经过自己的消化，按照外国人能够接受的最佳方式传达给他们了，不会产生误解。因此，"走出去"需要加强与国外学者的交流和合作。

访：我们知道近几年来国内许多大学积极推动教师出国交流，比如教师出去与国外学者合作研究、请国外学者来讲学等，教师的国际交流水平明显提高了很多。所以我们感觉学校层面可以做的工作还是很多的。

蓝志勇：对，是这样的。比如我们学校一直都很支持我在推动国际交流方面的事情。我们每年都想办法让年轻老师出国交流，比如组织一个研讨会（panel），组织一个团队参加，与国外学者面对面交流。这还是很有影响力的，通过交流，外国学者就知道你在这方面做什么东西，而且做得还不错，慢慢地，他们就形成一种印象和概念，知道人民大学在这方面有比较成熟的研究，并且一直在坚持做。

在我看来，对外交流最大的影响是人的影响，所以学者个人和学校在推动"走出去"方面所起的作用更加重要。学者个人要增强交流，在与西方学者交流的过程中传播我们的思想和文化。而学校层面可以组织一些研讨会，推动学者对外交流，让国内外学者坐在一起研讨交流，还可以组织学者系统地写一批高质量的书，这比随便翻译一些著作效果要好得多。

访：您认为当前我们在人文社会科学"走出去"方面最大的障碍是什么？首先应该解决的问题是什么？

蓝志勇：我认为现在一个比较大的问题是国际交流的管理程序问题，出国交流的审批程序还可以更简捷。目前的管理程序我觉得还是有些烦琐，比如我们的出国审批是提前两个月，但是老师一般不会提前这么早就都联系好，而且要跑好几个部门、好几趟，这个过程有时会让老师觉得很麻烦。有时候我们的老师因为程序上的原因都不愿意出去，有几次我把相关程序比如写建议书、联系什么的都已经做好了，可是我们的年轻老师最后都不去了。但我们还是要强迫他们必须出国交流，不能因为程序上的问题影响学术交流。总的来说，我认为在出国交流上还是比以前要好很多的，有很大的进步，只是管理程序上还有待改善。

另一个问题是在资金预算和项目安排上缺乏规划。我们现在是不知道这个预算有多少，所以很多事情没法做一个长期的规划。这跟国外是不一样的。比如我在美国的时候，是先有预算然后才规划一年的事情，也就是说先有资金预算，后有项目规划。国内的情况却是刚好相反的，要想好先做什么事，然后到处去找钱。在这样的环境下，就不敢做规划，因为很有可能规划做好了，比如出国交流多少次、安排哪些会议等，但是之后却找不到钱来支持这些规划。另外，有些项目申报也有这样的问题，等老师写出来后有关部门来审核再说你不符合资助条件什么的，这样老师写几次就没有动力了。你不如就设定一个标准，达到这个标准了，就能够获得奖励和资助，这样老师就会有动力，改个七稿八稿他都不烦。因为他有这个预期在那儿。这其实就是一个期望值理论，只要你真想做，只要能达到要求，经费都是有保障的。所以说在这方面，激励机制要理清楚。

访：根据您的观察和了解，其他国家在"走出去"方面有没有比较好的做法和经验，比如说日本、印度等国家是不是在这方面比我们做得好些？

蓝志勇：日本肯定没有我们做得好，日本曾经对美国有一些影响，但现在影响力肯定不如中国了。他们有政府的资金支持,加上岛国心理,所以很愿意做一些国际推广方面的事情。我们在这方面可能不如日本积极,但是中国很大,在体量上绝对超过日本,所以说现在在国际上的影响力,我认为中国是超过日本的。真正对美国有影响力的是欧洲,因为欧洲有很悠久的传统文化,有很多优秀的学者,他们在美国还是很有影响的。就印度而言,他们有一定影响力,这主要是因为在美国,总有一种"唱衰中国、唱盛印度"的声音,这可能有一些意识形态的影响在里面,但是总体上来说,印度的影响力还是不如中国。

其他国家如果说有值得我们借鉴的经验和做法的话,可能主要是在对外宣传的策略和方法上,当然现在中国在这方面做得是越来越好了。

访:您讲到的对外宣传主要还是大的层面的,是国家层面和政府部门层面的。就人文社会科学的影响来说,是不是更多地体现在文章、著作、会议等具体形式上?

蓝志勇:是的,这个是很重要的,可以叫做"和风细雨"的影响吧。比如你一篇文章拿出来很好,人家看了觉得很感兴趣,那就产生了很好的影响力。

访:在这种层面上,我们有没有比较好的方式来推动?

蓝志勇:这就是我刚才提到的,也是我们现在正在做的。对很多青年学者而言,要想在国际上发表高质量的文章,必须要有充足的经验和准确的数据支持,方法也很重要,特别是实证研究方法。我们现在正在做的就是青年教师培训,提高他们在研究方法上的基本功。我们会请有国际发表经验的高水平学者来给全国参加这个培训的青年教师做辅导,他们会提交论文,然后在研讨会上讲,我们给他们提出修改意见,改得很好的可以推荐发表。这样就是很实在的指导,目前来看效果很好。

访:像这种做法在其他学科是否适用呢?可以推广吗?

蓝志勇:像我们这种针对青年教师国际发表能力方面的培训,我觉得其他学科也都可以搞,包括人文学科也可以。关键是要有合适的人,比如讲具体研究方法的人，不仅要自己做得很好，而且还要能讲出来，关键是要用中文。所以，找到这方面的学者是关键。不能只追求明星学者，需要真正能够讲得出有价值的东西的学者。

访：现在有人提出，中国人文社会科学"走出去"的实质和关键是"话语权"的争夺，这个问题您怎么看？

蓝志勇："话语权"这个东西是以经济实力说话的，就是你有经济实力，你说的话能算数，你自然就有话语权。现在在一些具体的经济组织中比如世界银行、国际货币基金组织等国际组织中，中国逐渐拥有越来越多的发言权。这背后当然是有经济实力作支撑的。别的方面比如学术出版上，关键还是要有好的内容和思想，要有一批学者来做这样的事。在国家层面，要组织一些学者系统地写一批著作、开一些会议，来集中做这些事情。国内的学者还是要扎扎实实做好自己的研究，写出有质量的文章在国际上发表，这样在国际学术界也会慢慢掌握话语权。

访：最后一个问题，在"走出去"上，社会科学和人文学科是不是还是有差别的？

蓝志勇：是有差别的。人文学科在国外叫做 Humanities，也就是我们说的文史哲，古典的东西叫经史子集。这些都是我们中国文化的瑰宝，这个方面对外传播的最好方式是用优美的外文翻译经典语录，我们可以把传统典籍中闪光的语言翻译成很经典的外文。这个方面工作做得比较好的就是译林出版社。我们要通过灵活的方式去影响国外的青少年，让他们很乐意去接受我们的优秀传统文化。举个例子，李约瑟（Joseph Needham）为什么影响那么大，我觉得一个很重要的原因就是他的作品中有很多对中国文化、地理环境等优美的描述，像散文的笔触，而且这种描述是用英语来传达的，这就能起到非常好的效果。在具体实施上，我们需要有精通中国文化的学者和很好的翻译者来配合，这样我们做出来的才会是精品。

在社会科学方面，我们之前已经多次讲到，就是要注重研究方法，靠数据说话，以此来提高我们的国际影响力。

访谈人：王亚敏　宋鹭

访谈时间：2011 年 7 月 19 日

谈中国政治学研究"走出去"

骆思典（Stanley Rosen），南加州大学政治学教授、东亚研究中心主任。主要从事中国政治、中国电影和中国社会研究。通晓汉语、熟悉中国，并已出版多部关于中国政治、社会及电影市场的研究著作，包括《中国政治：国家、社会与市场》（*Chinese Politics：State，Society and the Market*）及《中国电影中的艺术、政治与商业》（*Art，Politics and Commerce in Chinese Cinema*）等。

访：请问骆思典教授，您的研究兴趣涉及中国的政治、中国的电影等领域，您是从什么时候对中国感兴趣的呢？

骆思典：应该是从研究生阶段开始。本科阶段我以语言学习为主，学习了西班牙语、法语和德语，那时对中国的关注较少。在本科阶段快结束的时候，我开始对中国感兴趣，主要是因为我结识了一位中国教授，他教授东亚政治学。1965 年，我进入研究生院学习，大约从那个时候起开始关注中国并且开始学习中文。有一个台湾学者采访我并写了一本传记，我用中文详细地谈了我如何对中国产生兴趣并开始研究。

访：在您的研究领域里，您对中国学者的研究了解吗？

骆思典：在电影研究领域，我并不是做传统的美学研究，我更关注票房、电影产业等话题，中国做这方面研究的人并不多。我在研究中非常关注中国的媒体，经常阅读、订阅中国的杂志，比如《中国青年研究》、《青

年研究》、《青年探索》、《中国青年报》、《南方周末》，电影方面的如《电影艺术》、《当代电影》、《中国电影市场》、《北京电影报》等。中国学者的研究和媒体的报道对我来说非常重要，但是我是一个例外，对于大部分的美国学者来说，他们并不这样做。大多数研究电影的人，看电影然后评论电影，他们更多地关注艺术片，而我更看重市场。我的研究跟大多数人不太一样，有人喜欢，也有人不喜欢，觉得我的研究不关注美学。

在政治研究领域，我经常与中国的学者合作，邀请他们到南加州大学来做访问学者，比如，中国传媒大学、中央电视台、北京师范大学、中国青年政治学院的学者等。我非常依赖与中国学者的合作。我个人认为，中国学者在社会学、经济学方面都做了大量的有意义的研究，但是在政治学研究方面则很少，因为有些事情比较敏感就不研究。中国社科院的《社会学研究》和《政治学研究》都是核心刊物，但是前者就比后者好很多，因为很多政治学研究的内容不能发表，这仅仅是我个人的看法。然而，对于有些美国学者来说，他们看不懂中文材料，不能像我一样在内地或香港的图书馆阅读中文报纸和期刊，他们只能阅读英文材料，所以可能即便是对于中国在社会学和经济学研究的中文成果也很难去阅读。

访：您提到了语言问题，并非所有的美国学者都能像您一样阅读中文的期刊，中文文章需要翻译成英文才能为外国人了解。但是，在我们之前的访谈中，有学者提到，中文文章不被外国人认可并不单纯是语言的问题，方法论、思维方式和写作方式也是造成识读障碍的原因，即中文文章直接翻译成英文也不一定能被接受。您如何看待这种说法？

骆思典：中国有很多年轻人去国外获得博士学位然后归国，也就是"海归"，他们的风格已经发生了变化。在中国大学想要得到教职的提升，需要在SSCI上发表文章。所以，现在中国学者已经越来越多地参与国际学术了。关于方法论和思维方式的阻碍，这个需要分领域来看，比如说经济学和社会学用到很多定量的方法，障碍会小一些，而政治学研究则会有更多的阻碍。在中国的政治学研究中，有一些关于体制的问题是比较敏感的，不会被发表。

访：在政治学研究中，有一些问题是敏感的，但是也有一些是不敏感的，为什么人们总是聚焦在敏感问题上？

骆思典：这是一个很好的问题。其实在各国都是一样的，新闻需要有一些切入点。中国的电视台和报纸也很喜欢报道美国不好的地方。有一个经典的例子：如果一只狗咬了人，不是新闻；但是一个人咬了狗，那就是新闻了。这就是新闻行业。

访：对于某些通用的普适性的理论研究，并不涉及敏感话题，为什么也难以国际发表呢？比如哈耶克，在中国有很多学者研究哈耶克的理论。

骆思典：哈耶克在中国比较受学者关注，但是在美国已经过时了，所以期刊发研究哈耶克的文章机会也会比较少。

在政治学研究领域，美国杂志挺多，有些左派，有些右派。不同的杂志对意识形态或者"政治正确"也是有倾向的。其实我们即使作为研究中国的美国政治学教授，发文章也会面临比较尴尬的处境。首先，政治学相关杂志文章主流是研究美国，而不是区域政治学研究，所以我们在政治学学科领域里是边缘学科；其次，即便有少数专门的区域研究政治学杂志，中国也只是区域研究的一个部分，发文的机会也是非常有限；最后，上述两个原因造成我们在美国的杂志上发文比较困难，与此同时，因为我们研究中国的方法、理论、视角不同，中国的政治学杂志又比较封闭，不太愿意发表我们的文章。于是我们就会面临中国的政治研究杂志不发，美国的政治研究杂志也不发的尴尬。

访：在研究方法和范式上，您觉得您与中国同行有区别吗？

骆思典：非常不同。一般中国学者是根据自己的观察和了解先有了假设，然后设计研究方法去验证它，比如在研究中国青年的政治参与时，一般会去证明他们相信共产主义、支持共青团等。我和他们的角度是不一样的。我的做法比较西方，去寻找问题的本质，而不是出于某种目的去证明某件事情。比如我写了一篇关于中国青年特别是 80 后的文章，我从《中国青年发展报告》中找到一个调查数据：中国青年政治参与率达到60%～70%。但是当我看数据调查的方法，我发现，政治参与包括上网、与家人朋友谈论政治等，真正地参与共产党或者共青团事务的可能很少。在这个60%～70%的参与率数据的看法上，中国学者会是很乐观的，但是我却觉得这些都是私人参与（private participation）而非政治参与。我喜欢看到表面之下的内容，而非去证明某个观点。

还有一个很大的不同。美国人研究中国，就是因为对中国感兴趣，而中国人研究美国，是因为想看看美国有什么先进经验对中国有用。中国人不管是研究美国、欧洲还是日本等，他们永远是将中国放在最重要的位置，是为了中国的进步而去研究别的国家。这是研究传统的不同。在中国，学者与官员是不分的，许多学者会去做官员，被称为学者官员（scholar official）。在美国，学者和官员是截然分开的。

访：您认为这个现象出现的原因是与传统有关，而不是因为美国实力强大？中国向美国学习是希望变得强大富有而提高国际地位？

骆思典：这也是一方面吧，比如日本，从明治维新之后就一直在向最强大的国家学习。它向德国学习陆军，向英国学习海军，向美国学习科技和电气化，也向中国学了很多东西。但是，美国的独立学者，比如说我，了解中国不是说为了学习中国来帮助美国。

访谈人：胡娟　沈健　刘昊

访谈时间：2011年7月20日

▶ 陈雨露

期待一个中西方文明并立的新时代[*]

陈雨露，访谈时任北京外国语大学校长。现任中国人民大学校长，中国人民大学财政金融学院教授、博士生导师，全国青联副主席，中国人民银行货币政策委员会委员，美国艾森豪威尔基金高级访问学者，哥伦比亚大学富布莱特高级访问学者。兼任中国国际金融学会副会长、中国金融学会副秘书长、中国农村金融学会副会长、中国国际经济关系学会副会长。中共北京市第九届党代会代表。学术兴趣涉及货币金融理论与政策、国际金融、公司金融和固定收益金融工具等领域，主要研究方向为开放经济下的金融理论与政策、国际资本市场。

访：作为一位著名学者和大学校长，您对您所在学科领域和国内人文社会科学的国际影响力如何认识？据您了解，国外学者对中国人文社会科学教育及科研水平有何评价？

陈雨露：就我所在的中国金融学科来说，近十年来国际关注度快速上升。究其原因，一方面是中国整体经济实力的上升，另一方面则是中国应对危机的出色表现。无论是 1997 年亚洲金融危机，还是 2008 年由美国次贷风波引起的国际金融危机，西方发达国家和一些发展中国家的金融体系备受冲击、风雨飘摇之际，中国应对危机措施得当，在把不良影响降到最小的同时保持了经济的快速增长。

---

* 曾全文发表在《中华读书报》2011 年 9 月 28 日第 9 版上。

中国取得了令人赞叹的成就，西方学界在感到好奇的同时，开始反思并逐渐认同中国理论界作出的贡献。这说明中国人文社会科学在改革开放三十多年中，以问题为导向的研究已经为国家发展作出了重要贡献，并开始对世界经济和政治体系产生影响。

同时应看到，人文社会科学的国际影响力与中国经济的发展成就还不相称。在以西方思维方式和理论框架为主流的学术评价体系中，中国学者的表现并不突出。比如，在国际高水平人文社会科学学术期刊上中国学者发表的论文不多，近年人文社会科学中国学者群中也没有出现能够为国外学界高度认可、影响世界的大师级人物，尽管有的学者在国内的影响力很大。众所周知，经济成功的背后必定有成功的理论支撑，如此重大的成就没有雄厚的理论积累和支撑，这对于西方学者来说是不可想象的。所以，西方学者以矛盾的心态观察中国，探索中国，讨论中国，这本身就说明中国学界的影响力正在逐步扩大。

因为中国学者参与国际学术的程度不高，西方学界也在反思，现有的人文社会科学国际学术评价体系是否科学，是否存在与社会发展实际相脱节的问题。当然，客观上讲，中国人文社会科学的研究人员还没有完全融入到现有的国际体系当中，这既有英语能力不足和对西方话语体系不熟悉的原因，也存在研究方法上的差异甚至差距。因此，在现有的学术语境下，迫切需要面向世界来展现中国学者的研究实力，传递我们的发展理念，尤其是当代中国人文社会科学的学术成就。

就金融学科而言，我所接触到的西方经济学经常谈到这样一个悖论：西方获得了很多诺贝尔经济学奖，却总是危机不断，而中国的金融理论研究看上去好像不如西方科学，但在指导实践时却总能化解危机。他们已经认识到对现有学术评价体系改革和调整的必要性。中国人文社会科学"走出去"，是一个双向的过程。一方面需要我们主动融入和利用现有国际学术体系，努力把我们优秀的成果介绍给世界；另一方面是中西方学者要共同对现有体系进行改革和调整，使之更加适应现实世界的变化，更加全面反映不同文化背景和发展模式下人文社会科学研究的思想成就。

访：有西方学者认为，正是因为中国金融体系的相对封闭、金融理念与金融创新的相对落后、与世界金融市场的相对疏离，反而在一定程度上保护了中国金融市场。您怎么看这种观点？

陈雨露：持有这种观点的西方学者只是看到了问题的一面。

在这次金融危机中，与世界接轨的金融市场受到的影响较大，但因此就得出结论，中国是一个封闭体系，因而受到的影响小，这种观点过于简单。2008 年金融危机给中国股票市场造成的影响非常大，股指由 6 000 多点大幅跌落到 2 000 点左右，跌幅比西方世界的股票市场还要大。外界认为中国受金融危机影响较小的主要依据是在金融体系中占主导地位的银行业一直保持稳定和竞争力。我认为，中国金融体系受危机影响较小的主要原因，不是因为市场封闭，而是自 2003 年开始，中国进行了一次成功的银行体制改革。

2003 年，中国针对当时银行体系存在的问题，借鉴西方现代企业制度和金融理念，与国际资本市场对接，在充分考虑国情的情况下，创造性地采取将外汇储备补充银行资本金、剥离不良资产、进行股份制改革等措施，初步建立了现代银行制度。这些措施很多是没有先例的，完全是自己想出来的办法，最终实现了工商银行、中国银行、建设银行、交通银行、农业银行等银行的海内外上市，探索出一条既能够解决中国银行业历史性问题，又符合西方商业规则的新路子。

受金融危机影响较小的另一个重要原因是，中国人解决问题有自己独特的思想方法，并能将这种方法较好地贯彻到分析问题和解决问题当中。首先，有效利用西方市场经济制度的创新思维和效率精神；其次，充分发挥我们制度的比较优势，保持国家对金融风险的控制力；最后，将中国传统文化的精髓创造性地融入到我们的发展思路、发展模式和发展理论中，提出渐进平衡的、包容的、和谐的发展理念。总之，我认为，对马克思主义的创造性发展、对西方文明的有效借鉴吸收和对中国传统文化的创造性弘扬，三位一体融入到现代经济中，形成中国特色社会主义发展理论和发展模式，是非常重要的。

访： 就目前来说，中国人文社会科学怎么扩大影响力？怎么算是"走出去"了？"走出去"的标准是什么？

陈雨露： "走出去"可以分三个阶段：了解世界，影响世界，领导世界。

现阶段讲的更多的是了解世界。人文社会科学走向世界，要掌握现有学术规则，利用现有学术体系在国际学术期刊上发表更多成果，把经过实践检验的精品之作推向世界。在此过程中，首先要克服语言能力障碍，加快培养国际化人才和高级翻译人才。

当前，人文社会科学翻译的推进方面遇到一些阻碍，翻译的作品在国外很难被接受。对中国学者来讲，在海外发表成果存在语言障碍、西方意识形态、发表周期等问题，这些都会影响海外发表。在信息时代，其实可以考虑充分利用网络的便捷功能，制作一流的中国人文社会科学英文网站，把中国最好的人文社会科学成果整体推介，效果会更好。

访： 我曾和一位美国学者交流过，问他为什么不愿意看中国翻译过来的书籍，当时他告诉我，我们翻译过去的东西，很大一部分都是对西方理论的阐述，在方法和基本理论上没有什么创新和优势，西方学者自然不会感兴趣。

陈雨露： 西方社会也是分阶层的，分精英和大众两个阶层。当前人文社会科学"走出去"，面向的对象不仅是西方社会的精英阶层，还有大众阶层。精英阶层的价值取向比较牢固，让他们在短时间内接受我们的文化比较困难，只能循序渐进。

相对而言，面向大众阶层比较容易，因此，先影响西方社会的大众，再通过社会大众去影响精英，可能是比较有效的路径。目前，孔子学院在国外发展得很好，即使孔子学院的课程还没有被纳入西方教育的必修课程体系，汉语培训也是一个很好的切入方式。中国经济的快速发展，给世界带来了很多机会，大背景决定了汉语在国外必然越来越受欢迎。与此同时，在手段和路径上，我们还有很大的空间，目前中国文化"走出去"的大众精品还比较少，电影、动漫、传统艺术等文化形式的作品对外部世界影响还不大。

其次，我们要影响现有的国际规则体系。比如在金融领域，国际金融组织现在已经有中国人担任高级职务，我们要团结其他金砖国家共同推动国际金融规则体系的改革。重要的是，我们应主动推出一批专家学者走向世界，向西方介绍他们的思想和成果对中国经济社会发展的贡献。目前，西方对中国的了解远远不及中国对西方的了解，我们与其没有重点地推出一堆东西，还不如重点把我们最优秀的学者推向世界，通过他们来影响国际规则。

最后，在未来多极世界和多样文化中，中国人文社会科学要从哲学层面为价值观、人类观、世界观奠定学术思想基石，这是一个比较难的命题。当前，世界面临着新的文化复兴的任务。一方面我们反对西方中心论和西方价值普适化，另一方面中国传统文化如何适应现代社会，也存在传承创新的问题。我们提出的建设和谐世界的文化和价值基石是什么？这个基石不仅仅产生于中国，而需要中外学者的共同努力。全球化已经成为现实，在此过程中，文化共融、共生、共鸣，人类实现共赢、共荣、共兴，如果没有价值观和思想方法作为基石，和谐世界的确很难实现。

中西方经过历史的轮回，今天又要回到一个平等对话的起点上，世界的本质没有变，但文明并立的方式发生了改变。科技的迅猛发展，使得整个世界变成了一个"地球村"，对话交流便捷频繁，这是一种密切接触的并立，要找到能够和谐相处的平衡点。所以，我们不仅要把自己独特先进的文化观、价值观介绍给世界，还要有能力告诉世界这个平衡点在哪里。今天，其实我们还没有做好这样的准备，比如中国特色的社会主义核心价值体系，还亟待完善，这不仅是一个语言翻译问题，更必须通过深入研究，对其进行凝练、实践、再凝练、再实践，并使其深入人心。这些都需要人文社会科学工作者沉下来做极其深入的基础性科学研究和理论创新工作。

中国传统与现代市场经济的新事物有时候存在矛盾,两者的融合需要平衡。比如"中国特色"、"社会主义"、"市场经济",这三个词如何统一起来。就目前情况看,凡是问题解决得比较好的,都是统一起来的,统一起来才是合理的。究竟用什么思想方法来统一,与以前没有统一起来有什么差异,如果能把这些大的问题讲清楚,西方学者还是会信服的。

访:目前国家非常重视"走出去",就您看来,政府应该怎么定位,是应该"有为"还是"无为"?学者、大学和科研机构又应该发挥什么样的作用?

陈雨露:中国是后崛起国家,从历史上看,无论是"硬实力"还是"软实力",后崛起国家普遍遵循国家主导的追赶模式,中国也不例外。人文社会科学"走出去"是国家"软实力"提升的重要组成部分,有战略的必要性和迫切性,崛起过程中要完成赶超同时避免冲突,只有文化、经济相互配合才能达到目标。一个国家和民族崛起后保持领先优势,同样需要两者相互支撑。

国家在其中可以发挥基础性、战略性、先导性作用,主要体现在战略决策、路径选择、资源保障、宏观调控等方面。这几个方面也只有国家有能力实施,任何个人和社会组织都很难做到。

从学者、大学和科研机构来讲,首先要发挥智库作用,为国家"走出去"战略提供基本的分析判断和方案选择;其次要充当"走出去"的先锋,学者是民族的精英,他们"走出去"对国家"走出去"起着非常重要的作用;最后,学者在实践中要及时总结反馈,为政府调整政策提供建议。

访:您认为当前人文社会科学"走出去"的最大障碍是什么?

陈雨露:国家的"软实力"取决于"硬实力"。对中国来讲,未来十年至关重要,面临着转变经济发展方式和建设创新型国家等艰巨任务,实现了这些目标，必将奠定坚实的"硬实力"基础。从世界历史上看，1890年代到1920年代左右，是美国的"进步时代"。当时的美国与中国目前的发展阶段很相似。美国人民上下一心、众志成城完成了三件大事：一是完成了工业革命；二是初步确立了美国的核心价值体系和国家发展模式，制度上进行了大幅改革；三是经济总量上超过英国成为世界第一大国。也正是因为前两个方面奠定的基础，才能顺利完成第三个任务，并将世界第一强国的地位保持至今。

中国正在形成社会精英阶层，但其与社会民众相处得并不很和谐。目前存在的仇官、仇富情绪令人担忧，社会阶层的对立将导致很多负面问题，进而影响经济发展。中国要实现既定目标，必须保持社会的和谐稳定。

根据预测，按 GDP 每年增长 5%，人民币兑美元每年升值 2% 计算，到 2025 年中国经济总量将超越美国成为世界最大经济体，并成为真正的科技创新型国家，一举越过"中等收入陷阱"。之后，经济发展将保持竞争力，中华民族的复兴才可以说是真正地到来。参照"美国进步时代"中的历史成就，中国目前面临的最迫切的任务是要完善中国特色的社会主义核心价值观和国家发展模式，在此过程中人文社会科学的重要性将更加凸显。总之，解决好了上述问题，未来 15 年将会成就"中国进步时代"。

访：世界各国都非常重视文化"走出去"，关于"走出去"的形式您有什么建议？

陈雨露："走出去"既要由国家主导，又要春风化雨于无声处，采用政府推动和民间前行的路径可能效果更好。

要在电影、动漫等艺术形式上下更多的工夫，做好孔子学院，推介中医、武术、京剧、书画等中国传统文化，并巧妙设计，使其赏心悦目并富有吸引力和感染力。通过中外人文交流和公共外交等方式影响西方社会公众。

另外，要发挥好我们在第三世界的传统优势，巩固在第三世界的友好力量。"走出去"不一定要局限于欧美地区，采取"农村包围城市"的方式可能更好。比如企业"走出去"步子比较快，在中国周边国家、非洲等第三世界国家和地区开办工厂、开展贸易，但因没有文化的铺垫，在面临较大文化冲突风险的同时，还常被冠以"新殖民主义"的帽子。因此，"走出去"必须要有整体的人文设计，要通过制度、文化和价值观念的研究和宣传，让当地政府和社会公众理解我们追求的是互利共赢和共同发展。当然，"说"很重要，更重要的是如何"做"，中国要在涉及发展中国家利益的重要国际问题上表现出公正、鲜明的态度和立场，在考虑自身投资利益的同时，帮助东道国建立可持续发展的产业体系。让世界了解我们的和平精神，理解中国是个言必信、行必果，言行一致的国家。

访谈人：胡娟　沈健

访谈时间：2011 年 7 月 21 日

▶ 刘新

要从学术创新和思想贡献上"走出去"

刘新，美国加州大学伯克利分校人类学系教授、中国人民大学讲座教授。主要研究领域有社会文化人类学、历史及人类学、当代社会理论、发展与文化、中国及东亚研究。代表作有《中国的幻象》(*The Mirage of China：Anti-Humanism，Narcissism，and Corporeality of the Contemporary World*)、《自我的他性》(*The Otherness of Self：A Genealogy of the Self in Contemporary China*)、《在自我的阴影下》(*In One's Own Shadow：An Ethnographic Account of the Condition of Post-Reform Rural China*)等，主编《大中华地区人类学研究的新思考》[*New Reflections on Anthropological Studies of (greater) China*]等。

访：近年来我们国家整体实力不断提升，国内的哲学社会科学也一直强调提高自身实力，积极"走出去"。您在国外工作多年，从您的角度来看，中国国内学者所做的学术研究，其学术水平和国际影响力如何？

刘新：这个问题应该一分为二来看待。一方面，从国外学术界对中国的兴趣和中国学者参与国际交流的角度看，可以说已经"走出去"了。现在中国发展很快，国际社会对中国的关注也很多。国外学界对中国的讨论也很多，很多中国学者被邀请出去参加国外学术会议，尤其是在政治或者经济方面的国际学术会议上，国外很多学者都希望能邀请中国学者去参加。例如人民大学国际关系学院的时殷弘教授，在国外知名度很高，具有较高的学术影响力。我在国外参加的很多会议，几乎每一个会都有中国人参与，甚至很多国外的学术研讨会现在都是用中文开。中国参与世界的讨论和交流的广泛性，从量上和实践上来看已经不是什么问题。从这个角度来讲，可以说我们是在数量上已经"走出去"了。

另一方面，从对社会科学理论和现代人类思想的贡献来看，我认为影响力还很欠缺。国外大多谈论的是中国的现状，对于现实案例很感兴趣，对于中国的思想、理论则知道得很少。其原因我认为体现在两点：一是中国学者在思想理论的贡献和对下一代的影响上，还没有产出比较明显的成就；二是对于中国社会经济发展给中国社会科学理论提出的问题，我们还没有形成一个比较有说服力的理论体系。现在中国主流的社会科学理论还是在学习西方从 19 世纪末到现在发展起来的一套东西。尤其是经济学，对于中国经济问题的解释，基本是在套用西方的经济理论来讨论和研究。也就是说，在社会科学的理论方法上，我们还是在学习西方，创新的东西和对他们有影响的东西还是比较少。

访：也就是说我们在形式上和量上已经"走出去"，但是在学术思想层面上产生的影响还是比较弱？

刘新：是的。西方成为世界思想库主导的过程也正是西方崛起的过程，本身有其特殊的历史和文化的发展脉络。现在世界军事、政治、经济多元化的状态已经开始呈现，美国也不可能再像 20 世纪那样控制住整个世界局面，但是在思想上基本还是西方的理论框架占主流。将来我们国内这一代人有没有可能做出不一样的成就还很难说，至少现在我的看法不是很乐观。

访：您前不久在中山大学做讲座，谈论了对中国人类学的困境与未来的思考，人类学"走出去"的现状和前景如何？

刘新：人类学在国内只有中山大学有一个系，现在厦门大学恢复了人类学系，也就这两个系。这次在人民大学的暑期学校上课，我对学生说过，在西方，大学文理学院里的社会科学学部中最基本的有三块：历史、社会、文化，这是学生要接受的最基本的教育。例如美国是怎么来的，西方是怎么来的，工业化和现代社会是怎么形成的，其他地方的人是怎么生活的，这是学生受的最基本的训练，与人类学的学科基础关系密切。而中国最基本的社会科学训练中包含的三块是：经济、社会、历史。经济和社会基本是介绍中国自己的现实问题，历史基本上都是对自己的关注和认知。对于文化，尤其是不同地区不同民族的文化认知教育比较缺乏，这与西方的基础教育有很大差别。你如果到非洲去、到东南亚去，肯定要涉及怎么去理解对方的宗教，比如说北非和东南亚很多国家都信奉伊斯兰教，那么它们的来源、内涵以及影响有什么区别，这就涉及对不同文明、宗教、文化的认知问题，国内对这种通识教育还有所欠缺。作为一个普通大学生，应该受的最基本的教育到底是什么，我觉得这个问题在国内教育界需要进行一番讨论。

新中国成立后人类学的研究方法跟着苏联的模式走，基本都是让中国的人类学家去研究中国少数民族的问题。这样的研究对国家管理、民族政策制定等起了一定的积极作用，但是对于一个学科的发展并没有起到太多正面作用，它并没有自己的一套问题。一个学科和另一个学科能够成为不同的学科，是因为每一个学科要面对的是不同的认知论上的难题。

西方人在成长过程中遇到两个问题：一个是自己的工业化过程对家庭、对人有些什么影响；另一个是其他没有经过工业化过程的人，他们的文化应当如何来解释。对于这两个问题的认知，学科上就分成社会学和人类学两个学科。因为这两个问题具有同等重要性，所以，在国外社会学和人类学在位置和规模上基本相当。

国内人类学基本是从属于社会学的。今年，教育部在学科设定中，把民族学设为一级学科，所以民族学和社会学是一级学科，而人类学不是。这里面可能有制度上的原因，使得人类学的发展遇到一些困境。但更主要的困境还是在于中国的人类学缺乏认知论的基础，本科生都没有接触过人类学，不知道这门学科的重要性。我个人认为缺乏这方面教育，对未来我们整个社会的发展成熟都是不利的。

访：人类学没有达到应有的规模和理论深度，其他学科是否好些呢，比如经济学、法学等？

刘新：经济学和社会学学者在参加国际会议上已经没有什么问题。主流的社会、经济、人口学基本上都是往西方的思想、方法和理论上靠近，与西方可以直接对话，问题是他们能否提出不同的理论让西方来学习中国的理论方法。按道理说像中国现在社会经济发展的特殊性，应该有学者做出有影响力的研究，甚至做出像诺贝尔经济学奖那样的贡献来。但是实际情况是我们有很好的研究素材，却没有产生出很好的研究成果。

访：我们如果想达到那种在理论上对别人有所启发的程度，是不是还有很长的路要走？

刘新：现在的很多困难实际上来自学术研究之外，比如职称评定的压力、发文参会的压力等，使得我们的学者没有时间来思考整体学科发展的宏观层面的问题。

国内社会学基本的理论方法还是在学习美国，很少考虑世界范围整个社会学发展的过程。美国的社会学是世界上最量化的，但是也被很多人批评。我认为应该了解的是怎么产生这种量化的过程，而现在很多社会学家并不清楚。计量经济学真正对经济学产生影响是上世纪30年代以后的事情，而现在大多数经济学家没有时间去学习那些经典著作。要想反击西方学者的理论，在思想上写出影响力比较大的作品，就必须有一代人下苦功夫，要先"沉下去"才能"走出去"，如果大家老是一边讨论为什么"走不出去"，一边不花时间"沉下去"踏实研究，要想达到你所说的"对别人有所启发的程度"，是比较困难的。

访：学习美国的东西，比如定量研究方法，这是学者自发选择的结果，还是整体学术环境的影响？

刘新：学习美国搞定量研究，背后有很多原因。改革开放后，由于历史的原因，从政府到个人都认为量化的东西比较客观。在以前"以阶级斗争为纲"的年代，说你不行就不行，什么都是从阶级立场出发，价值判断代替了量化考评。现在开始追求客观性，中国政府希望以经济增长率、物价等数据来说服人，对数据的重视也反映了整个社会科学的一般倾向。而数据方法只有美国是做得最好的。另外，从个人角度来讲，这也是一种比较保险、能出成果、没有太多争议的方法。你如果去定性讨论历史社会学的问题，由于中国同行评议的生态还没有建立起来，学者即使做得很好也有可能受到质疑，所以很多人不愿意去做这件事情。

总的来说是几个方面因素综合的结果：社会大的变化、历史的影响、个人因素的考虑以及语言学习的优势，导致现在对定量研究的偏好。国外的社会学家都是在做数量，经济学也是数量化趋势明显，所以现在不可能有大的理论贡献，基本是用数量化的方法对其进行验证。这样虽然也是"走出去"了，但是还是在西方"技术"的维度里交流。

访：会不会即使有些中国学者做了比较好的研究，国外的整体评价也不会很高？

刘新：我们系的一位美国教授有一次问美国的一个出版社："现在大家都很关心中国问题，你们为什么不翻译中国的东西？"编辑说你能不能推荐几本，他想了想却推荐不出来。像国内经济学类的教科书介绍的大多是西方的经济理论，再翻译过去已经没有什么意义了。而早期国内比较有影响的成果西方大多也都有了英文版。还是回到我们前面提到的那个问题，现在中国物质上的条件已经走到了思想的前面，经济上的发展已经走到了中国人对世界思想的贡献的前面。所以现在西方的文学系或者纯文科的学科里，大家念了半天还是念孔子、鲁迅的东西，中国的孔子学院在国外基本也都是教语言，没有别的可以教。因为后来的东西基本上都是学的西方，尤其是学美国。

访：那您觉得国内的人文社会科学如果想要达到一个比较高的思想程度，最应该解决的是什么问题呢？怎样才能达到？

刘新：中国已经说了很多年怎样培养大师，实践上也有很多人在做，比如人大的国学院。我觉得解决的办法就是不给他们具体的限定，让其自由发展。以我的一己之见,现在最大的问题就是很多人在强调中国的特殊性、中国人文社会科学的特殊性,这不是解决问题的办法。

现在有两种比较典型的模式。一种是经济学的模式,就是基本上是在学习西方,用西方新的经济计量模型来解释中国的经济数据。另一种是国学的模式,以我为主,用传统的思想方法理论来进行学科建设。我认为,现在重点要解释的不是历史,要解释的是中国现在为何如此,为什么在20世纪后半叶两次学习西方,一次学习苏联,一次学习美国,两次都认为是真理。像毛泽东时代都认为社会学、经济学是资产阶级思想的伪科学,大家当时也都相信,认为数据不可信。而现在却反过来了,都是用数字来说明问题。在我看来,我们既要念西学,又要懂国学,把定性和定量、中国和西方、传统和现代结合好才能产生出我们自己的理论。

其实踏踏实实走其中一条路已经很忙很累了。英国人类学有一个著名学者说过,人类学研究写第一本书要十年。现在的学者哪有时间来做?尤其是对于国内的年轻学者,即使没有外界硬性指标性压力,受到市场经济的冲击,年轻人也坐不住,整体心态上越来越浮躁。现在的物质生活条件比过去好多了,但是年轻人这种心态上的变化,我认为既有中国传统的影响,又有西方现代物质社会整体社会心态的影响,但两者融合得不好。将来中国这一代年轻人回过头来看自己的东西,恐怕会出现既不是中国人也不是美国人的思想状态。现在学生已经呈现出一种复杂的状态:传统的观念出现断裂,思考方式既不是中国本身的状态又不是美国现在的状态。我们需要的是两者相互融合,而不是两者之间有冲突和矛盾。

访: 您觉得在操作层面上,要推动社会科学"走出去",大学可以做些什么?

刘新: 我觉得在机构方面,应该先和美国那些中国研究做得比较好的大学建立起固定的关系。传统上比较有影响的是加州伯克利和斯坦福等几个学校,我们可以组织这些学校进行两三年连续的讨论,我想这个效果和影响力会非常明显。比如在美国历史上经济学是如何成为一个主导社会科学的显学，又是如何成为影响政治决策的学科，这些问题的发展经过了一定的历史过程。类似这些问题，我们中国当前也会遇到，如果由我们来组织专题讨论的话，不仅对中国的大学，甚至对中国的思想界也会有所贡献。

现在不是要具体去学习西方的方法，而是要寻找中西方思想的交汇。可以由我们发起探讨一些问题，比如经济学在中国和美国到底有什么区别。这样的问题既有理论深度又有实际作用，而且双方都会感兴趣。这种讨论如果有学生和年轻学者感兴趣，将来能够做出一点成果，那就是我们对学术思想的很大贡献。

访：现在中国政府对于"走出去"的支持力度很大，您怎么看待政府在中国哲学社会科学"走出去"中扮演的角色？应该做或者不应该做什么？

刘新：西方学术交流大多都是由学校主导、教授参与，与国家组织无关，有些官方的研究机构可能会提供资金上的支持。国外的政治家、政府机构对于学科发展可能没有什么话语权。

我觉得政府如果想推动文化交流的话，可以专门拿一笔钱直接建立基金，设立讲座教授或是专门的研究机构，支持学者研究中国文化或相关课题。这个在国外是一种很普遍的做法。可以给这个职位或项目设定一个方向，比如就要求做中国文化研究或中国语言研究。这样的举措效果会更好些，而且在政府层面完全可行，可以在话语的提供上和研究的方法上影响西方社会科学。如果这样的措施能够持续若干年，并且逐步扩大范围，那么将来产生的影响可能会超出我们的预期。但这不是一个直接投资，现在只看眼前不行，三五年之内可能看不出影响来。可能需要一个比较漫长的过程，学术的东西都不是能立竿见影的。

就像二战以后，美国出钱资助外国人去美国念书，经过几十年的积淀，形成了美国在文化上对全球的影响力。而其他欧洲国家拿不出钱来资助，到今天影响自然就小了。

访：在国外大学里设立这种资助项目吗？

刘新：是的，比如在国外的大学设立一个"北京学社"或是其他名字的机构，每年拿出一定资金作为研究经费，可以设立一些吸引学者参与和讨论的题目等。还可以设立一个专门基金，只有做中国问题研究的学生才能够申请这个基金。这样的基金在国外有很多，比如以色列有个基金，你要研究以色列的历史就可以申请，通过这种方式扩大美国史学界研究以色列历史的学者规模。据我的观察，这样的基金在学术界起到了很明显的效果。

访：您觉得学者可以做什么呢？有些老师频繁地出去交流、开会，扎实做研究的很少，思想上的贡献很少，是因为学者本身的内驱力不强吗？

刘新：有很多因素，比如社会环境的压力、制度上的原因等。我们在前面已经谈到一些。中国现在整体教育水平提高了，但是学术精英的比重却大幅下降了。学者研究的内容越来越分散，只能集中在一个很小的知识点上，何谈康德到黑格尔的过渡、黑格尔到马克思的过渡这类宏大的问题？而且，年轻教师同时面临很大的生活压力，比如成家立业、晋升评级等现实问题。美国现在也有这个问题。学术研究的趋势越来越碎片化，人越来越坐不住。这个转折点怎么发生的？这很值得研究。

访：您感觉国外哪些国家在学科"走出去"方面做得比较好？

刘新：理工科方面主要就是靠技术创新走出去，比如日本。文科方面在西方是分阶段的，战后法国思想对英美影响最大，产生了福柯、萨特、布迪厄等一批优秀思想家。这些人也没有用实验的方法，没有美国的那种定量研究。在人文学科上越不走美国这条路，在美国就越时髦；越看不起大众文化，大众越会追随你。

访：我感觉现在中国学者正处在一个矛盾的过程。我们很多学科的建立历史很短，理论基础薄弱。通过学习西方来补课，但是补课过程中又受到批评，学习国外的同时自己的东西没有建起来，要埋头建立自己的理论需要很长的周期，应该怎么去平衡这两者呢？

刘新：是有这个问题的，一代人有一代人的难题。现在可能到了一个转折点，经济上比过去好很多了，政府也会支持学者提出新的思想。从大的方面来看，中国学者面临的思想生产条件应该是晚清以来最好的，但是人的心态的浮躁程度好像是晚清以来最差的。精神状态和物质满足好像成为一种矛盾，这个扭转如何实现需要认真研究。

中国现在需要一种人把两方面问题结合起来。杨小凯就是很好的例子，在国外做研究，又对中国的问题有深刻了解。中国目前还比较缺少这样的学者，需要我们继续努力。

访谈人：王亚敏　宋鹭

访谈时间：2011 年 7 月 21 日

▮▶ 李纾

"走出去" 要关注跨文化心理因素

李纾，中国科学院心理所学位委员会主席、社会与经济行为研究中心主任，中国科学院"引进国外杰出人才"百人计划入选者。在澳大利亚新南威尔士大学心理学院获哲学博士学位。在美国科学发展协会（AAAS）、纽约科学院、美国管理学会及南洋学会等多项国际学术组织兼职，同时担任《心理学报》、《心理科学进展》以及国内外多家学术期刊的审稿人。主要研究领域为行为决策及其跨文化比较，发展一个在确定、不确定及风险状态下的行为抉择模型。

访：您对于中国的人文社会科学的发展现状以及影响力有怎样的认识和评价？

李纾：我主要从与心理学相关的文化心理学、跨文化心理学的角度来谈谈想法。我的感觉是，如果是偏硬一些的学科，比如跨文化神经心理学，它用一些比较基础的手段，例如 FMRI、ERP 这样硬一些的技术来研究文化或跨文化现象，确实结合得比较好，国内做得还比较不错，有些成果在一些非常好的国际期刊上发表了，应该说也是有一些话语权，人家也会重视你的研究。举个例子，我们经常做文化比较，说中国文化是集体主义文化，西方是个人主义文化，那么它可以证明给你看：中国人在讲到自我的时候，他的自我可以包括他的父母亲及其他家庭成员，他在讲到父母亲及其他家庭成员的时候，与自我相关的脑区会激活起来；外国人是分开的，自我就是自我，父母亲就是父母亲，激活的区是分开的。这个研究证据就很强，比你用嘴巴说中国文化是集体主义文化要强。软的方面，就是那些比较传统的方面，我认为影响力还是没有。我觉得还处于自说自话、自娱自乐的阶段，大部分是这样。我也接触一些管理类的事务，参加一些相关的学术会议讨论。我发现有一个不太好的倾向，国外学者觉得你中国人做的研究"too good to be true"：做得太漂亮了，质疑你在造假，很怀疑你的数据。你没"走出去"人家不管你，"走出去"了，如果急功近利了，人家就会觉得你在造假。大致来说，稍硬一些的学科慢慢地上来了，传统一些的软学科还不够。

心理学领域的跨文化研究应该说在外面有一定的话语权，它经历了这样一个过程：最开始在国外期刊上能看到的大多是跨文化领域的文章，早期香港、台湾学者出去，在外面接受了教育，看那边有些比较成熟的东西，就拿来在这边复制，报告说我发现中国人和外国人不一样，归结为跨文化差异，然后去发一些文章。我是1990年代左右出国的，那时候看到的几乎都是这样的东西。慢慢几年以后，到现在确实是发到越来越好的期刊。一般现在几个好的期刊都有中国人在上面发文章，你现在很难找出哪个期刊上没有华人学者的文章的。

科学网上刚发了一篇文章说中国人研究重量不重质，我想这是一个过程，数量也是很重要的一个方面。比如我们心理所在国内外具有一定影响力，人均 SSCI 发文数量应该是全国第一的，单凭数量看可能也还不错，质量上也在慢慢提高。

访：心理所对国际发文有要求吗？

李纾：要求是要有的。我们所的博士生要毕业必须要有一篇 SSCI/SCI 文章，没有的话拿不到学位。我 2005 年回国到了心理所，做学位委员会主席，那时候刚开始实行这个规定，开始也很担心，老师自己都没发，指望学生能发出来吗？但是后来也不是很成问题，基本上没有毕不了业的博士，所以就把这项规定制度化了。北大也实行了，好像和我们的时间差不多，好像也没有什么大问题。去年还是今年北师大也开始实行，听说反对声也很大，学生反对，老师也反对。但是我觉得定下来的话问题也不大。

你要是想发文章，你肯定要读很多东西，就逼着你去了解这些东西，然后你要和他对上话，你要按照他那个思路去讲共同的语言，这对于学术研究也是一个推动力。

访：在国际发文方面，国内目前存在什么样的障碍和问题？比如会不会有很多学者不愿意用英文发文？

李纾：可能现在是这样，过几年可能就不是问题了。我举个例子，在心理学界，很多学生只知道北师大，不知道北大，因为北师大的文章很多是中文的，北大那些老师不太发中文文章，一个是有能力在国外期刊发表，一个是学校有要求。

我认识一位德国学者，他用英文写了很多心理学界顶级的好文章了，但是每写文章，还专门请英语是母语的人看看，就是为了能跟人对上话。那样一个大师了，他还这样做，尽管思路都是自己的，还专门请人去润色自己的文章。我们写英文文章也是如此，你要"走出去"，这个工夫不能省，还是要找一些英语为母语的人来帮助达意。

当然，科研评价机制也很重要。我举个例子，北大光华管理学院那边引进一些比较优秀的人回来，然后申请到社科基金，结果有一年发了四五篇SSCI文章，然后去交差，但是人家不要：我们不要你这些英文的文章，我们要中文的专著。这么一个引导性的基金，你都没有提出一个引导性的东西，那你怎么指望学者做这件事情？我看到的是这样的例子。你自己心里要有一杆秤，知道什么东西是好东西。在国外，心理学界由同行评审的论文是最好的，教科书一般不作为绩效评价指标，你爱写就写，没人管你、没人评你，绩效评估是很低的，而社科基金现在是倒过来的。

在现在的国际学术期刊中，SSCI收录的中文期刊非常少。我刚才还做了一个功课，中国到底有几个期刊是被SSCI收录的。我查了一下，好像只有六个，很少。心理学类期刊整个亚洲就两个，一个是《亚洲社会心理学期刊》（*Asian Journal of Social Psychology*），编委主要是香港的学者和一些华人，另外一个是日本的一个期刊（*Psychologia*）。早期台湾的《中华心理学刊》（*Chinese Journal of Psychology*）曾进去过，被踢出来了，因为期刊的影响因子没有达到 SSCI 的基本要求，最主要因为它是中文期刊，非英文期刊留在 SSCI 里面是很难的。我发表第一篇英文文章是在 1990 年代初，那时候还有法文、西班牙文、日文的摘要，摘要是期刊编辑负责翻译的。过了几年，这些外文摘要统统没有了，只剩下英文的摘要，英文非常强势。

另外，有的论文是用英文发表还是用中文发表，这个事情让人很纠结。我很想用我的母语来表达，而且我们的读者数量这么大，在国内有这么多人看，但是用中文发表，国外的人就不知道。外国学者同样会遇到这些问题，我接触一些学术上很厉害的法国、德国学者，他们也很纠结：如果我用法文、德文发表，我的影响因子就小很多，那我这个思想怎么去影响人家？我是《心理学报》、《心理科学进展》的编委，原来《心理学报》是国内第一，但是现在稿源也开始滑坡，有能力的人发到国外去了。稿源受影响，搞到最后让做编委的人自己发，但是这不是个事，一次两次可以，长期下来人家有好的东西还是想要发到外面去。很多国外的学者反而很想用中文来发表。因为有的人达到了一定的学术层次，他不在乎多发一篇、少发一篇，但是发在我们这里会有很多人了解他的思想，他认为这样更有吸引力。我去跟国外的华人约稿时和他们说，你会知道你有多少读者，他们心里也很受鼓舞，也很想用中文发表。

访：是不是应该采取一些举措来使更多的期刊进入 SSCI？

李纾：现在很多单位都想做这个事情。办英文期刊也有很成功的，关键在于一开始能不能有好的稿源，能不能把口碑树起来，一旦树起来你就站住了。日本有一个很老牌的英文的心理学期刊，不行了以后就一直没有起色。有的新期刊很快就能上去，北大光华办了一个期刊，它发展很快，几年一下子就上去了。他们请到一个叫徐淑英的海外华人学者来做这个事情，这个人很有经验，在国外当过很多期刊的编辑。

访：从跨文化的角度来看，中国的人文社会科学学者和国外学者有哪些差异？

李纾：从学术来讲，我认为双方在写文章的思路、风格方面差别还是很大的。我自己做了一个跨文化的研究，我去找那些文章发表在《科学》（*Science*）、《自然》（*Nature*）杂志上的作者，我根据他们的单位和名字做一个中文和英文的作者的比较。我做的是"过分自信"的研究。什么叫过分自信？就是我错了我还认为自己是对的。研究结果发现，《科学》、《自然》杂志上文章的作者亦有过分自信之嫌，以汉语为母语的作者比以英语为母语的作者更甚。这个成果发在了《跨文化心理学》（*Journal of Cross-Cultural Psychology*）上面。我们受的教育往往是对的就是对的，错的就是错的，黑的就是黑的，白的就是白的。国外学者不是这样，而是说，我可能的解释是什么。比如说我做的研究中问到一个问题：如果重新审视你的结论的话，你可以提出多少个证据来支持你，提出多少个观点来反对你。中国的作者提不出来，或者是提出来的数目很少；国外的学者就提出来很多，就是他对自己还有质疑。"我做的就是对的"，这样的话就很影响你和人家对话。好的理论是可以证伪的理论。这一观念要植入部分中国学者心里可能需要很长一段时间。

访：在您看来，关于"走出去"，学者个人可以做哪些方面的工作呢？

李纾：个人老老实实做自己的事情，把学生培养好，多和国外接触。其实我认为这十几年变化还是很大的，有心的话不难和外面接触，而且外面也很乐意找你合作一起做事情，这个问题不是很大。

访：您认为国家可以做一些什么样的事情来提升哲学社会科学的国际地位呢？

李纾：加大投入是好事，但是钱不是最关键的。就以奥运会来讲，奥运会火炬传递到澳大利亚的时候，我认识的华人全都开车到堪培拉去。有一个学者讲，一夜之间怎么冒出这么多人，这么整齐地听指挥，把他吓得够呛。结果产生了一些负面作用是我们没有想到的。我们以为大家都是很正面的反应，他们却会觉得怎么是这样子。我们考虑问题还真是要从别人的角度来看一看。还有一个例子，当初改革开放的时候有一帮美国人来参观我们的幼儿园，小孩子很老实，一下课集体去上厕所。这是我们认为做得好的表现，但是他们觉得怎么这样没人性，连上厕所都要这样。很多时候我们自以为是在办好事，但是在别人眼里可能就不是这样了。

访：您曾有过在澳大利亚、新加坡、澳门等国家和地区教育与研究的经历，您认为这些国家和地区在"走出去"这个问题上有哪些比较好的做法或经验？

李纾：我感到，澳大利亚和新加坡的心态有些不太一样。澳大利亚一方面是要赚教育的钱，另一方面，它有一种比较优越的感觉，觉得"我是老师"，它用推广多元文化的心态来做这件事情。

新加坡就不一样了，新加坡的李光耀就直接提出，英语是肯定不能丢的。尽管很多人是福建人、广东人，他就是要你讲英语，把英语看做一个非常重要的事情。通过语言方面来抓住，要求一定是讲英语。所以，很多西方人对新加坡感觉很亲近。当初我去的学校是老的南洋大学，南洋大学曾经是除了中国大学以外第一所用汉语教书的大学，有这种中华文化上的情结。但是后来就取消了用汉语教书，一定要是英语。这是新加坡建国时发生的变化。

新加坡这个社会很讲究精英，它在抓精英方面肯花大钱。我有个同事曾经跟我讲，你知道你赚的钱是多少吗？你赚的钱比马来西亚的总理还多。我那时候还只是个助理教授。我刚从澳大利亚到新加坡的时候，有一天，我们一家人从校园里经过，看到有几个工人背着机器在草坪里割草，他看到你过来就把机器关掉，人背着你，让你走过去。现在全世界教师工资待遇最高、教师地位最高的地方一个是中国香港，一个是新加坡。新加坡通过这种方式吸引很多好的教授到它那里去。

访：您认为国内学者在学术上"走出去"，是融入对方圈子，还是应该建立一套自己的话语体系？

李纾：这个问题是个很好的问题，就像办期刊，很多人一直讨论要不要中国特色的问题，另外一批人认为没有必要，问题不是一样的，你没有必要搞这样一个东西。目前看来搞特色的没占上风。我知道管理学界很早就开始讨论这个问题，认为中国特色嘛，中国现在已经搞得很好了，应该有这样一些东西，但是这个问题很难办，目前来看还没看到这块占上风。

访：从长远来看，您认为中国特色可以进一步发展吗？

李纾：应该是会产生影响的。像语言方面正在不断地影响、改造英文，比如管理界讲到磕头（kowtow）文化，怕输（kiasuism）文化，本来是福建话，现在都变成英文的一个部分了。还有"关系"，现在是直接写"guanxi"，不翻译为"relationship"，因为"relation"不能把这个意思表达出来。还有像中央民族大学，你注意到它的英文名称了吗？现在又改回去了，就直接叫"minzu"了，就是拼音了。原先那些东西都涵盖不了我们中国人讲的"民族"的意思。

访：有学者认为，现在西方学术圈处于学术中心，中国等第三世界国家处于学术边陲位置。是不是存在这样一种可能，就是对方以自己的标准，或者说是一种强者对弱者的心态来看待我们？

李纾：国内的学者有种想法很强烈，具体来说，他可能觉得自己写的东西是很好的，但是人家故意看不上他。实际情况是，这些学者写的东西没有按照西方学术圈约定俗成的思路和套路来写文章，他认为根本不是一回事，习惯上就不会接受你。我们经常会说"你歧视我的语言"，其实不光是语言问题。例如我是《心理学报》的编委，如果你以写文艺或者新闻的手法写稿子投到我这里，我肯定马上就毙掉。因为你写的不是我这个学科的语言，尽管你的语言客观上讲没有问题，但是不符合我们交流的基本要求。但是这个问题我们往往不注意，就是说"你们瞧不起我，不让我来发文章"。

访：国内的学者常常会觉得我们的研究已经达到一定的基础了，而国外的学者会认为你基本的范式、基本的研究方法不太规范、科学，你的研究价值很低，这其实是两种判断的声音，到底哪一种更接近真实呢？

李纾：这种情况可能就需要这样一种人来判断。我接触过一个台湾学者，叫黄光国，在心理学界做得挺好的，他现在还是台湾当局领导人的顾问。他就很推崇本土心理学。他在美国受过教育，他讲这个话就很有底气。他看了就说你这个东西，你们做的这些都是很 WEIRD［来源于亨利奇（Joe Henrich）的一篇文章，取自 Western（西方的）、Educated（受教育的）、Industrialized（工业化的）、Rich（富裕的）、Democratic（民主的）五个英文单词的第一个字母］的东西，西方学者用"接受民主教育的富裕的白人大学生"被试得出的结论要推广到我们这里肯定是不合适的。他确实体会到不应该我们老是仰望你，西方的东西也有很多纰漏，他已经达到一定高度，对西方的学术状况非常了解，才能够有底气说这样的话。有些学者没有充分了解别人，自说自话，就要求别人承认自己，那是比较难的。

访：关于我们这个课题，您有没有其他一些建议或者看法？

李纾：首先，我认为"走出去"不是个问题，可以"走出去"。其次，"走出去"似乎不应该只是走到欧美去，亚非拉其实也很愿意学你。我们现在看西方学界，是弱者看强者的角度。其实还可以从强者的角度看弱者，像中国和朝鲜的关系，中国和越南的关系，中国和蒙古的关系，很像强者和弱者的关系，我对你很好，怎么感觉你对我没那么好？你没有看到故事的两面。比如，我是卖牛肉的，我跟一组人说，这块肉 75% 是瘦肉，你买不买？很多人会买。然后我跟另外一组人说，这块肉 25% 是肥肉，很多人就不会买。其实是同一块肉，就是 framing（视角）不同导致看法不一样。我们要"走出去"，一种走法是走到东南亚等国家，我把我的孔子文化输送给你，另外一种走法是"美国，我跟你对上话"。无论是哪种走法，我感觉从心理学的角度来讲，要研究一下，在"走出去"的时候要把这些问题考虑到。

访谈人：王亚敏　宋鹭

访谈时间：2011 年 7 月 21 日

▶▶ 张隆溪

文化"走出去"要讲究策略

张隆溪，北京大学文学硕士，哈佛大学比较文学博士。当代著名文化学者，瑞典皇家人文、历史及考古学院唯一华裔院士，香港城市大学长江学者讲座教授，美国哈佛大学、耶鲁大学及韦斯利大学讲座教授。曾任加州大学河滨校区比较文学教授，现任香港城市大学比较文学与翻译系讲座教授兼跨文化研究中心主任。主要研究领域为英国文学、中国古典文学、中西比较文学、文学理论及跨文化研究。代表作有《二十世纪西方文论评述》、《道与逻各斯》、《走出文化的封闭圈》等。

访：张老师，进入正题之前，想请问在华人传统文化与现代市场经济社会结合方面，您感觉哪一个社会更会代表华人社会未来发展的方向？

张隆溪：我个人比较喜欢香港，这也是我决定留在香港的原因。因为香港虽然是一个华人社会，90%以上都是中国人，但同时又是一个非常国际化的社会。一方面表现为人员构成，大学里有很多外国教授，例如香港城市大学就有约20%是外国教员；另一方面表现在香港由于历史原因，与英国、欧洲关系密切，与国际社会在学术等方面的联系非常多。另外，香港社会的国际性还表现在整个制度上，对于许多亚洲社会来讲，其社会管理、法律制度、廉政意识等都起到很好的示范效应。整体来说，香港社会在华人社会中可能是最自由、最开放和最安全的。

访：那么您认为香港作为一个国际化的城市，在向世界推广中华文化的进程中起到了怎样的作用？

张隆溪：香港的大学、民间社团、商会等组织在推广中国文化方面都很积极，香港的文化传统如乡土文化等保存得很好，香港作为一个窗口在展现中国传统文化方面起到很好的作用。我认为在将来的社会发展和改革中，中国也会走向一个更加成熟的法治社会。从这个角度来讲，香港社会也许是华人社会发展的一个模式。具体比如社会治理的基本观念和法制建设方面，将来对华人社会可能有很重要的参考价值。

访：您的研究领域可能和中国文化有着更多的关系，那么您怎么看待该领域的国内学者在国际上的学术影响力？

张隆溪：我在美国是教授西方文学和文学理论的，到香港以后，交往比较多的国内学者基本都是做传统中国研究的。据我的观察，我觉得中国在人文学科方面，尤其是中国传统文化研究方面，有很多高水平学者。我认为，大多数国外汉学家的水平与中国在该领域最好的学者还是有差距的，因为对文献的把握、对文字的了解、对传统文化的理解不可能和中国的学者比。我最近和一个德国学者一起做主编，由荷兰布里尔出版社出版一套介绍中国人文学术研究成果的丛书。这套丛书选择目前中国很多优秀人文学者的著作，翻译成英文在欧洲出版，如葛兆光、陈来、陈平原等，这样就使他们在国外学术界产生相当大的影响。

访：对中国文化的理解方面，您觉得国内的学者比国外的汉学家水平要高，但是国外的汉学家也是这么认为吗？

张隆溪：并不一定，但有这么一个转变。几年前我们在加州大学开了个会，很多美国汉学家参加。那个会的主题很好，就是在中国发生急速转变的背景下，汉学的研究对象也在发生变化，这个时候就需要重新思考汉学研究的方法和一些基本理论问题。我在会上就提出中国学者学术著作国际地位的问题。国外汉学家们一般不太重视中国学者的学术著作，这个在上世纪50—70年代可能有一定的道理，因为那时中国的学术缺少独立性，那时汉学家认为中国学者的研究都是意识形态化的东西。可是改革开放30

年以来，尤其是最近十几年，中国学术的发展已经完全不是这样了，涌现出很多高水平的学者和有价值的成果，特别是学术界对以前的误区有很好的反思，对新的学术研究有独立的看法。加上中国考古界最近十几年来有很多重大的发现，如果你不了解这些新的成果，对中国的学术研究就不能完全了解。现在看来这个问题提得还是比较有前瞻性的，我认为目前国外汉学家已经越来越重视中国学者的研究，中国学者的影响力也在逐步提升。

访：您认为中国的人文社会科学，怎么算是"走出去"了，"走出去"的标准是什么？

张隆溪：我觉得"走出去"的标准可以从我们翻译西方的学术著作中得到启示。国外学者的学术著作被翻译成中文，中国的学者去学习、参考、引用，这就是他们的学术影响力。如果将来中国学者的著作和学术成果能够像我们现在翻译外国人的著作一样，被外国人翻译介绍到国外，并产生一定的学术影响力，就可以说是中国人文社会科学"走出去"了。

访：这应该是我们想达到的理想阶段，您觉得目前这个阶段有什么有效的手段和方法？

张隆溪：我觉得从量上看，现在中国学者已经算是"走出去"了，比如被邀请到国外参加会议、演讲、讲学等。中国很多优秀的学者其实在国外学术界有一定的影响。现阶段，我觉得除了把学术著作翻译成英文并推广这样的形式外，还要注重扩大深层次交流，这个"交流"主要是指互动的、深入的，而不是泛泛的。比如现在很多国内高校与国外的一流大学开展战略合作，又比如人民大学和北京大学等学校近年来办的暑期学校等，这都是很好的形式，是基础手段。

我觉得加强这样的学者和学生之间的合作交流项目，比起由政府来主导推广某些东西效果更好。比如说孔子学院是政府主导的项目，可是我觉得效果就比较有限。举一个我自己经历的例子。2009年我被选为瑞典皇家学院外籍院士，北欧几个国家的大学都邀请我去演讲，其中好几场演讲都是孔子学院组织的。我了解到在好几个地方，不少学者对孔子学院都抱有怀疑的态度。我在挪威奥斯陆大学的演讲是由一位有名的教授组织的，他就拒绝和当地的孔子学院合作。这说明孔子学院起码在某个地方是不受欢迎的。可能是推广的效果不好，也有可能是别的什么原因。但是据我后期的观察以及得到的信息，我觉得有些地方的学界和一般民众会把孔子学院看成是一种"文化侵略"，把它当成是伴随中国经济崛起的一种意识形态宣传。其实每个国家经济发展以后，都希望把自己的文化推展出去，德国有歌德学院，法国有法国文化协会，英国有英国文化协会，日本、韩国都有类似的机构。但是在具体的策略上，我觉得我们还是需要认真地研究并改进，要站在受众的角度想办法让他们容易接受。

访：有些学者认为孔子学院的定位可以低端一点，他们认为大学里面的知识分子作为社会精英对本国文化会有一种警惕感，更容易抵制你；但是作为社会大众，可能更加容易接受中国文化中喜闻乐见的东西。您怎样认为？

张隆溪：这是一个比较实际的做法。比如说法国文化协会就是教法文的，会直接面向大众举办法国电影节之类的文化活动。香港有两个它的教学机构，我的女儿都去上课学习法语和法国文化。这说明上述观点是有一定道理的，对我们传播中国文化和发展孔子学院也有一定的借鉴意义。当然，另一种面向精英的传播方式也有其适用对象和范围。比如英国文化协会有时会与大学合作，面向知识分子和精英阶层搞一些活动。

对于孔子学院的做法，我的建议是多给它一点时间，让它慢慢改进。毕竟才开始几年，所以不要着急。但要有计划地改进，比如我觉得孔子学院在取得当地民众乃至当地社会的信任方面要想一些好的做法，通过更加符合当地社会特点和文化传统的方式逐渐改善。

访：除了对中国本国的文化比较了解，在欧美等强势文化以外，您对整个世界文明中哪个国家的文化比较关注，或者说了解得比较多？

张隆溪：我自己了解比较多的还是欧洲的和西方的传统历史、宗教、哲学这些东西，包括德国、法国、英国等。美国文化我其实了解不是很多，兴趣也不大，因为美国本身历史很短。

其他文化方面，印度是很重要的，尤其在古代。印度的古代史非常有趣，很早的时候马其顿的亚历山大曾经打到恒河边上，所以希腊跟印度在古代是有接触的。另外印度本身的文化也经过了各个不同的时期，比如从佛教文化到印度教文化。印度的历史很长，跟中国关系也很密切，特别是在佛教方面。基督教文化与印度传统文化也有交汇和冲突。

但是现代印度社会有很大的问题，这个可能跟英国的殖民历史有关。印度的情况与香港很不一样，香港也受英国的殖民统治，但是香港的富裕程度超过了英国本土。而印度的贫穷程度是我在下乡的时候也没有见过的。这里面的原因很复杂，涉及历史、文化、制度等方面。把这个问题研究清楚了，对于中国文化"走出去"也是有参考价值的。

访： 那您觉得现在中国人文社会科学"走出去"最大的障碍是什么？

张隆溪： 我认为，最大的障碍还是西方对中国存有戒心。其原因有两个方面，第一是意识形态方面的，这里面的原因大家都清楚，由政府推动的活动尤其会引起这方面的戒心。第二是经济崛起方面的，中国经过三十多年的高速发展，创造了一个经济奇迹，现在经济总量已经跃居世界第二。不断强大的经济实力使西方国家发出了不太友好的"中国威胁论"，总觉得中国强大了会影响它们的利益。尽管我们国家通过不同渠道一再强调"中国绝不称霸"，但还是很难完全消除某些固有偏见。所以，这一点使得我们的文化推广活动不被理解，总被认为是"文化侵略"。

访： 您刚才提到了两个障碍，那您觉得我们的人文社会科学要"走出去"，首先应该解决的问题是什么？

张隆溪： 首先应该解决的问题是提升中国自身的学术水平，也就是练好内功。真正有水平的东西自然能够被人看到并且关注，因为它是与国际接轨的。学术讨论的专业程度越高，涉及意识形态和政治因素的影响就越少。在这个基础上，也就会有更多外国学者去主动了解我们国内优秀学者的作品。这就像销售产品一样，如果你的产品本身质量不行，再怎么推广也没有用；如果产品质量很好，即使不宣传，大家口口相传，也会有很好的效果。

访：所以您觉得还是要练好内功，把自己的学术本身做好。但是有这样一个问题，就是很多外国教授在研究中国问题方面在国外的影响力很大，比如我在哈佛大学访问时遇到威廉·科比教授，他作有关"中国崛起"问题的报告就有很多人关注，在这方面为什么中国学者就没有这么大的影响力？事实上我觉得国内很多研究国际关系的学者讲中国问题也非常深刻，是不是还是存在着推广方式和范式的问题？有的学者认为现在"走出去"的最大障碍还是语言和表达习惯，您觉得呢？

张隆溪：这是个很重要的问题，这个问题可能有两个原因：一是威廉·科比那个案例，他作为哈佛大学教授、文学院前院长，自身的影响力本来就很大，所以谈"中国崛起"这样的热点问题有很多人关注；二是尽管他讲的是中国问题，但他是基于美国学者的观点，结合国际上的最新理论成果，并且是按照比较流行的研究范式在进行研究，所以他的演讲方式、触及的问题和可能对听众产生的影响与中国学者不同。另外当然也有语言方面的原因，中国学者能直接做英文演讲、发表英文文章的还是不多。同时还与我国的基础教育有比较大的关系。中国英文教育一直存在的一个问题就是：我们的学生更多的是接受听说读写的训练，而没有系统地了解西方文学和文化，而后者才是最重要的东西。而同时，在中国传统文化的教育方面又有所缺失。这两个方面的问题造成学生在知识结构方面有比较大的缺陷。

访：我想问最后一个问题，关于中国的人文社会科学"走出去"，您是否可以对您个人的看法做一个简单总结？

张隆溪：简单总结一下，首先是中国的学者要做出真正一流的学术研究。其实中国有很多优秀学者，也有很多翻译成英文的优秀著作。比如复旦大学历史系的朱维铮教授曾经写过一本《走出中世纪》，一位加拿大学者就将其翻译成英文出版，产生了比较大的学术影响。在这个基础上，要做好推广工作，把我们真正优秀的成果推出去。最好的推广办法是与国外的出版社合作，由他们在国外出版，这样国外学术界更加容易接受，翻译质量和学术水平也有保证。

其次要继续加强交流，一方面把我们的学者派出去，一方面把国外最好的学者请进来。派出去和请进来都要讲究策略和方式。在请进来方面要有所甄别，要请到在国际上真正有影响力的人，这样对我们国内学术水平的提升才能起到帮助作用。

访谈人：胡娟　宋鹭　刘昊

访谈时间：2011 年 7 月 22 日

▶ **薛澜**

普适性研究才能造就更大的国际影响力

薛澜，清华大学公共管理学院教授兼院长，清华大学21世纪发展研究院常务副院长，清华大学中国科技政策研究中心主任，清华大学学术委员会副主任。获美国卡内基·梅隆大学工程与公共政策博士学位。曾担任美国乔治·华盛顿大学助理教授。主要研究方向为公共政策与管理、科技政策与创新管理、危机管理等。代表作有《知识经济与中国未来》和《危机管理：转型期中国面临的挑战》。

访：您怎样认识和评价您所在的学科领域以及国内人文社会科学的国际影响力？据您了解，国外学者对中国人文社会科学教育及科研水平有何评价？

薛澜：中国人文社会科学现状要跟自己过去比、跟国外同行比，经过立体比较后才能够有一个比较清楚的认识。

中国人文社会科学这些年发展非常快。以清华大学为例，我是1996年从国外回到清华大学任教的，当时清华文科与国外交流非常少，经过这些年的发展，仅从人员国际交流这一方面来看，海外学者到清华文科院系来访问或者全职任教的人数越来越多，比例越来越大。就公共管理学科领域来看，学科国际交流也是非常活跃，"走出去"、"请进来"相关活动非常多，与国外对话沟通比较畅通。

据我观察，国内著名大学要比海外一般大学的国际交流更为频繁，其中一个重要原因是中国的人文社会科学相比一些发达国家更为重视国际学术交流。西方国家掌握现有话语体系，研究更加以自我为主，其大学和相关机构反而没有这么主动、有意识地去做国际学术交流，在国际交流方面我们可能在某些方面显得更加积极主动。

国际交流日益频繁的同时，中国人文社会科学在国外的影响力还是偏弱，研究成果很难为别人重视和接受，与西方主流学术研究差距比较大。个人认为，学术成果不那么被认同的原因有几个：第一，我们研究的问题是以中国的问题为主，中国国家很大，目前也处于一个转型时期，问题比较多，导致我们的研究比较偏向中国经济社会发展碰到的一些现实困难，还没有发展到深入研究人类普适性问题的阶段；第二，社会科学是应用科学，大家更关注自己的问题，一般海外学者也不会对一个区域性、针对性比较强的问题那么感兴趣；第三，我们的研究方法相对来讲不够规范，提供一定信息是可以的，但是研究中存在逻辑论证不那么严密、因果关系不那么清楚的问题，而这种不规范就会让别人感觉研究结论不是那么可靠，容易产生质疑，自然而然就削弱了它的影响力；第四，人文社会科学研究始终牵扯一个体制问题，会受到意识形态和国家相关体制有形无形的约束，学者研究的时候会疑惑研究的边界问题，对一些国外学术界关心的敏感问题的研究大家还是有顾虑，有些实质性的问题深入不下去。

近些年尽管可以看到中国学者在海外期刊发文章开始多了一些，但是中国人文社会科学总体上影响力还是较低。当然随着中国国际地位的提升，国外对中国相关情况更感兴趣，可以明显感觉到中国研究热度正在提高。值得注意的是，学术影响力并不一定跟国家实力呈必然关系，比如韩国学者在公共管理研究领域比较有影响，主要是由于他们到西方学习相关理论的人比较多，而且在国际学术界非常活跃，这与韩国国家本身实力关系并不大。

访：中国是一个有着 13 亿人口的大国，管理如此庞大的国家是一个很大的挑战，更何况在那么薄弱的历史基础上实现经济快速发展并保持政治社会稳定。您的美国同行会不会因此对这个国家的公共管理更感兴趣？

薛澜：社会科学主要为本国发展服务，西方国家本来在很多方面走在前面，所以关注中国的人并不多，国外学者中真正始终关注中国的人主要是从事区域研究的学者。比如，二战后美国为了影响世界，在很多大学设立了区域研究机构，像中国研究中心、非洲研究中心、俄罗斯研究中心等，主要针对不同国家或地区的经济、政治、文化等进行综合研究，为其制定相关政策提供知识储备。美国很多高校设有东亚系、中国研究中心，培养出了一批研究中国的专家，他们始终关注中国，以研究中国为生，他们发表的学术成果主要围绕中国，他们的学术生命、学生培养都是跟中国研究紧紧联系在一起。

研究中国的学者中，国外的这些学者往往比中国学者影响要大，因为学术界最终的影响，是要靠你的学术发表。想要在由西方人主导的学术体系中发表文章，最基本的要求就是论文跟他们的基本范式是一致的，国外学者相对能够更顺畅地用英文发表文章，他们也更了解西方人的需求，用西方学术界更容易接受的方式和语言来表达观点。中国学者实际上做了更多中国研究，在广度和深度上应当说是超过了国外学者，但研究成果基本都是用中文发表，即使把这些成果原汁原味地翻译出去，中国学者的影响也不太大，因为思维方式和研究范式的差异，很多西方学者很难理解中国学者所说的东西，要认同就更难了。

不过，西方学术界以市场为导向的特征非常明显，哪里有研究热点，大家研究兴趣就会转移。所以，随着中国的影响力越来越大，关注中国、研究中国的学者数量也在不断增加。

访：如果对比中国一流期刊和国外一流期刊上的论文，您感觉它们的文章质量和水平是否有明显差异？

薛澜：我担任了公共管理领域几个大家公认比较好的期刊的编委，接触好文章的机会还是比较多的。近年来中国学者在英文期刊发表的实证分析文章有比较大的进步，这些文章质量很高，有数据支撑，论证逻辑也很清楚，只是数量还不是很多。

中文期刊总体上来看水平还不是太高，主要原因之一是国内的学术期刊体制。目前国内学术期刊的管理行政化色彩比较浓。同时，学术期刊由机构所有比较多，办刊不够开放，相互竞争不够，学术思想交流碰撞较少，对新的思想和方法接受较慢。而且，由于我们对新增学术期刊的很不合理的限制使得新兴学科很难找到自己的阵地。国外很多期刊就不是依附于固定机构，而更多的是依靠某个学术研究领域的学术共同体，从中产生主编、编委会等。主编也不是从某一个机构中产生，编辑办公室会随着主编走。国内期刊体制决定了学术性编委所起的作用很小，编辑办公室对于期刊质量至关重要，有的期刊赶上好的主编，期刊就非常好，换了一个负责人，可能期刊水平下滑就很明显。这个体制不改，我们很难全面提高中文期刊的学术水平。

发表学术论文是学术界很重要的产出标志，反过来，作为论文的载体，期刊水平不高必然会影响到学术研究的发展。设想一下，如果我们国内人文社会科学学术期刊水平长期上不去，会让我们的学者更多地追求在国外期刊上发文，这非常不利于中国社会科学的学术发展，对国家也是不利的。在自然科学和工程方面已经有这样不好的倾向了，我就曾经在英国的《自然》杂志上撰文，认为 SCI 论文评价导向影响了中国国内的科技发展与知识传播：近年来中国科技投入不断增长，发表的 SCI 论文数已经仅次于美国，但背后隐藏着一个问题，中国投入大量科技资源，却以英文文章来衡量产出效益，最后使得好的文章都发在英文期刊，国内的学术期刊好文章越来越少，而与此同时我们实际应用的部门接触最方便、使用最频繁的却还是中文期刊。换句话说，目前这种评价机制的结果之一就是大量基层应用部门接触的论文不是最好的，一流的文章已经到了 SCI 里头去，这些基层的科技工作者只能看二流三流的文章。我们国家科技信息翻译体系也有其局限性，这样就使得我们一线科技工作者没有机会及时接触一个领域最前沿的研究，他们接受的科技信息始终是二流三流的，这样显然会影响国家的科技创新能力。

访：正如您所说，现在文科也非常看重国际发文，您怎么看这个问题？

薛澜：这的确形成了一个风气，清华公管学院曾就此专门讨论过。清华公管学院超过一半的学者是从海外学成归来，一方面我们鼓励大家在国际期刊上发表文章，因为中国人文社会科学国际影响力比较小，需要我们的教师向国际同行去介绍中国，去扩大中国学者的声音。但另一方面我们也要求教师在国内一流期刊发表文章，相对来讲，我们对国内发文比国际发文要求更高一些。两者如何平衡好，我们也正在探索。

当然不同领域、不同学校应该有不同的定位，人文社会科学国际发文不宜作为一个硬性指标来推广。个人感觉，目前我们国家存在评价标准简单化、单一化的趋势，评价体系区分度不够。而机构想要得到发展，只能融入标准，如果标准制定不合理，在融入标准的同时，就会丧失自己的特色和定位，就会不切实际地耗费资源做一些本不该自己做的事情。

访：现在很多普通高校都按照研究型大学的模式来发展，这样才能使得自己利益最大化，但结果却是同质化趋势明显，浪费了很多资源，损害了高等教育整体的发展，国家评价标准的导向的确很重要。就人文社会科学"走出去"来说，您觉得标准应该是什么？怎么才算"走出去"？

薛澜：为什么要提人文社会科学的"走出去"，我的理解是，以前是我们引进来比较多，学者跟在后头学得比较多，到现在这个阶段，我们的文章应该更多地在国际期刊上发表，我们的学者要更多地参与国际学术交流，我们的机构要参与更多的国际学术组织，要争取与发达国家一样的学术地位，成为国际学术论坛、学术组织的一分子，去影响本学科领域的发展。

就公共管理领域而言，我们实际上已经开始深度参与国际学术组织，比如国际公共管理院校联合会的副主席就是由中国学者担任的，但从总体上看，人员参与的程度、文章发表的数量还远远不够。

访：目前国内学者对国际学界的研究动态和著名学者关注得非常多，然而西方学者对我国的人文社会科学的关注程度却小很多，您怎么看？

薛澜：首先是语言问题，中国人最熟悉的还是中文，尽管有很多人出去，但是最利于其表达的一定还是中文，所以，因为语言障碍，一些用中文撰写的非常有价值的中国研究还没有被世界认识到。尤其是，西方学者的中文水平是不如中国学者的英文水平的，所以他们不能像我们这样，能够把高质量中文学术成果高质量地翻译成英文。另外，中国学者中研究普适性问题的人还是太少，很少有学者对一些人类社会或一般社会组织共同面临的一些基本问题进行研究，大多数是为了解决中国一些现实问题而开展研究。这一点与中国人做研究的思维、习惯和学术生态都是相关的。然而，一个学者想在国际学术界获得影响，仅仅研究本国的问题是不够的。往往需要将其作为一个特殊案例上升到一个普适性的原则，其他国家的学者才会觉得有意义。

访：我们曾经做的访谈中，有个美国教授认为西方学者的研究更多是发源于自己的兴趣，更喜欢理论探索，中国学者的研究则更强调研究如何能够在现实生活中得到应用。这可能与中国知识分子的传统意识相关，他们更加以治国平天下为目标，以报国兴邦为己任，总是想把知识跟现实结合起来，总是在为国家寻找出路。

薛澜：这的确是个很有趣的现象，但其实中国的实际问题背后也有很多基本的理论问题可以探索。清华公管学院有很多从国外回来的学者，一回国马上被国内相关问题研究吸引住了。本来学校希望创造环境鼓励教师去研究更为基础的问题，但是很难，大家对中国现实问题关注很多，中国问题吸引力很大。这是一个有利的现实情况。关键是在研究中国的具体情况之后，能否从更加普遍的意义，从中抽象出更加普遍的规律，这是我们需要去加强的。

我还要强调一点，目前中国学者国际影响不大的一个重要原因，就是很多中国学者还是站在一个民族国家的立场上去研究问题。在我们公共管理的这个领域，面临着很多全球性的制度问题，研究这些全球性治理问题，如果能够超越民族国家的利益，从本国当前政策和利益中跳出来，用更为普适的观点、更为超然的角度来分析问题，研究就可能会有更多、更大的影响。

现在中国对世界的作用越来越大，国外学界愿意听到中国的声音，在有些领域能够超越具体问题的国家，也许反而会获得更大的影响。比如研究全球气候变化，我们大部分学者还是从保护中国利益的角度为相关政策提供支撑，但其实完全可以有一部分学者从全球所有国家利益出发，从一个普适性公平的角度来研究碳排放问题，比如采用人均指标等，中国学者可以更早提出来，不能因为中国人均碳排放已经达到世界平均水平，所以不提这个重要指标。当然，强调要有学者从比较超脱的角度研究问题，并不等于不要从国家利益角度去研究问题。关键的是我们对很多问题的研究需要多元化，有些学者的研究必须与国家利益紧密相关，有些学者的研究可以普适性更强。这样我们才有一个健康的学术生态。把自己放高一些讲话，听的人会更多，别人也会更加认同你。在国际上真正有影响的学者，研究的问题其实都挺有普适性的，有更为宽广的研究视野和适用范围。

一些对中国深入分析的学术成果可能会在国际学术上有影响，但是更可能有影响的是研究一些人类共同面临的共性问题。人文社会科学领域的任何东西都能够与政治找到某种联系，所以，除了个别有意干扰主流意识形态的研究外，我们尤其需要创造一个宽松的环境，不轻易对不同方向的学术研究做价值判断，扣上政治帽子，尽可能促使部分学者做些真正有长远学术价值的研究。现在我们的某些政府部门有时候在权衡一些短期的管理上的利弊，没有考虑对我国人文社会科学学术长久的伤害，其实真正有价值的学术研究是服务于国家长远利益的。

访：目前中国政府非常重视"软实力"的提升，非常重视人文社会科学"走出去"，您认为国家应该在其中发挥什么作用，学者和机构又应该发挥什么作用？

薛澜：国家在其中还是有很多事情可以做，一方面是创造一个方便快捷的环境。人文社会科学"走出去"的主体应该是思想，思想的载体应该是学者和学术机构，国家能做到的是创造一个环境，让思想的传播更加方便，让学者和机构的学术交流更加方便，学者和机构出于学术交流的需要也有这个动力去从事相关活动，如果做这个事情成本很高，大家都不会做，如果很便捷大家就会自动参与。这些年我们在引进国外思想方面做得非常快，国外即便是一般的著作很快就翻译过来了，翻译得很全很快。另一方面中国学者的著作出去其实很不容易，首先，国外市场不大，其次，要把中国学者的著作输出到国外成本不低，这方面完全靠市场不行，国家可以起到重要作用。还可以考虑跟国际上一些出版机构合作推出我们的作品，与这些知名的机构合作推出相关学术成果的效果会更好。

访：您提到的著作和论文是由国内学者翻译还是国外学者翻译？

薛澜：从论文角度，国内学者直接用英文发表可能更好。就著作来说，可能由国内学者和国外学者合作共同翻译更好，中文足够好的国外学者毕竟还是比较少的，这方面能力其实比较不对称。说到底，国外对中国感兴趣的人还不够多，市场不够大，没有太多学者从事中国相关问题研究。

另外，目前国际学术交流还存在着障碍，比如我们举办国际会议，超过一定规模的会议要提前一年甚至更长时间来申请，但目前学术交流越来越频繁，学术动态更新越来越快，有可能三个月或半年就需要对一个新的主题进行讨论沟通，目前的规定使得我们组织一些前沿领域的交流讨论很困难。对学术机构国际交流活动进行一些规制是有必要，但如何把规制设置得比较合理是一个值得探讨的问题。举办大型的周期性的国际会议问题不大，这些会议的计划往往需要提前2～3年。而举办小型的动态性强的学术讨论会就面临两种情况，一种是通过正式渠道申请，但我们知道是很难得到批准的；另一种就是举办会议不让上级主管部门知道。很多学校都有第二种违规情况，我个人觉得，这种不遵守规则的情况其实很不好，但这种结果是由不合理的规则引起的。我们相关管理部门人太少，做不到每个会议都能真正行使合理的规则权，明明是不可为的，但仍然设置这样的程序，那么现在这种情况就是必然结果。另外，人文社会科学研究的成果与现实联系比较紧密，其社会影响有时候很难提前预测。有时候出发点非常中性的研究，结果却可能会有一些负面影响，这是很难预先控制的。只想要正面的影响，把所有可能产生负面影响的研究都压住这是不太现实的。所以我们的观念需要改变，否则人文社会科学难以发展。

访： 在人文社会科学"走出去"上，有哪些国家的经验可以借鉴？

薛澜： 目前我们国家正在大力推动孔子学院在海外发展。孔子学院似乎是借鉴了英国文化协会的做法，这个机构影响很大，值得我们学习。英国文化协会在国际上出现的形式让人感觉是非官方的，我们孔子学院相对比较明显地看到政府的痕迹。事实上，英国文化协会在很多国家存在，英国政府的文化交流机构在有些国家的办事处就设在英国大使馆，但运作方式又非常民间，让人体会不到政府的作用。

另外，目前我们对外交流都是按照项目来推广，很多项目各自为政，没有把相关事项作为一个整体来推动，资源和力量整合后可能能够发挥更大作用。

访： 您认为人文社会科学"走出去"的最大障碍是什么？

薛澜： "走出去"是一个整体，很难说哪个更重要或者更突出。可能只有一个障碍，就会造成对整体的影响。最大的障碍可能是目前我们还没有一批高水平的研究，说到底，能够超越中国现实情况和现实问题，能够成为人类文明重要一部分的学术研究成果还太少。只要有这样的东西，就能够吸引人，就能在国际上造成影响。当然，这需要我们人文社会科学学者扎扎实实做好一些基础问题，做好理论研究。

访： 您还有没有观点需要补充？

薛澜： 中国这些年有一大批在海外著名大学和研究机构从事研究的学者，这批学者的作用还没有发挥，目前尽管采取了一些措施，但他们的潜力没有充分发挥出来,如何挖掘他们的潜力还大有文章可做。

另外,从海外回来的年轻学者处境比较艰难,与理工学科比较容易受到资助不同,在海外学习的人文社会科学学者生活得更艰苦,有的是自己出资完成学业,回来后居住条件又很差,工资非常低。目前国家政策比较偏向高端人才,而没有一个很好的土壤让年轻人成长为高端人才。如果给这批年轻学者一些机会,他们完全有可能成为"走出去"的主力并发挥非常重要的作用。

访谈人:胡娟 沈健 刘昊

访谈时间:2011 年 7 月 26 日

创新是人文社会科学"走出去"的核心

项贤明，访谈时任北京师范大学教授。现任中国人民大学教育学院二级教授，中国民主促进会中央教育委员会副主任，民进北京市委青年工作委员会副主任。曾任北京师范大学教育学部二级教授、国际与比较教育研究所所长、北京师范大学比较教育研究中心主任。在美国哥伦比亚大学、德国柏林洪堡大学、英国巴斯大学、香港大学、香港中文大学、台湾暨南国际大学、日本中央大学等院校讲学或做学术研究工作。主要研究方向是教育原理、比较教育学。代表作有《泛教育论——广义教育学的初步探索》、《比较教育学的文化逻辑》。

访：您对于中国哲学社会科学的发展现状以及它的海外影响力有怎样的认识和评价？"走出去"的标准是什么？

项贤明："走出去"的标准实际上很简单，就是看我们中国学者提出的观点、理论、方法是不是被国际学术界接受、认可、运用了。什么时候中国的理论、中国的观点、中国的方法被国际学术界认可了、接纳了、运用了，就"走出去"了。

我认为目前我们的问题是用了另外一个表面的测量标准，就是看发了多少文章。这可能是一个很大的问题。现在我们拼命要求高校在国外杂志上发表文章。怎么看呢？成果确实需要以文章发表出去，但是光发表文章不一定就等于"走出去"。打个比方，鹰是有羽毛的，但有羽毛的并非都是鹰。我们希望孵出一只鹰飞出去，可是收集羽毛是永远得不到鹰的。我们现在是拼命收集羽毛，希望能够通过收集羽毛得到一只鹰，这是非常荒谬的。

目前来看，中国的哲学社会科学真正要"走出去"需要有一个很长的历史时期才能做到。以日本为例，他们开放比我们早，他们"走出去"的行动比我们踏实，走得比我们早，但是到目前为止，他们的社会科学在国际上的地位并不是很高。中国就更不用说了，我们曾经走的是一条和世界隔离的道路。现在要"走出去"最重要的问题还是，我们要切实改善自身的研究能力。我们之所以走不出去，是因为我们自己的研究能力太弱了，我们并没有产生很多对人类社会各种现象有很大解释力的重要成果，我们现在唯一能向外夸口的就是我们还有一些老祖宗留下来的好的东西，比如中国特色的哲学。即使是有些好的东西，我们翻译介绍得也不够。要真正"走出去"，最重要的可能还是要提升自身的创新能力，这是最重要的。

访：那么我们现在是不是还不到"走出去"的时候？

项贤明：那倒不是。永远是应该"走出去"的时候，只是我们以前没有往外走。我们以前是"自绝于世界"，没有和外面的世界建立起很密切的联系，这是我们以前的问题。现在应该"走出去"，但问题是我们"走出去"的方式是有问题的，我们现在采取的方式在某种程度上可以说是缘木求鱼。真正"走出去"是靠自己的实力，不是说靠发一些文章宣传自己。确实要加强我们自身的研究能力，使我们能够对今天的世界历史、人类社会各种现象提出我们自己的解释，这种解释能够被国际学术界接受，甚至引用，这是真正的"走出去"。

访：在"走出去"的难易程度上，所有的学科都是一样的吗？比如一些比较有中国特色、本土化、传统的学科？

项贤明：一样的。中国的同时也是世界的。现在我们不是很希望中国的哲学和西方人接触吗？在今天这样一个全球化的时代，没有哪一个民族能完全封闭起来，除非你甘愿像亚马逊雨林里面的那些人一样生活，待在雨林里不出来，否则你不可能"自绝于这个世界"。

我认为限制中国的哲学社会科学"走出去"最大的障碍还是我们自己的科研管理体制。这种科研管理体制导致中国的许多科研资源掌握在大大小小官员的手中，大到主管部门，小到各个大学的院长、处长，这是很大的问题。在目前这样一个提拔制的官僚体制下，让官员来掌握资源、分配资源造成很大问题，真正有创新能力的人得不到资源，而得到资源的人根本没有时间和能力来做事情。这是一个根本障碍，不仅仅是社会科学领域如此，自然科学领域也有这样的障碍。

我认为，社会科学自身的研究能力有待提升可能有很多原因，比如我们的文化宽容性比较差，我们的知识分子长期以来受到传统文化的影响较深，"学而优则仕"这种精神深入骨髓，等等，有很多种原因。我们曾经做过统计，发现高校青年教师的各种荣誉、资助被部门高度掌握，他们来认定你是不是有创新能力，这有很大的问题。以前我让我的研究生做过一个中国教育领域在国外发表文章的统计分析，我们发现90%以上的文章做的都是对中国教育发展现状的报道，真正提出新理论、新解释的几乎没看见。所以在西方学者看来，他们对这些中国学者发表的文章并不是特别认可，认为你研究水准还比较欠缺，只是报道了中国目前做了什么事了，发展到什么程度了，研究的内容和水平体现不出来。

访： 西方的期刊是不是有一种倾向性，它们想看到反映基本情况的文章，是不是报道对它们的意义更大呢？

项贤明： 那不是。第一，是你的创新的东西少，第二，还有重要的原因是受语言文字的影响。中国目前是希望学者自己去把成果推出去，这是很难的。一个学者不可能是全能的，他的精力是有限的。所以我觉得日本的那一套是正确的。它把两个方面分开，翻译介绍归翻译介绍，研究归研究。不是同一个主体在做这些事情，这样可能相对会更好一些。而现在中国所谓有能力在国外发文章的人其实往往只有能力去做报道。人文社会科学与自然科学不一样，要真正达到能发表外文文章的水平是需要经受专门的语言训练的，一个非外语专业的博士毕业生很难做到，难度很大。

所以现在政府能做的，是可以在这方面提供一些配套，比如说，让这些学者安心做自己的研究，另外有一些人专门去做中国成果的翻译、向外介绍，这样可能会更好一些。现在两者合一就导致大量在外面发表的成果都是水平很低的成果，两者能够真正很好地结合在一起的学者是非常少的、凤毛麟角。这种支持不是一下子的事，国家战略上要把这两个东西分开，一部分专门资助我们对外翻译介绍真正中国特色的、好的、确实有创新性的成果，另外一部分专门资助我们安安心心做研究。

这里就要提到我们的管理体制可能有些问题，比如说，现在我们是把资源集中在自己手里，然后我来认定哪个人有能力，这有很大的问题。其实最好的就是像西方大学那样，就是真正提升这些人在大学的待遇，让一个年轻人到了大学后就知道，他只要在这踏踏实实地做，若干年以后就可以达到什么样的水平，就能过上什么样的生活。现在不是，现在的青年教师是可以努力地去做，努力去发文章，去创新，但是不知道将来发展是什么样，因为我的发展不取决于我的努力，而是取决于我上面的一些特定人物对我的看法，这是很可怕的事情。要让这些人在这里工作，他就能够安安心心过一种很好的生活，能够不为自己的生活担忧，能够专心于自己感兴趣的东西。这些人才可能有成果，自由是创新最重要的条件。

访：学者和高校有没有办法去改变，或者是打破现行局面？

项贤明：高校有能力去改变。现在最大的问题是知识分子丧失了自己的人格，知识分子不敢站出来讲话，敢讲话的往往被排挤在边缘。李敖曾经批判过中国大陆的知识分子，我觉得他的批判是对的。对于一些现象知识分子不敢站出来讲话。

访：有没有可能自上而下地改变现行体制呢？

项贤明：我们希望是这样，这样更好。我认为要靠中央政府，中央政府是诚心诚意希望能够"走出去"，但是问题是它不了解下面的真实的情况，这是很大的问题。

访：如果这种根本性的问题没有很好改善的话，我们谈一些细枝末节的东西有没有用？

项贤明：刚才我打的那个比方我认为是很恰当的，现在我们是在拼命收集羽毛，你收集多少也是不可能得到一只鹰的，而创新能力就好比是鹰的蛋，你只有获得这个东西你才能孵出小鹰，长成大鹰。我们现在一个是体制问题，另外我们缺乏耐心，我们的社会科学希望像自然科学那样很快就出成果是不太可能的。一方面资源控制太集中，另一个方面，对社会科学缺乏耐心，一个项目三年必须要出成果。

访：根据您做比较教育研究的经验，以及您在多个国家访学的经验，您认为哲学社会科学如果要健康地发展，很好地"走出去"，它应该是什么样的情况？

项贤明：出现"走出去"战略这个东西本身就证明了我们是不自信的。西方看不到所谓这样的战略。它真正的战略就是我养着这些人，让他们好好地做研究，这是最大、最核心的战略，我给你自由，你愿意做什么就做什么，我不能说让你发财，但是可以使你在这个社会很体面地生活。不像中国，一个年轻的教师要为自己的房子奔波，要为家庭的生活奔波，他生存都很累，他怎么去自由创新，这是不可能的。我觉得你们可以研究德国的洪堡大学，这是一个非常有意思的大学，它经历了两种体制。洪堡大学曾经是世界上获得诺贝尔奖人数最多的大学，可是到民主德国时期，一个诺贝尔奖也没有，断掉了。为什么？它丢失了最根本的东西就是自由。在民主德国时期它被控制得很严。我们现在所谓"走出去"的战略，我们各种资助、各种评奖，包括评所谓的各种人才，其实都是在对创新的控制，在扼杀创新。就是我认为你是创新的你才是创新的，我把它全控制起来，必须按照我的路走，这个东西越多中国的社会科学越没有希望。

访：是不是说有些因素的参与会影响高等教育或者是人文社会科学"走出去"？

项贤明：是的。其实说到底就是加大投入。就像一棵草，我让你长，而不是把你拔起来、搡你，今天按计划要长一米给你搡一米，明天按计划要长两米给你拔两米,那必死无疑。我给你浇水,给你施肥,你自己愿意长多少就长多少。比较好的是我给你钱,像香港的学术研究资助局(The Research Grants Council,RGC),我把这些钱放出去,让各类由专家组成的委员会集体来决定这些钱该怎么用,该做什么样的项目,而且这些项目也不能限定说必须三年交出成果,交不出来我找你麻烦。因为科研不知道什么时候会产生成果。西方是在结项的时候,你提交一个报告,说明钱是怎么用的,我参加什么会议,我发表了什么文章就行了,确实证实我投资的经费是用在科研上了就可以了。中国现在是相反,我们表面上好像管得很严,其实我们科研经费漏洞大得很,甚至有的科研经费有一多半不是用在科研上。

访: 这还是管理体制的问题。它认为既然给了你钱,就要看到效果。

项贤明: 这是根本的问题。有一次座谈会上我讲到这个问题,他们就不愿意听了。现在我想提出一个新的概念,叫学术政绩,我们现在追求的不是学术成果,是学术政绩,我们希望不要在学术界搞这种政绩工程。有些官员不了解学术的规律,对学术不熟悉,以为只要拔就能长出来。

访: 有人认为我们的高等教育在历史上曾经有过一段比较理想的时期,比如西南联合大学,它对我们现在有什么样的借鉴意义呢?

项贤明: 我以前做讲座的时候讲过这个问题,"钱学森之问"就是问为什么我们今天培养不出杰出人才。那个时期为什么培养出那么多的大师,最大的差别恐怕还是在自由上。那个时候的学者们第一不会为生计犯愁,一个教授养活一大家子完全没有问题。第二没有人去干涉,说我给你什么项目必须照这个做。那个时期评过什么新世纪人才、长江学者吗?它不控制。如今我们很多知识分子说话是看着领导眼色,领导喜欢听什么他说什么,这是很可怕的。有这样一些人的话你希望他们"走出去",这怎么可能呢?

访: 那您认为这种变化的原因是内在的还是外在的?

项贤明: 那个时候并没有对大学太多的控制。有一点你可以理解,为什么李大钊可以在北大讲课，这是很典型的。给教授很好的待遇，也没有评什么"985"、"211"大学，来把这些大学分开，教会学校、私立学校也可以很好地办下去。今天你看私立大学日子很难过，困难重重，在这个领域里面，已经完全没有独立的机会。

访：我们国家"走出去"有这样那样的问题，像其他国家比如说日本的"走出去"是什么情况？

项贤明：日本的很多东西值得我们学习，尤其我们都是东方国家。社会科学别着急，迟早也会出来的，但是它和自然科学不一样，会慢一些。你首先看自然科学，日本人比我们做得强得多。上世纪60年代末70年代初，日本人提出来，说我们模仿的路子走到头了，我们需要创新。今天你看，多少诺贝尔奖都被日本人拿走了，比如去年的两个诺贝尔化学奖都是日本人拿走了，其中一个是日裔美国人，另外一个就是日本人。按照国籍统计的话，日本已经拿了大概超过十个诺贝尔奖了。自然科学已经看到了，社会科学很快也会有，像文学，日本在国际上的影响要比我们大。别的不讲，就看它一个改革你就知道它的路子走的是对的，大学法人化。尽管在日本听到很多的质疑，但是政府还是坚持做。法人化什么意思？就是你独立了，政府不管你了。我按照法律该给你多少钱，你怎么发展那是你自己的事，因为你是一个独立法人。而我们长期以来是大学隶属于教育部，隶属于各地政府，教授隶属于大学，属于半政府官员，所以长期的官僚性是不可能改变的。大学法人化就是在向西方学习，大学就是要独立，你就是一个独立的王国，就是一个求真的象牙塔，有自己的宪章，这样它才可能真正创新。从长远来看，这条改革的路子是对的。

访：台湾有这样的倾向吗？

项贤明：台湾也在这样做了，但是骂声很大，因为日子会不好过了。我如果有时间的话，要好好研究一下洪堡大学的历史，这个大学的历史最说明问题。它的主楼二层的大厅挂满了诺贝尔奖获得者的照片，可是我发现，民主德国时期就没有了。

访：现在人文社会科学的领域是比较庞杂的，在现在的大环境下，是不是有些学科领域做得是比较好的？

项贤明：我认为目前更容易"走出去"的学科是经济学，其他学科真正和西方对话的能力还是比较弱的，经济学稍微好一些。经济学一开始起步就和西方遵循的规则是很近似的，而且就国家体制来说，我们首先开放的是经济领域，我们在其他的领域不太开放，我们只有在经济领域才实行了新的体制，就是市场经济。管理学可能也会好一些。这与社会发展有关，看你这个社会在哪些领域更开放。

访：刚才谈的是学术层面的"走出去"的问题，您觉得国家在文化交流和推广方面情况怎么样？

项贤明：目前我们在文化方面做得还稍微成功一些，有一些成功的案例，但是我们的代价太大，比如说我们的孔子学院，等等。代价大的原因是我们还是用官僚控制的体制，应该把它交给市场。我还是比较推崇这样，用市场来做会提高效率，今天这个社会运行效率最高的组织往往是公司。文化领域有一些成功的案例，但是代价太大。比如孔子学院其实有时候钱是白扔掉的，我看过一些，有些还不错，有些效果，但是有些钱是扔掉的，我们花钱请人来学中文，人家还不乐意。其实我觉得还是应交给市场去做。在中国的塞万提斯学院、歌德学院，都是收费的，我让你有需求地来学，甚至国家要从中来赚钱，没有需求地来学有什么用？

访：最后，您还有没有观点需要补充？

项贤明："走出去"首先还是要从内部做起，练好内功，提高自身的研究能力，而不是简单地看现象，看发了多少文章，还是那个比喻，不能光收集鹰的羽毛。

访谈人：王亚敏　宋鹭

访谈时间：2011 年 7 月 28 日

▷ 库珀、陈晋

以有价值、有特色的学术成果
吸引世界关注

库珀（Richard N. Cooper），哈佛大学 Maurits C. Boas 国际经济学教授，国际著名经济学专家，美国艺术和科学学院院士，现兼任美国国际经济研究会顾问委员会主席。曾在美国肯尼迪政府、卡特政府和克林顿政府中担任重要职务：美国国家情报委员会主席、美国外交部主管经济事务副国务卿、美国政府经济顾问委员会高级经济师、美国波士顿联邦储备银行主席等。主要从事国际金融体系、国际贸易和宏观经济等方面的研究，也涉及转型经济和发展中国家的经济增长，著有《繁荣、危机与调整：发展中国家的宏观经济经验》（*Boom, Crisis and Adjustment：the Macroeconomic Experience of Developing Countries*）、《韩国的宏观经济管理（1970—1990）》（*Macroeconomic Policy and Adjustment in Korea*，1970—1990）等书。

陈晋，原《财经》杂志、现财新传媒特约作者，财新传媒驻波士顿特约记者，《哈佛笔记》专栏作者。她曾任《世界时报》（*World Paper*）记者和研究员，哈佛商学院研究员，网络杂志《视角》（*Perspectives*）资深编辑，学生杂志《哈佛中国评论》（*Harvard China Review*）主编和主席。著有《哈佛经济学笔记》和《哈佛经济学笔记2》。

访：您是从什么时候开始关注中国？

库珀：1979 年，我第一次来中国，当时我是政府的官员，监督美中贸易协定谈判，我的下属直接参与谈判。那是我第一次直接地了解中国。我的专业领域是国际经济，之前做中国研究比较少，是从那时起我决定开始更多地了解中国。一般地，对于美国人而言，欧洲是研究得比较多的。我一开始比较关注欧洲，后来是日本，然后是中国。再后来苏联解体，就开始关注俄罗斯、东欧。现在又开始关注印度。我的兴趣点是随着世界经济的发展与格局变化而变化的。

访：您对中国哪些方面比较感兴趣？

库珀：我对很多方面都很感兴趣：外交政策、经济转型、教育体制、文化事业等。我有一个朋友，杜维明，他主持了哈佛燕京学社十多年，研究新儒学并把儒学推向世界。这并不是我的专业研究领域，但是我对此也很感兴趣。

访：您在进行与中国有关的研究时，是如何获得相关材料的呢？

库珀：我获得信息最主要的形式是与人直接交流。我参加各种国际会议，可以遇到来自各国的许多学者，通过与他们交流来获得信息。

除了与人直接交流，我所有的信息，还来自英文的出版物，还有网页。我不会中文，不能阅读中文杂志。在一些英文网站，如 BBOC，有些从美国回到中国的人会在上面写文章，我主要看关于财经、关于发展主题的内容。在 BBOC 上，我还可以获得数据、中国高官的演讲稿等。网站是一个很好的途径。

我的研究、写作主要是关于经济问题，统计数据可以在我夫人陈晋的帮助下获得，她会中文。有些统计年鉴有英文版，我可以直接应用。另外，我的研究助理会中文，也可以帮我。就我的研究而言，这些已经足够了。

访：在您的研究领域内，您周围是否有中国学者？您认为他们的研究如何？有怎样的印象？

库珀：是的，非常多。中国有许多国际知名的学者，比如林毅夫、朱民、钱颖一等，他们的研究都做得非常好，不过他们都是在美国大学的研究生院受过训练的（林毅夫为芝加哥大学经济学博士，朱民为约翰霍普金斯大学经济学博士，钱颖一为哈佛大学经济学博士）。我还认识北京师范大学的李晓西，他完全是在中国本土培养的，对中国经济的情况非常了解，我经常向他请教关于中国经济的问题。

不过，我对中国学者整体的印象是：中国学者思想比较受束缚，不富有批判精神，除了环境领域是个例外。大概因为，环境领域是个新兴领域，基本没有官方定的基调，中国学者能畅所欲言。在我自己的领域即经济领域，我感觉，中国的学者常常是在政府的激励下进行研究。政府发现了问题，他们就会找智库、科协、社科院或者高校的学者来回答。我并不是想说政府已经给出了答案，但是政府会给出日程（agenda）。

当然，随着中国的发展，事情已经发生了很大的变化，许多之前不能触及或讨论的问题已经可以公开讨论了。我观察到，被我称为"code"的内容已经可以被讨论了。虽然在区域外交政策上、在区域防御政策上，在台湾问题上、西藏问题上，在一党执政政策上，还有一些禁区（taboo subjects），但是对于经济政策，经济学家能够实际地讨论或者批评任何内容，言论非常自由。

访： 您在与中国学者交流时，会觉得有障碍吗？什么是最大的障碍？语言还是方法论？

库珀： 在经济领域，语言的障碍比方法论更大。方法论现在全球已经趋同了，许多美国的教科书也翻译到中国来。就像我之前去书店，我的同事认出了他们所著教科书的中文版。所以，我觉得方法论已经不是障碍。我还观察到一个现象，现在马克思主义经济学理论基本上只有比较老的经济学者在研究了，青年研究者应用马克思主义经济理论的很少。

相比方法论，语言是一个问题。中国人读、听英语都没有问题，但是因为练习的机会比较少，写作还是比较困难，口语也比较弱。

英语在世界范围内的影响比较大。举个例子：我在哈佛读书时，要求有两门外语，我选择了法语和德语。后来，哈佛只要求学生学一门外语，现在我们已经不要求学外语了。因为在很久以前，我读书的时候，为了了解欧洲，你必须学法语和德语，现在，很多欧洲材料是英文的，他们这么做倒不是为了美国人，主要是为了欧洲内部的交流，比如法国、德国、意大利等互相之间要了解对方的情况，都用英语就方便了交流。过去英语和法语是两门欧洲的官方语言，现在主要是英语了，因为在中欧很少人学习法语。所以，现在美国的经济学研究生已经不要求学习外语了。

所以，想要让国际学术界了解你的研究，需要用英文发表。最初是瑞典人和奥地利人，他们开始用英文而非本国语言发表论文。后来，日本人和韩国人也发现，如果想获得国际声誉，学者需要发表英文论文，甚至创办英文杂志，这样国际学术界才能读到。中国学者现在也开始这么做，特别是在国际关系领域。

访： 您觉得中国的哲学社会科学"走出去"即让国际学术界对中国的研究更了解，政府、机构需要做些什么？

库珀： 我认为，最重要的是要突破官方束缚的研究框架（official thought）。框架本身可能不是问题，但是研究要是有约束就可能影响水平，所以如果不突破这样的框架，不更加关注文章水平本身而去迎合一些非学术的东西，即便是用英文写了文章也是没有人看的。比如，俄罗斯人在数学界有着很高的声誉，我不知道他们是用英文发表还是用俄文，但是他们的成果很快就会被国际数学界知晓，他们之所以在学术界很出名就是因为学术水平很高。英文发表是一个途径，但是前提是，你的研究是有意义的，是值得看的，人们才会看。如果都是被束缚的观点，翻译成英文也没有人会看。

想要"走出去"，需要学术有国际影响力，需要有价值的学术成果，需要顶尖的学者。在经济领域，顶尖学者主要来自美国，来自欧洲的不多，如来自意大利、瑞典、荷兰，来自法国的很少，德国可能有个别的。法国有时候会有顶尖经济学家，但是一般也是美国培养出来的。中国、日本也有这样的现象，顶尖经济学家多数是美国培养出来的，比如我先前提到的林毅夫、朱民，还有日本的青木昌彦（在明尼苏达大学获得博士学位）。

我对于高教体系没有很深的了解，不能下结论说造成这个现象（美国培养了更多的顶尖学者）的原因，不过，我还是想谈一下高教体系。我可以引用一位中国数学家丘成桐的话，中国的大学过于"内生"，他们聘用自己的学生，在招聘、提升的环节都不能很开放。丘先生认为，如果中国不改变其教授聘用机制，将很难建成世界一流大学。教授聘用不能由学校领导层来决定，而应该由同行评议，由外部专家评审，对候选者进行测试，选择最优候选人，学校则尽可能地吸引他们。哈佛和耶鲁对于招聘和提升教授都有着严格的规定，并且严格禁止接受本校毕业生。我们极少会聘用自己的博士生，会让他们先去其他学校锻炼，做得好的再招回来。我们会去招其他学校的优秀毕业生，如斯坦福、普林斯顿和麻省理工。丘先生在对比了中美的晋升机制之后，对中国的教职聘用体制抱有批评的态度，我理解他说的这种改变是需要非常彻底地改革，要将决定权从行政领导手里拿出来交给学术同行，然而这是非常困难的。中国控制得太紧了，我不知道中国能否接受这样的建议。如果你想建设世界一流大学，那么你就必须有世界一流的教授，而且不能由行政体制来控制和决定学校。

欧洲顶尖经济学家也很少，这可能与欧洲的高教体系也有关系。欧洲的高教体系是比较封闭的。他们现在正在推动博洛尼亚进程的高教体制改革，这需要很大的决心。以德国为例，德国许多教授实际上是公务员，这就要求教授必须是德国人。同时，德国的高教体制是等级构架：教授在顶上，下面是副教授，然后是研究生。我在哈佛有一个德国学生，他是在德国基尔大学读的本科，到哈佛读了一年半之后，比较哈佛大学和德国基尔大学时说，区别之大就像白天与黑夜。在哈佛，教授问你问题，那是真的想要你去寻找答案，是在鼓励研究生寻找答案；而在基尔，教授问你问题时，其实他已经知道答案，他只是希望你能够寻找更多的证据来支持他，这是等级构架。在基尔，副教授是为教授服务的，而在哈佛，副教授不是为教授服务的。这就是思想的自由。教授的某个观点可能是不对的，你需要有批评的精神，去质疑，才能进步。

美国之所以能够在学术界影响比较大，能够培养出顶尖经济学家，并不是完全因为它说英语，而是它拥有更开放、自由和自我批判的精神。比如，美国的大学聘用了大量的外国学者，不论国籍讲英语即可。在我们经济系，1/4 的学者是外裔。再比如，我想，美国人最大的力量就是他们总是在自我批评，研究生、讲师、副教授对教授的挑战推进了学术的发展。新的观点是在挑战旧的观点中出现的，也就是要不断地质疑教授的观点。如此，需要一个体系——这个体系不仅仅容忍对教授的质疑，而且鼓励对教授的质疑。中国也比较缺乏"质疑"的氛围，学术界的等级构架与德国相似，在招聘教职上非常"内生"，这些都不利于顶尖学者的培养。

要想让学术"走出去"，前提必须是它有价值，推动了学术的进步。形成有价值的成果，推动学术进步，就必须培养出顶尖的学者。归根结底，推动"走出去"也就是要培养顶尖学者，产出高水平学术成果。

访：陈女士如何看待哲学社会科学"走出去"？

陈晋：现在中国很多方面在形式上都已经非常国际化了，已经从国外引进了很多的操作流程、组织方式及构架等形式，但是我们还没有在实质上国际化，即"形似而神不似"。比如说，在汉青经济与金融研究院（中国人民大学二级学院之一），学生用英文教材，海归教师上课，所以听、读问题都不大，但是一写作就原形毕露了，所以我到这里来教他们英文写作。

我一方面修改他们的语言，另一方面帮助他们提高思想。思想是需要锤炼的，语言是需要修改的。作为一名记者，我追求思想的精美和语言的简洁。这是一个漫长的过程，需要长期的努力。我在汉青院教课仅仅两周，时间太短，但这是一个好的开始。我希望通过向学生介绍英文主要报刊上的经典评论员文章——无论是经济学家写的还是专栏记者写的——学生开始体会专家学者对热点时事问题的观点看法、思想过程以及语言表达。

此外，做到"神似"，我觉得最重要的是，全身心地投入工作，自发地努力工作。这样做的前提是，你相信你工作的价值。如果自己都觉得自己的工作就是"形象工程"，那么剩下的一切就是表演技巧了。反之，如果你相信自己工作的价值，你的努力就是发自内心的，不是做给老板看的。你就是主动的，而不是被动的。我经常告诉我的学生，如果你想做好一件工作，你必须全身心地致力于这项工作，而不是敷衍，不是推脱，不是演戏。比如，哈佛的一些教授和其他一些美国人就是在兢兢业业做自己的工作，他们非常现实也非常简单。

俗话说，一方水土养一方人。美国能做到这一点依赖于好的体制，好的体制既可靠又高效。当人们信任这个体制，就不需要通过认识某个人来得到认可。所以，美国人的成功需要感激的不是某个人而是一个体制，是这个体制在决定和选择优秀的人，是这个体制允许个性化的发展，给学生个性化的教育。数学家邱成桐曾经做过这方面的讲演，《哈佛笔记》专栏报道过，以后会收录在我的第三本《哈佛经济学笔记》中。

这个体制当然也有很多弊端，否则怎么会爆发 2008 年席卷全球的金融危机呢？我在已出版的两本《哈佛经济学笔记》中对美国体制的很多方面都有阐述，这里就不细说了。

访： 一方面我们要了解他们的精神，另一方面，我们也希望他们更了解我们。我们如何让他们更了解我们呢？

陈晋： 让国际都知道需要付出很大的努力。要想做到这些，首先要解放思想。现在外国人看中国，会发现有很多言论的界限。什么能说，什么不能说，很多条条框框，尤其是人文领域，经济研究领域好多了。

然而，要想外国人注意你，你必须是有特色的。你跟他一样，他是不会注意你的。第二步是翻译一些中国的精华。现在很多的翻译并不是很理想，我看过很多中译英的文本，在英文中的表意是不通的，质量不过关。好的翻译就是在透彻理解原意的基础上，用对方语言解释出来，这样才会避免"中国人听不懂，外国人不明白"的尴尬。"字对字"的翻译有时候是没有意义的。学生经常问我，怎样才能写英文写得地道？我告诉他们，首先要解释清楚原文的意思；其次是要学习外国人在表达思想时的语言，在情景中体会词汇的用法。在理解以后，自己学着用这些词汇，再加上辅导老师的修改，就会有提高。"功夫不负有心人"，的确是这样。李晓西最近在把他的宏观经济教材翻译成英文，让我指导他的学生如何翻译。我就是这样说的。

访：您觉得方法论或者思维方式的差异大吗？会成为"走出去"的阻碍吗？

陈晋：我个人并没有觉得这是障碍，或许这是我思维方式太简单的结果。我觉得思维方式并没有固定的规范，没有你应该怎样或者你不应该怎样。就是做你自己，丰富你的思想，定义你的特色，这样就可以使得一个人、一堂课或者一个项目变得有趣，有吸引力。

访：根据您的经历，您觉得哪个国家在宣传自己的文化时做得很好？

陈晋：如果你非常有魅力，人们自然会关注你，关注你说什么做什么，就像关注中国的名人一样。我觉得中国现在的经济实力已经很引人注目了，中国有点像20世纪80年代或90年代的日本。后面的工作是靠"软实力"的。引人注意需要有自己的特色，而不是营销文化。在这方面，我觉得杜维明的新儒学非常有值得借鉴之处。

当然，官方宣传也是需要的。比如说，在波士顿，日本、韩国都有领事馆，它们非常活跃。但是，中国在波士顿没有领事馆，离得最近的领事馆在纽约，每年领事去一次波士顿，只是处理签证事宜。几年前，有一位中国领事到哈佛大学演讲，机会难得，但他完全照稿宣读，甚至在问答环节也照稿回答，重复已经说过的，而不是真正回答问题，更谈不上讨论任何问题了。这种演讲对于宣传中国立场、沟通思想、促进文化交流显然没有起到应有的作用。人们对照本宣科的兴趣很小，这一点在哪个国家都是一样的。

访谈人：胡娟　沈健　刘昊

访谈时间：2011 年 7 月 29 日

要循序渐进、扎扎实实地"走出去"

杨大利，美国芝加哥大学政治科学系教授，芝加哥大学北京中心主任，芝加哥大学孔子学院院长，百人会会员。曾担任过《美国政治学评论》《世界政治》《当代中国》等著名政治学期刊的编委，曾任芝加哥大学政治科学系主任、东亚研究中心主任及国际关系委员会主任，新加坡国立大学东亚研究所所长。主要研究领域是比较政治、政治经济学及中国政治。代表作有《重塑中国巨龙》(*Remaking the Chinese Leviathan*)，《中国的灾难与改革："大跃进"饥荒与制度变迁》(*Calamity and Reform in China：State，Rural Society，and Institutional Change since the Great Leap Famine*)、《北京鞭长莫及：自由化与中国的区域》(*Beyond Beijing：Liberalization and the Regions in China*)等。

访：您怎样看待中国人文社会科学学者的研究水平？

杨大利：我们首先来看大环境的变化。在经济改革领域，20世纪80年代时，市场价格基本上还没有实行到位，到了90年代后，大多数产品才真正实行市场价格，推行市场经济体制改革，并逐渐开始与国际市场接轨。在学术交往领域，改革开放前，中国高校基本上还处在封闭状态，70年代末才重新开始恢复，很多工作相对来说做得比较有限，而且非常意识形态化。80年代后，开始翻译、引进一些西方学术著作。受各方面因素影响，在早期尤其是70年代末，最优秀的人才比较喜欢学习数理化，较少去学文科。90 年代后情况有些不一样了，不管是商科还是法科，都有很多优秀的学生来学习这些课程。一些优秀的中国学者在海外学习之后又回到中国。从学术周期来看，在改革开放三十几年后，已经有两代中国学者成长起来。第一代人大多是在 70 年代上学，很多人高中没有好好上完就进入大学，相对来讲底子薄，而文科领域需要很深的文化背景，这些学者要达到世界顶尖水平相对来说不太容易，但是仍然有相当一批学者做了非常优秀的工作。从总体大环境上看，开放程度有了很大的好转，越来越有利于文科的发展，学术交往的程度加深，第二代学者开始涌现，其中也出现了非常多的优秀学者。

就总体研究水平而言，我的感觉是不同学科之间有着很大差异。商学、经济学相对来说走得靠前一些。经济学等领域的学术交往相对来说更多一些，商学等领域所做的研究基本上逐渐与国际接轨了，但是国际化的学者人数还比较有限。政治学等很多领域还存在一些问题，例如，有些博士论文做得东西比较"虚"，实证研究相对少一些；在学生身上花费的时间、资源也非常有限。哲学本身在经历重组。考古学等一些领域，那些能坐得住冷板凳的相对来说做得非常好，有不少重大发现。心理学的国际影响可能比较小，因为国内这方面的研究比较少，大多数学校尚没有这样的学科。

访：怎么样来评价一个学科形成了国际影响力，真正地"走出去"了呢？

杨大利：从我们的角度来讲，应该是做出有一定影响力的研究工作，得到一定的认可。比如我面前的这本介绍科斯的画册，科斯在经济学、法与经济学领域可以说是作出了奠基性的贡献。中国目前还极少有学者能有这样的影响。过去像冯友兰写《中国哲学小史》，当时是用英文发表，那个时候海外关于中国的研究相对来说较少，他写的这本书具有非常大的国际影响。但是现在像这样有影响的成果也很少，同时由于学者所受的教育等原因，关于中国的文化不熟悉甚至会曲解，外语也相对有限，在这种情况下，即使写出来了，在国际上的影响相对来说也有一定的限度。我个人感觉，只要给予一定的时间，随着时间的推移，影响还是会慢慢增大的，但是需要一段时间的积累。

访：像您所说的，有影响力的研究更能够说明一个学科有没有产生国际影响力。人们也在探索使用一些量化的标准来考察一个学科的影响力，您怎么看？

杨大利：这两者都可以有。其实有一个很简单的衡量办法，就是看有多少外国留学生愿意到中国来学习，来学习什么，这本身可能是一个很好的衡量标准。如果逐渐地有更多非常优秀的国际留学生愿意来中国学习非语言科目的话，从某种意义上也代表中国具有相当的吸引力和影响力。所以不一定要看"走出去"的指标，考察是否有越来越多的学生愿意到中国来学习，有多少学者愿意和中国的学者合作交往，这本身也是一种衡量的标准。

当然，中国的影响和中国学术界的影响不一定是一回事。比如说，在日本经济增长过程中尤其是在 80 年代的时候，很多人研究日本，但是日本的学术界尤其是社会科学并没有真正地走出去。我觉得以中国学术界的规模和国际化程度，中国应该会比日本做得好。

访：在推动哲学社会科学"走出去"的过程中，政府层面应重点抓好哪些工作？

杨大利：首先，要更多地促进交流，给予中国学者更多的机会出国，到国际上进行交流，当然也包括提供一些机会让海外的学者来中国，这是比较好的一种方式。最好是建立一套比较公正、透明的机制，一套规范的流程，这对于"走出去"相当重要。例如，目前我们在宣传来华留学的问题上，需要调整相应的机制。现在的来华留学申请机制主要是通过领事馆系统，由于领事馆系统的事情非常多，人手相对来说还比较少，不可能专门地做太多这方面的工作，信息的传递等方面有一定的限制。由于机制的不畅，很容易被人认为是暗箱操作，这是不利于交流的。另外，按照中国的财政安排，年度预算 3 月份才批准，已经过去一个季度了，等钱发下来已经到年中了。钱批下来很晚，学生申请了不能及时得到答复，而优秀的学生会有各种各样的选择机会，你要想让这些优秀的学生来中国的话，应该尽早答复，这样他们就可以及早做出决定和安排。

所以机制要调整，一定要有一个规范的东西，制定一个更通畅、透明的机制，能够让年轻人直接就可以申请，我认为这很重要。比如，可以成立一个相对独立的专门委员会，也不需要有太多的人，甚至不一定只是国内的学者参与，像这样的国际交流活动应该邀请国外的学者参与，让项目本身更加国际化。这样相对而言就比较容易达到公正、公平的目标，可能就使得这个体制更拥有合法性，得到更多的国际认可，同时在这个过程中也可以吸取不同的经验。

访：目前政府提供的研究资助项目中，有一些是对成果的翻译进行资助，那么您觉得这种资助是否有必要？

杨大利：通俗有影响的作品，商业出版社会有足够的动力自己去做。如果是比较繁杂的中文古典的东西，需要知道的人自然就会知道，不需要知道的人就不需要读一个翻译本，比如关于《论语》的很多东西是无法翻译的，这样去做的话也没有太大意义，最好是读原著，真正的这方面的专家应该有读原著的能力而不需要译本。当然可以有一些这样的基金给予帮助，这个我不反对。如果它真的是优秀的成果的话，最好是有一个专家委员会来协助评审比较合适，这个钱可以放在那儿，有人有这样的需求的话，还是值得做的。但是，应当是翻译一些比较专门的学术著作。

访：现在国内相当一批高校在努力建设成为世界一流大学或世界一流学科，您认为大学应该注重哪些方面来提升学术研究的国际影响力？

杨大利：中国大学系统最近几年毕业生数量已超过 600 万，应该说出了很多人才。但是从学术来讲，怎么能让教授、学生安下心来研究和学习，这是需要考虑的。要建立研究型大学就要用研究型大学的管理方式，不仅是课程的设计、学生的管理、老师的管理、研究经费的管理，而且需要对整个体制进行完善。

美国的体制也不是完美的，但是总体上来讲美国大学体制的确形成了一套比较科学的制度，而且公立大学、私立大学也是有区别的，不同的学校有不同的管理方式。所以，是不是整个中国只采取一套方式就一定是好的，这是第一个问题。第二个问题是，怎么能够保证大学真正办出质量，中国的院校怎么能够办得更好，这个需要多加思考。当然现在很多国内高校非常努力，例如清华，学生的规模没有太扩张，比较注重质量，做得相当不错。只要假以时日，中国大学的前景我还是比较看好的。毕竟中国有这么多机构，这么多学生，这么多老师。学校之间互相竞争，应该比较有利于总体质量的提升。

中国从 20 世纪 60 年代中期，甚至从 50 年代末期，受政治环境的干扰，整个教育系统基本不是特别努力地在做研究工作，系统的科学研究实际上到 70 年代末才重新恢复，任何一个国家、任何一个体制都是经不起这种折腾的。经历了那种状况，不可能说马上回到顶尖的地位，这是不现实的，需要时间，需要耐心。

访：现在各级政府部门纷纷出台海外人才引进项目，例如中组部的千人计划、教育部的长江学者奖励计划等，鼓励和支持海外优秀人才来中国工作。这些举措是不是对于我们"走出去"有着很大的促进？

杨大利：应该是。目前引进人才主要有两个问题。第一，很多人才引进项目偏重理学、工学。但实际上任何一个国家的发展不仅仅是科学，还包括人文社会科学领域，从这个角度来讲，目前这种过于偏向于理工的做法不是很合适。那么在现在这种情况下，大学要加大人文社科类海外优秀人才的引进力度，可能更多地需要大学自身采取办法。比如说人大有非常优秀的校友，可以通过捐赠的方式提供一笔资金做这样的事情。

第二，在引进海外优秀人才的过程中，也应该考虑怎么能够同时让国内的优秀人才得到比较好的保障，妥善处理好本土人才和引进人才的关系。否则的话，即使这些海外的人才引进来，如果他们的工作得不到其他同事的支持，也不可能真正扎下根来。

访：学者个人应做些什么样的努力来提升学术国际性，实现"走出去"？

杨大利：每个学科都有自己的特色，要根据具体的领域来看。有些学科可能没有必要非要"走出去"，去和国外学术界联系。比方说研究汉代竹简，学者做好他的工作就可以了，可能也有一些交流，但是最重要的是把自己的本职研究工作做好，附带着去交流也未尝不可。该领域的研究人员年轻时应该学习过基础的东西包括外语，具备一定的条件。等他们有影响了，自然就有参加国际交流的能力。

另外，要根据每个人的情况采取相应对策，不一定要采用一刀切的方式。有的学者是从国外回来的，有的学者和国外有很多联系。也有的学者人到中年，一方面，他可能没有"走出去"这样的愿望，另一方面，如果他以前外语没有学得很好，你真的逼他走出去，这是一件很痛苦的事情，还不如让他做好自己的事情。一代代人有不同的经历，让已经习惯了这样做事的人按照另外一种方式做事情是非常难的。说到了四五十岁了，你再逼他出去，这时候"边际效益"非常低了。

访：对于一些我们认为比较好的学术研究成果，例如比较好的国学研究成果，我们是否有必要采取一些措施鼓励其向外推广，以增强学术成果的对外影响力？

杨大利：我认为，先要看这项学术研究有没有特别新的见解，要看是不是真的是新的东西，是不是国内外学术界一致认可的优秀研究成果，这是第一。第二，是不是有必要一定要推出去。如果他的工作非常优秀的话，他在国内会有一定的口碑，国际上这些研究领域的人也应该会找得到他，有一定的交流。所以在这种情况下，是不是真有必要推出去这种研究需要探讨，但是我个人觉得学者之间的交流可能已经足够了。

有些东西，比如说有些著作的翻译，硬性地推出去的话，特别强求也不一定是好事情。如果一定要做，应该有一个专门的基金会或基金，请大家申请，然后从申请的项目中甄选会更好一些。但是需要有一个相对独立的机构来做这种事情。

访：在中国人文社会科学"走出去"的过程中，主要的难点是什么？

杨大利：还是要看学科了。比如说法学，各国的法学相对来讲视野都比较窄。因为法律体系有国别差异，很多法学研究是和本国的法律体系联系在一些的，所以国际的交往相对来讲有一定的限度，包括美国的法学更多的是从法理的角度来考虑问题，而不是说总要去参考其他国家。但是法学领域非常之大，国际上关于某些问题会有一些共同的探讨。在这种情况下，就需要培养相应的人才。比如很多与国际法、商法有关的人员肯定是英语要好，或者其他语言要好，能够加入国际讨论，甚至包括用外文参加一些法律的诉讼等。

如果一个人去做中国政治思想这些很古典的东西，他也可能不一定非要到国外去。不过，我倒希望所有的这些学者在通识教育阶段，就已经打好了基础，对世界文明有相当的了解。

访：语言是不是我们的一个障碍？

杨大利：不仅语言，也包括思维模式。中国的学者实际上现在也有很多是学英语成长起来的，如果有这个需求的话，大家自然而然地会做这个工作。从战略的角度来讲，最终大家要做好自己的本职工作，才能有话语权，否则的话，根基不牢就强行"走出去"，不一定很好。

访：您是芝加哥大学孔子学院院长。国外一些人对中国在海外办孔子学院的动机心存疑虑，甚至会有抵触或反对情绪。这种情况您怎么看待？

杨大利：这个比较复杂。孔子学院涉及的国家非常多，各个国家的情况不太一样。最重要的是应相互尊重，真正有一批非常敬业的人愿意出去做这个工作，更重要的是怎么在互相交往的过程中逐渐更好地相互了解。如果什么时候都要举着一杆红旗出去，或者说仅仅想推广我自己的文化，往往会适得其反。孔子学院在办的过程中，做了很多非常优秀的工作，也适时进行了调整，所以才能在世界各地成立了 300 多所。

访谈人：王亚敏　宋鹭

访谈时间：2011 年 8 月 9 日

▶ 俞国良

国际化研究视野，中国化研究问题

俞国良，中国人民大学二级教授，心理研究所所长。曾任北京师范大学发展心理研究所教授，中央教育科学研究所教授和教育心理研究室主任兼书记，多次赴美国佐治亚大学、加州大学和丹麦教育大学等进修学习和合作研究。兼任全国教育科学规划心理学学科评审组成员、中国心理学会理事和社会心理学分会副会长、中国科学院和北京师范大学兼职教授等。主要研究领域为社会心理学和发展心理学。代表作有《社会心理学》、《环境心理学》、《创造力心理学》等。

访：以您的国际交往和学习工作经验，您对中国人文社会科学现状及对外影响力有怎样的认识？

俞国良：从 1995 年作为联合培养的博士生首次到美国，至今我已到过一些国家和地区。期间的学习、访问、参观、考察和合作研究等经历，以及与国外同行的多次交往、讨论、切磋和沟通，使我感觉以前国外学者确实对中国人文社会科学存在一些疑虑和反感，但是随着他们对中国基本情况的了解，中国人文社会科学的影响力正在逐步提高，或者可以说是不断地、稳步地提高。另一方面，我认为这种影响力也是需要积累的，是一个逐步"积淀"的过程，不能一下子就实现。

必须承认，由于众所周知的一些文化、历史原因，中国人文社会科学目前在国际上仍处于边缘地位，对外的影响力也比较小。这里有几个原因。第一，人文社会科学与自然科学不同，它受到一个社会的政治、经济、军事、文化、历史传统的影响比自然科学要大得多，而中国作为一个东方大国，同西方的文化、意识形态等方面有很大的区别。第二，要想获得影响力，就要在国际上发表英文论文，而要想发表英文论文，就要符合国际上的学者权威和学术研究者的兴趣和标准。这实际上是一个矛盾或一把"双刃剑"，即使最终跟随国际的标准发表了论文，也很难超过驾轻就熟的西方学者，因为他们对于这套模式已经非常熟悉，而中国学者要熟悉这个模式需要一个过程。再加上西方学者心目中的"西方中心主义倾向"，这对中国学者来说，更是雪上加霜。第三，中国人文社会科学工作者对自己特有的现象、问题和文化研究得不够深入、系统，对自己所面临的社会现实问题缺乏很好的解决方案，无法对他人解决同类问题提供借鉴意义。因此，目前还不足以产生较大的影响。随着中国社会经济发展到一定程度，也许国外就会学中国的模式，人文社会科学的影响力就会提升，我个人认为这是一个水到渠成的过程。这三个原因中最关键的是我们自身要有实力，需要一步一步提升自身水平，发展是硬道理。

访：在您对外交往的过程中，您所了解的国外同行如何评价中国的人文社会科学发展水平？他们为什么会有这样的评价？

俞国良：我认为国外同行对中国人文社会科学的发展水平还谈不上有什么评价，因为他们对中国的情况确实不了解，对中国人文社会科学的情况更不了解。更可能的情况是，他们对中国的人文社会科学正从忽视向感兴趣转变。因为我们在国际化的过程中，开始使用国际主流学术语言与国外学者进行交流，这种交流对国外学者来说很舒服，然而，因为他们对这种交流很熟悉，并不会引起他们太大的兴趣。他们真正感兴趣的是他们所不了解的中国的现象、问题和文化，在这方面，我们自己的研究还不够深入和系统，很难有能拿得出来、有分量的研究成果。此外，由于国际化和学术评价体制推动中国学者在国际期刊上发表自己并不擅长的西方式的研究论文，例如 SCI、SSCI 和 A&HCI 期刊，可我们必须这么做，从而忽视了对自己所面临的现实问题的研究。归根结底，还是中国的人文社会科学没有通过研究自己的问题，也就是以自己独创和新颖的方式引起世界关注，对世界作出贡献。

总的来说，国外学者觉得中国的人文社会科学很重要，但是他们不了解。我觉得必须要让他们对我们产生了解，这建立在中国人文社会科学要有自己的话语权的基础上，要研究自己的问题。即国际化研究视野，中国化研究问题，这是中国人文社会科学"走出去"的基础。

访：那么，您认为中国人文社会科学与先进国家最大的差距是什么？体现在哪些方面？

俞国良：我国人文社会科学与先进国家存在着一定的差距，但是，目前这种差距在逐渐缩小。从宏观方面来说，至少有三方面的差距：第一，按照国际学术标准来看研究成果，比如学者的论文著作等研究成果被引用的情况，我们的差距很大。但这一点是虚假的差距，或者说是不客观的，因为衡量的标准本身是西方学者确定的标准，是西方中心主义在学术上的反映。第二，按照人文社会科学研究对本国本地区社会发展的影响和推动来看，也存在较大的差距。我们的人文社会科学研究还不能很好地为社会发展和经济发展作出更大的贡献，这一方面与我们的研究水平不高有关。研究经费和人员的缺乏，导致我们研究水平不高。另外，我们的学术研究出发点与国外不同，国外是针对问题去研究寻求解决问题的方法，是以问题为导向的，我国并非如此，往往是"现实走在理论前面"，待问题解决后再来总结概括，所以对社会的贡献率较小。第三，学术界和学术机构的系统、制度、评价和文化等方面存在差距，比如学术评价机制、学术共同体的建立，学术期刊的规范，以及研究生的培养等。这些方面我们还有很长的路要走。

从微观方面来说，这种差距表现在研究人员的数量和研究方法、手段等方面。以心理学为例，从研究人员数量上看，我国约有心理学工作者1万人，平均13万人中才有1位心理学工作者，按人口比率居世界末位。与发达国家相比，只有我们人口1/6的美国，却有心理学工作者20万人，按人口比率是我们的 130 倍。心理学科研人员的缺口很大。从研究手段、工具看，由于现代科学技术的发展，国外心理学的研究中，采用了现代化的技术设备，如录音、摄像、计算机模拟、现代化观察室、实验室等。这对于深入研究个体的心理现象是有帮助的，特别是计算机系统和录像系统。近年来新的研究手段（如 FMRI，PET）的出现，使科学家采用无创伤性活体技术直接对人的大脑和复杂神经活动进行研究成为可能，这也是美国、日本、欧洲等发达国家和地区心理科学重点战略计划关注的研究领域。另外，在组织各方面人才，多学科、跨学科研究方面，我们的人文社会科学也有待提高和改善。

访：在这种情况下，您认为中国人文社会科学"走出去"是否可行？为什么？目前是否是比较好的时机？

俞国良：要让世界了解中国，了解中国的人文社会科学肯定是一个重要的组成部分。中国人文社会科学肯定是要"走出去"的，而且越快越好，这具有重要的战略意义，而且要提到政治的高度上来认识。如独生子女和计划生育政策、西藏和新疆的民族团结、人权问题等，本身就是政治问题。对此的研究成果，有助于世界更好地了解中国。

关于时机问题，从我国政治经济和社会发展情况来看，现在时机已经基本成熟，奥运会、世博会的举办和金融危机时我国经济的坚挺，以及中国人文社会科学已有的研究成果和研究水平都奠定了良好的基础。他们也想了解中国为什么发展得这么好，想要了解一个真实的中国。从学术本身来看，所谓的时机是否恰当的问题其实是一个误解，对"走出去"时机的争论与 20 世纪以来的人文社会科学界关于东西文化有关的各种争论有一脉相承的关系，有人说要尽快"走出去"，同时有很多人会说要埋头研究好自己的问题。实际上，我个人认为两者并不矛盾。

"走出去"是一个姿态问题，一个资格问题。在当今全球化时代，互联网使世界各国处于同一个发展平台，并且竞争日益转向文化竞争的国际背景下，采取"走出去"的姿态是必然的。然而，关键的问题是凭什么

"走出去"，这就必须脚踏实地地研究好自己的问题，如果我们研究的问题对他们有借鉴意义，有普适价值，那么"走出去"就是水到渠成的过程。

在战略意义上，"走出去"的初期，可以做一些规模性的外在性的工作，比如传播已有的文化和成果，例如，中国人的文化传统、中国人的心理特征、中国经济的发展模式等，我们可以做些基础性、规模性的东西。但从根本上，还是要有一大批具有说服力、成系统、对世界有贡献的人文社会科学研究成果。所以，中国人文社会科学要立足于世界，对世界文明有所贡献还是要以研究中国社会所面临的现实问题、特殊问题为基础的。因为，只有民族的才是世界的，只有中国化的人文社会科学才有影响力。

访：也就是说，我们现在已经在这个"走出去"的过程中了，那您认为当前中国人文社会科学"走出去"最大的障碍以及首先应解决的问题是什么？

俞国良：中国人文社会科学"走出去"的最大困难是如何突破现有的国际标准，让研究方法和研究范式成为国际标准的一部分，并得到国际认可。这仍然是前面所讲的矛盾的体现。就人文社会科学学科来说，在西方中心主义的现实背景下，发表具有国际影响力的学术论文，就等于跟随西方学者的研究主题和研究范式，而研究中国自己的问题，又很难获得他们的认可，这是一个悖论。作为个体的学者来说，这种困难是非常现实的。如何才能在学术研究和职业生涯不受到威胁的情况下，埋头进行具有开拓性和独创性的着眼于中国问题的研究？这需要相当长的时间。对于学者群体而言，创立"中国学派"面临同样的两难困境。有鉴于此，我们需要逐步积累中国的研究素材，需要借鉴西方，克服拿来主义；需要选择合理的研究主题和研究课题，克服盲目主义；需要加强应用研究，克服理论脱离实际的学院主义。这方面，我们同样有很长的路要走。当然，如果国家和学术机构有意识地为人文社会科学的学者提供空间和资源支持，则会有很大的帮助。这未必是"走出去"应该首先解决的问题，但却是"走出去"最终应该解决的问题。

如果从纯学术的影响力来看，"走出去"首先应该解决的问题是我们如何在具有全球意义的重大问题研究上，如教育公平、金融危机、种族冲突、群体事件、民族和谐、贫富差距、违法犯罪、腐败受贿、权力失控、失业就业、环境污染和生态危机等方面，融入中国化的视角，使研究成果有说服力并让国外同行认可。这方面的思路可以是依托政治、经济和社会影响，在已经对国际社会有影响的领域，如经济的宏观调控、自然灾害的积极应对、30 年改革开放与经济发展的基本经验等在学术理论层面上进行深入的研究总结，以此作为突破口。另一方面，如果对目前中国社会最突出的问题，能够通过学术层面的研究而得到解决或缓和，如中国城乡贫富差距的心理影响、中国公民的幸福感等，也能较快产生国际影响。

访：您前面也提到了"话语权"这个概念，有人提出中国人文社会科学"走出去"的实质和关键是"话语权"的争夺，您怎么看？

俞国良：这个说法有一定道理，尤其是符合人文社会科学的反思精神，并有利于中国人文社会科学工作者自主性的觉醒。但问题是用"话语权"的争夺这一说法，在容易引起国内学者情感认同的同时，却会弱化脚踏实地拿出真本领和真东西的干劲。因为，争夺"话语权"的根本还是有真本领和真东西，所谓"财大气粗"。我们有实力了他们才会认可我们，有实力才有话语权。这就是前面说的对具有全球意义的重大问题作出独特的贡献，很可能就是中国视角的融入，即中国化的人文社会科学研究成果。不管是以西方的语言和模式还是东方的语言和模式，如果我们真正进行系统性的理论创新，都可以取得话语权。问题是现在的学术浮躁氛围特别重，再加上人文社会科学界像其他领域一样，发展水平参差不齐，彼此差距很大，很难有一个"走出去"的统一标准。另外，对一些学者来说，争夺"话语权"的提法在心理层面上，容易产生满足学术水平不高的补偿心理。好像是给人一个理由说，不是我的研究水平不够，而是我没有话语权。所以，要做好中国本身的一些问题和现象研究，着眼于中国本身的系统深入地研究，做出有影响力的中国化研究成果是"走出去"的关键。应该再次强调，国际化研究视野，中国化研究问题，这是中国人文社会科学"走出去"的一个原则。

访：您认为"走出去"的标准是什么？怎样才算"走出去"了？

俞国良："走出去"的最终标准不一定是有多少量化的指标。虽然在SCI、SSCI和A&HCI类学术刊物上发表论文、研究成果是一个方面，在国际学术组织中担任重要职务、在国际学术会议上进行特邀报告或被聘为外籍院士等是另一个方面，但我认为一个最重要的体现是国外同行能以中国学者的思维和标准认可中国学者的研究成果。如果在某个人文社会科学领域，中国学者不仅个人为该领域作出了贡献，并且这种贡献与中国文化和中国视角有着密不可分的关系，甚至因此使该领域的理论、方法或研究范式发生了质的变化，这才算是真正"走出去"了。

访："走出去"应该确立什么样的目标，采取什么样的举措？

俞国良："走出去"最终就是要确立这样的目标，西方学者以我们自己的方式认可我们的研究成果，即在思维方式和研究方法上影响了他们。为此，从政府层面应采取的重要举措应该包括：第一，建立专门发展中国研究的各种研究机构以及人才培养系统。第二，改善学术评价体制，增加而不是改变学术评价标准，即在继续强调国际化的同时，在职业评聘和岗位评价上承认中国化研究成果的价值。第三，建立中国原创学术研究的支持系统，例如创立专业期刊、专项资金鼓励国际交流，等等。从个人层面，我认为可以用七个字来概括，这就是：学习——创新——中国化。

访：目前世界各国都非常注重文化推广和观念交流，其他国家在"走出去"方面有什么类似的做法让您印象深刻并觉得可以借鉴？

俞国良：世界各国注重文化推广和观念交流的做法很多，这在国家层面上具有重要的战略意义。但是，要想让这种传播和交流更深远，还需要学者参与，从更深层的文化内涵上推广并使自己所属的民族文化产生影响，在世界文化大家庭中占有一席之地，也就是"送出去，请进来"。这方面典型的例子，不一定是成功的例子，就是韩国近年的"申遗"活动，将很多传统的东西去申请非物质文化遗产，这是一种将无形的文化有形化的做法，在国家文化竞争层面具有重要的战略地位。不过这只是文化推广的一部分，属于大众文化推广。要在更深层次推广，如孔子学院、联合培养博士和访问学者制度等，需要更多的学者参与。例如，人民大学的国际暑期学校，虽然表面上是"请进来"国外教授，但教学过程中的师生互动，实际上也在一定程度上起到文化推广的作用。另一方面，来自国外的留学生听到中国人文社会科学教授的讲课，实际上也是"走出去"。以后可以加强中国教师的比例，吸引更多的国际学生，这不失为一种更加以我为主的"走出去"的做法。

访：作为一个学者，在推动自己、同事、学生、学校和学术"走出去"的实践中，您有什么感悟？

俞国良：我的学生中有部分是中外联合培养的，今年就有三位博士生分别赴美国纽约大学、加拿大多伦多大学和德国洪堡大学进行联合培养，这对提高博士生培养质量确实大有裨益，对其个人发展也是可圈可点。问题是现在一说"走出去"，就有不少人认为就是"走出去"学习，这也正常，因为仅就学习西方而言，我们确实应该补上这一课，还有差距。真正好的具有世界意义的中国化的研究，必然要吸收借鉴西方的东西，尤其是研究方法，做到真正的中西结合、洋为中用。然而，对于大多数年轻学者和学生来说，很难说能对"走出去"有很深的体会和感悟。把学生送出去，培养具有国际视野的国际化的学生，对于学生的可持续发展也很有帮助。我认为，让一代年轻学人"走出去，沉下来，再回来"报效祖国，这是很好的中国人文社会科学的发展路径。在学校层面，现在已经开始注重"走出去"的做法，如人民大学各学科近年举办的跟国外进行点对点的对话和交流活动就是很好的实践。这对于提高我们对整个国际学术界的了解和接触最前沿的研究热点问题，并按照国际标准来进行表达，都是很有好处的。

访：在这方面您碰到过什么困难特别是具有普遍性的困难？

俞国良：普遍性的困难还是开始说的那个矛盾，学者个人生涯发展与做中国化研究之间的矛盾，背后是整个学术界的两难困境。不解决这个矛盾，现在"走出去"的表面繁荣不能从根本上开花结果。

访：您感觉哪些困难是可以通过学校或政府层面的制度创新来解决的？

俞国良：这个困难确实需要学校和政府层面一起来解决。但说起来简单，做起来很难，这是一个系统性的问题，背后还包含着一大堆问题。比如国际化的压力，短期学校影响力指标下降的代价，暂时损失"客观"指标后的公平性问题，既得利益集团的瓦解，等等。

访：目前中国政府非常重视人文社会科学"走出去"，您觉得国家在"走出去"中的作用和定位是什么？

俞国良：国家的定位是国家层面的战略意义，即文化的影响力，增强国家的软实力，提高国家的国际声望。我国现阶段经济发展迅速，但怎样从经济大国变为学术大国，从学术大国变为学术强国，这是政府应该考虑的问题。这对中国人文社会科学的发展具有重要指导意义。

访：学者和机构又应该起什么样的作用？

俞国良：学者和研究机构应该以国家的战略为指导，在各个领域尽快落实这种战略，并反过来为政府的决策起到反向的决策参考意义。应该形成"政府引导，学校指导，个人主导"的发展格局，社会创造良好的学术环境，个人在其中发挥自身作用和影响力。

访：您怎么看待"走出去"的近期、中期和长期目标？

俞国良：如前所述，"走出去"的近期目标类似于通常所说的国际化，不过以前的国际化主要是学习西方，现在的国际化更主要是把中国的研究成果和经验到国际去推广和传播。"走出去"的中期目标是在各个人文社会科学领域深入研究中国的实际问题，创立中国的研究学派和研究模式，形成自己的有分量、有实力的研究成果。"走出去"的长期目标是中国人文社会科学真正走向世界，将国际标准融入我们自己的标准，成为国际人文社会科学主流中的一部分。我认为不要冒进，更忌一窝蜂地"大跃进"，而要细水长流，要厚积薄发，要脚踏实地先做好中国自己的研究，等到国外学者对我们的研究成果感兴趣时，"走出去"就是一个水到渠成的过程。

访谈人：王亚敏　宋鹭

访谈时间：2011 年 8 月 12 日

学者一定要有自身独特的价值

谢宇，密歇根大学社会学教授，2004年当选为美国艺术科学院院士和台湾"中央研究院"院士，2009年当选为美国国家科学院院士。同时担任密歇根大学社会研究所（ISR）调查研究中心和人口研究中心研究员、调查研究中心量化方法组主任、统计学系教授和中国研究中心教授。2006—2009年《社会学方法》（*Sociological Methodology*）主编。主要研究领域有社会分层、统计方法、人口学、科学社会学和中国研究。代表作有《分类数据分析的统计方法》、《科学界的女性》（*Women in Science：Career Processes and Outcomes*）、《美国亚裔人口的统计描述》（*A Demographic Portrait of Asian American*）、《回归分析》、《社会学方法与定量研究》及《婚姻与同居》（*Marriage and Cohabitation*）。

访：谢老师，首先请您介绍一下您的教育背景。

谢宇：我在江苏省镇江市扬中县的农村读了小学、中学，1977年考取大学到现在的上海大学读冶金专业。当时国家强调技术强国，所以我报考的是理工科，去学技术、学工程。但是，进入大学后，感觉国家的落后并不是技术造成的，而是社会、文化、体制等多方面作用的结果，国家更需要社会科学方面的研究。1981年，我进入华中理工大学读自然辩证法研究生，后在国家选拔留美公派大学生的考试中获得出国攻读科学史的机会，那应该是国家教育部第一次也是唯一一次从应届生中通过考试选拔公派留美大学生。1983年1月，我到美国威斯康星大学开始读科学史硕士。后来，我开始对社会学方法感兴趣，暑假读了一门社会学方法课，知道还有社会学这个专业，自己对此更感兴趣。学习社会学可以了解历史，还可以了解西方社会、科学的发展。本来，我学科学史，是想研究科学社会学，我现在也还做一些这方面的研究。对社会学产生兴趣后，我同时修读了社会学的硕士。所以，我是科学史和社会学专业的硕士，博士专攻社会学，1989 年毕业后到密歇根大学工作至今。我的专长是社会学方法、社会分层、人口学、中国研究。

访： 您到美国之后是不是感觉文化冲击比较大？

谢宇： 是的，非常大的冲击。出国对我来说影响是巨大的，最大的变化是眼界开阔了、见识的事情更多了，新的想法、理念更多了，可以想象的东西更多，各种观点都可以共存、可以辩论，感觉整个社会比较多元。

访： 从 1980 年代到现在已经二三十年了，社会已经有了沧海桑田般的变化。您现在经常往返于中美两地，对中美两国的社会科学发展有深入的了解。您认为，中国与美国的社会科学相比，差距是正在缩小还是各自按照不同的轨道在发展。

谢宇： 这些年，中国的变化很大，每年都变，速度非常地快。我觉得变化有多方面。一是中国的现象很有意思，中国的社会、经济、文化、教育等方面都发生巨大变化，所以研究中国社会变化和现状很有意义，国内外学者、百姓都很关心，我自己也很关心。中国变化的速度、多元性，都是让大家很感兴趣的地方。对中国的学者、学生，对国外的研究人员来说，中国变得很有吸引力。第二个变化是，学生的基础教育非常好。中国的学生，比如北大、清华、人大的学生，他们的英文水平、对文献的掌握、计算机等基本技能比我们那时候好很多。现在，特别是名校的毕业生，出国之后能够与美国名校的毕业生相竞争，这在我们那个时候是无法想象的。第三个变化是，中国也变成多元化的社会，不仅是社会多元，学术界也变得多元。不少学者，特别是年轻学者，现在敢于创新和做一些尝试，对学术有更高的追求。这两年随着经济的发展，有些学者、学生不完全是为谋生从事学术研究，而是想追求学术卓越，想追求学术前沿。以前可能读书就是为了谋饭碗，现在新的学者群体有更多创新、有更多学术追求。

访： 您对当前中国人文社科整体的状况和海外影响力有怎样的认识？海外同行对中国人文社科整体有怎样的评价？

谢宇： 可以从两个方面来概括：一是转型，从传统保守的思辨状态向科学化、国际化的状态发展，正处于代际转型，未来的中国学者和现在的学者在各个方面可能都有较大变化。二是，目前中国的社会科学研究水平与中国的社会现象，与中国作为经济大国、科技大国、文化大国的地位不相称，也正是因为存在这样的客观差距，我更认为中国的社会科学会朝着更加国际化的方向发展，地位也会提高。

美国同行对中国社会科学了解很少，这也是美国社会科学的缺陷。与人文学科不同，社会科学方面，目前美国比较强，近乎是垄断的、占统治地位的。这种情况下，美国人就不乐意花精力去了解别人，通常对中国的了解就是通过媒体和美国学者等间接途径。

访： 您感觉国外同行为什么不愿意去了解中国的社会科学成就？

谢宇： 我了解得不完全，可能会有偏差。我想，第一是语言问题，尽管中国学者很多能用英文写论文，如经济和人口等领域，但英语写作水平整体上还不高，语言驾驭还不娴熟。第二，美国各方面长期处于领先和统治地位，可能已经形成"学术优越"的惯性，再加上社会科学研究本身存在一定特性和文化的差异，所以对中国学者和中国学术的关注少。第三，中国学者真正做得好的还是比较少。不像物理、化学是"硬"的科学，社会科学相对是"软"科学，需要说服别人。中国学者的成果里能说服别人、做到让人信服的，实事求是地说还是比较少。

访： 一般认为美国的社会学研究比较注重量化方法，欧洲社会学研究比较偏重思辨分析，您怎么看这个问题？

谢宇： 美国的社会学是最好的，这是公认的。经济学也是这样的，比如诺贝尔奖获得者人数、论文的影响力等都可以说明。欧洲可能有些学派和不同的想法，但是还是没有美国那么发达。科学是需要社区的，需要大家认可的，有了新的学派或领域，要说服别人、获得认可是不容易的。有些说法比较窄，提出来市场比较小；有些说法被接受后，就会在世界范围内传播。如果某些说法在欧洲被提出来后传到美国并被美国学者接受了，那么在美国的发展会比在欧洲更快。这与美国的国家制度、教育制度有关，它对青年人很支持，制度设计很利于学术发展。尽管后现代理论说没有绝对的东西，但是从很大程度上来讲，美国社会科学可以代表主流，因为美国研究从本质来讲与欧洲社会科学、中国社会科学并不是平行隔绝的，而是共通的，比如方法，比如可以证明的理论。美国社会科学不是美国文化的特色产物，而是高水平学术社区存在的必然产物，这是包括欧洲学者、中国学者在内的全世界学者都认可的。

访：您认为中国社会科学"走出去"的标准是什么呢？

谢宇：每个人有不同的想法。我自己认为，真正的学术交流是参与学术社区，进行学术思想交流，不一定追求认可、同意、证明，但要有影响，提出的观点可供讨论或反驳。中国人文社科"走出去"就是要融入世界学术社区并成为其中一员。就个人而言，你可以提出自己的想法，应用自己的数据，或者是教别人东西，但是要能跟别人对话，也就是要成为世界学术社区里与他人正常沟通交流的一分子。

个人研究采用什么方法来切入就看各自的长处。你可以研究中国，材料、方法、题目都可以是中国的，但是你研究的观点、内容要和世界学术界其他人的工作相关，引起他们的注意，要有对话，做的工作要能够成为世界学术体系的一部分。我个人认为，题材的本土化，并不能形成学术上的割据，不然，就有一点自欺欺人或者自以为是。你可以跟别人说的不一样，但是你要讲出自己的道理。中国研究，题材可以本土化，但是研究思路和方式是共通的。

中国很大，不像其他国家如韩国、新加坡等学术市场很小，他们想得到认可必须是通过国际上的评价，必须要参与国际学术共同体。在中国，学术市场已经足够大，在中国称老大甚至称老五都已经不错了，仍然有足够的市场，依然有足够的学术地位。国家大的好处在于有很多的现象，有很多的资源，但是，大的坏处则是有可能会导致很多学者缺少足够的动力参与国际学术共同体的建设，主动要求由国际学术共同体来评价工作，并以此作为共同的标准。现在中国的自然科学界会比较重视国际评价，不管做得怎么样都要拿到国际上去竞争，但是社会科学界会说因为语言、文化差异，不去国际上比较，比较喜欢强调人文社科的特性，我觉得还是有一些问题的。

访：您觉得"走出去"的最大障碍是什么？首先需要解决的问题是什么？

谢宇：首先，中国人文社科"走出去"的障碍就是中国人文社科学术化的障碍。一旦排除一些不适当的影响因素，完全学术化，水平很高，不再是一个相对的封闭体系，那么就"走出去"了。如何提高整个的学术水平，这有各方面的困难。有些方面的困难是来自制度，制度上对学者有限制，行政干预太强。政府干预在交通、银行等行业和经济领域有作用，但是在学术界政府过分干预是很不利的，政府过分干预会助长非学术因素的成长，压制学术追求。学者如果有太多个人动机，不以学术追求为最高标准而去追求如职称、收入、奖励、媒体知名度、荣誉等，那会有很大问题，尤其是制度上再鼓励学者这样做的话会严重影响社会科学学术化进展。

其次，人的培养存在一些问题，很多年轻人想读书想做学者，但很多老师非学术的活动很多，没有时间培养人，学生没有榜样。我们肯定是希望现在的学生能超过现在的老师，但就现在的培养现状来看，会使得学生超越老师比较难。

最后，应该从观念上转变，认为中国社会科学是中国的社会科学，与世界的社会科学相分隔的观念不是很合理。现在，经济学、心理学等学科好些，但是有些学科就会有这种观念。因为，如果变成一个大的共同体，我们中国有些学者就从"家长"变成"小朋友"了，所以他们就拒绝进入一个共同的社区。实际上，我们应该参与国际学术共同体，找到自己的学术地位。

访：您比较强调学术的普适性。但是人们常说民族的才是世界的，特别是文化方面。尽管是世界大家庭的成员，你要有特色才会被尊重，否则就没有地位。

谢宇：我不赞同。这个观点从大的方面来说是对的，但是，它隐含的东西我不同意。作为学者，每一个学者一定有自身独特的价值，学者、特别是高层次的学者是不能被取代的，有各自的价值、有独特性。这个独特性应该是个人创造的独特性，比如说爱因斯坦的理论，是爱因斯坦的，不代表任何国家，是个人的创造。有些学者不重视自己有没有创造性，而是把中国文化、把中国当成自己的一个特色。你代表不了中国特色，你只是受中国特色的影响。你的不一定是中国的，在中国不同的人很多。你受到了中国文化的影响，对中国的现象有所了解，产生了自己的观点，这是你个人的特色，这是可喜的。如果动不动就说我是中国的，你是日本的，其实是利用中国的强大，利用中国文化的深厚，来提高自己的地位。我并不是说所有人都是这样，只是有的时候有的学者自己没有特色，却把中国的特色说成是自己的特色。真正的学者不需要用中国的特色来为自己添加筹码。

访：有的学科，比如说清史研究，如果不强调一些中国特色如思维方法等，是否还是会存在一些问题？

谢宇：没有。清史它是过去的历史，是事实，每个人都可以研究，中国人、美国人、法国人都可以研究。材料是一样的，即使中国有 100 个历史学家，理解也是不同的。所以，个人对某段历史有不同的理解应该以个人身份去强调特色，以个人创造来强调特色。我认为，强调团体特色的学者是因为自己没有贡献。每个学者都会受到环境的影响，中国学者会受到中国文化的影响。应该看重的是每个学者自己做的东西，而不是所有中国学者一定是这样，学者是一定要有不同的特色，所以我比较看重个人的创造。中国有不同的学者，不同的学者之间要有区分，个人有个人的特性。不能因为中国应该有特色，而让某个学者来代表中国的特色。

访：学术是无国界的，但学者是有国界的。生长于同一个地域，受到同一文化熏陶的人往往具备很多共同特质，您认为在社会科学研究领域未来有没有可能出现"中国学派"？

谢宇：同一地域的人会有一定的共性，你这是讲组间和组内的差别。如果中国学者有很多有特色的、在世界有地位的，你会看到中国学者是有共性的。比如说清史研究，未来有可能国际学界都认为中国学者对史料特别重视，或者对某个领域的研究特别深入，从而形成一种"学派"，这是可能的。因为他们的想法、训练、传承有共性，这是有可能的，是可以预计的。但是这和我前面说的不矛盾，这不应该是国家的特色，而是在一个国家同样文化背景下出了一批想法相似的学者，他们的研究还是应该独立的，共同的特色不是个人追求出来的，这种所谓的共性建立在独立探索的基础之上。

访：中国特色的人文社科这个概念您是否认同呢？因为一方水土养一方人，就像同一个地方的人会有相似的生活习惯，这同样也会反映在思维方式上。

谢宇：一群学者，受到同样的教育，看的书一样，文化也接近，所以会自发形成特色。我觉得会有自己的特色，但是这是自发产生的，是结果而不是原因，不能过分强调。这与中国体育不同，体育可以有意识地培养，比如跳水、排球等。但是学术主要是自发的，如果以机械化规划的方式来培养人才，是很危险的。相反，在自由追求的过程中会产生学术特色。这种特色不是有意地引导，而是需要看是不是能得到同行认可，是不是有学术价值和生命力。我个人觉得学术还是要少干预，因为学术不一定有实用价值，而是一种追求。学术不是有明确方向的，不像练短跑一样有明确的方向，或者像发展计算机那样越快越好。相对而言，创造比较自由的环境更重要。尽管现在要好许多，很多学者还是感觉在中国纯粹追求学术的环境还很不够，受到很多人事、管理的限制。从科学史来讲，人文社会科学、自然科学都是从西方贵族的休闲、从兴趣开始的：为学术而学术，为追求而追求，不是为了钱。如果把学术变成了经济的来源，变成了标准化的，就很难保证这些研究成果是有价值的。要激发学者对学术本身有兴趣和追求，而不是通过升职加薪的外在刺激。

访：中国的人文社科与大国地位是不相称的。政府也希望世界能更了解中国的人文社科，这样才能使别人更好地理解中国的很多做法。您觉得在"走出去"的过程中，政府应该发挥作用吗？可以做什么？

谢宇：我觉得政府应该发挥作用。中国是大政府文化，政府作用太重要了。

第一，政府应该认可人文社科的重要性，改变技术至上的观念。在西方，技术很重要，但是人文社科从教育上还是很重要的。比如耶鲁大学出了很多位总统，他们都是人文社科出身的。政府应该把人文社科的重要性提高，公开讲，特别是学术的重要性要被认可。宣传上要慢慢改，不是所有问题都是技术能解决的，比如社会稳定、家庭和睦。

第二，政府可以慢慢地把学术变成"为学术而学术"，现在的学术太功利，为市场、为升官而学术的情况很多。政府在有些方面是管得越来越多了，而不是管得越来越少了。让学者在学术方面为个人需要而发展，而不是过于考虑国家安排，不要过多受一些非学术因素的制约。

第三，政府应该欢迎和鼓励国际交流，现在已经做得很好，并且应该更加地鼓励。其他国家和地区如日、韩、港、台，都与国际学术圈交流密切，外审很多。大陆社会科学强调地方性，基本没有引入社会科学的外审制度，把国外的标准拒之门外。应该鼓励、欢迎与国际学术共同体交流，关上大门只是部分学者想看到的，但不应该是国家想看到的。

访：不少学者认为孔子学院在人文社会科学"走出去"方面可以发挥重要作用。您怎么看待孔子学院的作用？

谢宇：我觉得这是蛮好的创意，但是可以做得更好。韩国和以色列是国际交流做得比较好的。中国出钱援外和交流，但总是不放心别人，认为内外有别，所有事情都要控制在自己手里。其实全部控制，并不容易做好，反而会产生负担。派出去的人对当地文化、当地的标准并不了解，并不一定是最合适的人。韩国和以色列在很多大学设立基金，设立博物馆和介绍课程，它们的方法是只出钱和提要求，在哈佛大学、斯坦福大学、密歇根大学等都设立基金，让感兴趣的外国教授自主地去用钱。我们孔子学院的缺点就是管得太多，让当地的有影响的教授自主去做会更好，如设立职位等，这样效率更高。孔子学院没有通过当地的体系来做，如果出钱通过当地的体系来完成，不是处处受到国内的管理和制约，反而会对学术影响更大些，而不是像现在这样在学术界影响很小，只是对文化和语言产生影响。

访：在人文社会科学"走出去"上，您觉得学者和机构又应该起到什么作用？

谢宇：首先，鼓励学者的独立性。其次，中国太重视观点，其实观点是很难证明的，也不是很容易就被人家认可的，不需要那么多的观点。不要搞"大跃进"，想一下子超过别人。要从实证做起，慢慢地走向世界。对大多数人讲，从实证研究开始比较好。经济的从计量开始，历史的从史料开始，心理的从测量开始。社会科学需要说服别人，异想天开、一鸣惊人的想法不现实。

访：现在大学为了提高学者的国际性，为了鼓励学者重视海外影响，会强调 SSCI 发文，您对这种推进的手法如何看？

谢宇：提升国际性不要通过数文章的机械方式。我鼓励中国学者和学生在留学期间与别人合作，因为我觉得合作很重要。对出国访学学者的要求并不一定是发文章，而应该是看其有没有合作计划。找到一个合作者，访学回来能有一篇合作文章，对于社会科学来说，这是很具体的效果。出国培训的计划中要有合作的计划，这比自己出文章更重要。

另外，可以鼓励年轻学者在国外找一个学术导师。假如学者个人的研究方向可能全世界只有五个人是权威，甚至可能中国一个都没有，如果能找到这五个人之一的做学术导师就非常好。设立一个青年学者支持基金来让大家申请，给予一些资助包括合作、访问、培训、来访，每年给一定资金比如 5 万或 10 万资助，可以做项目，可以搜集数据。这个钱出得是比较值的，鼓励去找国外一流的教授来指导，寻求合作，算是一个在职的博士后的培养。经过对方的同意，以学术导师的名义来和对方交流比较好，这对国内的博士和年轻的学者都是很大的帮助。当然这个项目是要有竞争的，有一定的条件，你要符合年龄标准、符合专业标准、符合对方的要求、符合研究计划。人家能接受你去做研究，也需要你有一定的能力，有一个研究计划。这是强调个人的创造力，设定一定的机制，让他竞争，让他去研究，让他自发地成长，而不是行政助长。

访谈人：胡娟　沈健　刘昊

访谈时间：2011 年 8 月 30 日

▶▶ **朱景文**

"走出去"的时候用事实和数据说话

朱景文，中国人民大学法学院教授、博士研究生导师，中国人民大学法律与全球化研究中心主任，兼任中国法学会理事、中国法学会立法学研究会常务副会长、中国法学会法理学研究会副会长、国际社会哲学和法律哲学协会中国分会副会长。曾为美国夏威夷大学访问学者、美国威斯康星大学法学院富布莱特高级访问教授、荷兰莱顿大学欧洲中心高级访问教授。主要研究领域为法理学、法社会学、比较法学。代表作有《比较法社会学的框架和方法》、《法理学》、《法社会学》等。

访：我们注意到您在上世纪 80 年代就作为访问学者出国交流，并长期从事法学方面的国际学术交流，在您看来，中国人文社会科学的现状以及国际影响力如何？

朱景文：总的感觉是，从上世纪 80 年代至今，我们的进步是毫无疑问的，影响也越来越大。80 年代，甚至到 90 年代，那时候无论哪个学科，凡是出去谈中国问题的研究，用我们自己的一些理论来做出一些解释，基本上很少有人听，或者人家很难懂你在说什么。进入新世纪以后我感到有一个很明显的变化，伴随着中国综合国力的日益强盛，中国在国际上的话语权也提升了，在人文社会科学方面的影响力也比以前有了很大提高。外国学者对于中国问题也更加关注。比如几年前在瑞典召开一个"欧洲的中国法研究会"成立大会，他们邀请我在会上做了一个关于我们做的《中国法律发展报告》的介绍，他们很感兴趣并且对报告的内容给予了积极评价。这里面的原因，中国自身地位的强大是一方面，我们国内学者的研究更加符合国际准则是另一个重要方面。中国的学者对西方的理论体系有了深入的了解，我们可以用其他国家的学者也能够了解的那套语言、那套系统来把我们的事说清楚。我们自己的学术不再是一种自说自话，即使按照西方的那种理论标准，也能够理解我们的理论模型和框架，是有说服力的。在这个基础上，我们学会了用事实说话，用材料、用数据来说话。

访：您接触到的很多法学方面的外国学者，他们对中国的学术研究有着怎样的评价？

朱景文：以法学为例。他们对于我们的研究对象、也就是中国的现实问题比较感兴趣，对于我们的理论方法不是很感兴趣。原因在于法学这个学科毕竟意识形态的影响比较大，而我们要与他们交流就需要按照他们的研究范式和理论方法去进行。所以我接触的外国学者，他们主要是用自己的一套理论来解释中国问题，对于中国学者的理论解释了解得比较少，相对来说，对于中国学者提供的材料和数据更加感兴趣。

访：伴随着我们国家综合国力的增强，您觉得在人文社会科学方面，有没有在国际上产生了比较大的影响的东西？

朱景文：我觉得人文社会科学在改革开放以后的发展，大体上可以分为三个阶段。第一个阶段是在改革开放初期，人文社会科学领域的很多方面主要是学习西方的理论，表现在大量地翻译、引进、介绍西方理论，这一现象在八九十年代尤其明显。第二个阶段是从 90 年代中期开始，进入用中国的材料对西方的经典理论验证的阶段。这时期，中国学者开始了学术上的自觉，不再盲从，而是对占主导地位的西方正统的理论产生了怀疑与反思，开始大量地运用中国的材料证实或者证伪西方的理论，看看这些理论是否能够解释中国现象，如果不能应该用什么理论解释。第三个阶段是从 21 世纪初到现在，中国学者，尤其是各个学科的顶尖学者在面对西方理论解释不了中国现象的情况下，开始反思、创造我们自己的理论。在很多领域，例如哲学、经济学、政治学等主流领域都出现了一些新的东西。据我了解，一些具有较长国外生活、学习经历，并且和国外的一流学者有较多接触的学者，他们开始提出所谓中国模式、中国经验、中国理论问题。当然，从这个发展过程来看，要谈到"在国际上产生比较大的影响"恐怕还有一段距离。在这方面，我们的学术成果落后于我们的经济发展。当然，国内很多学者都已经认识到这个问题，这也是我们需要努力的方向。

访：您对人文社会科学"走出去"是怎么理解的？

朱景文："走出去"当然是一件好事。但是我觉得比起把我们传统的东西向外推广，更为重要而且首先应该做的是在西方的话语体系下，让别人能够理解我们。我觉得等到我们国家足够强大的时候，你去推广传统文化自然容易被接受。而现在这个阶段，我们还需要按照西方的理论模式和接受习惯先进入世界主流的话语体系，发出我们的声音。也就是说，用国际学界比较能够有共同语言的那一套理论做包装，让我们更好地被他们理解和接受。要做到这一点，首先当然是语言要过关，其次是要用大家通用的那一套理论方法和研究范式，最后是要用我们自己的事实和数据说话。以上这三个方面，我认为是我们现阶段"走出去"的前提。

访：您认为国家、大学和个人分别应该发挥什么作用，以更好地支持人文社会科学"走出去"？

朱景文：在国家层面，就是支持大学和个人进行相关的学术和文化交流项目。比如支持学者进行翻译的项目，将我们的优秀成果翻译成英文推介出去。例如，2007 年，我们做了一个《中国法律发展报告——数据库和指标体系》，报告出来以后，美国的《商业周刊》做了一个评论，说打破了对于中国法制了解的五种无知，如中国没有法律，中国没有律师，中国的法院起的作用很小，等等。这些完全就是以讹传讹，根本不是事实。当然，在这个过程中，国家层面要做好把关和指导工作，知道什么东西适合往外推。具体标准还是我前面说的那些，就是尽量少涉及意识形态方面的东西，避免单纯的空洞的理论阐述，尽可能多地用事实和数据说话。2010年我们做的《中国特色社会主义法律体系研究报告》，也是这样一个思路，它已入选"经典中国国际出版工程",实实在在介绍中国特色社会主义法律体系的情况。

　　大学以及科研机构应当是"走出去"的主力,大学应当在国家政策和资金的支持下多举办国际学术和文化交流活动。而在大学里面进行这些学术交流活动的主体就是学者个人,对于学者个体来说,应当提升自己的学术研究水平,更多地基于一些定量研究,通过事实和数据,与西方学者进行平等的对话。"走出去"的最终落实和效果在于学者个体,所以,国家在推动文化或者学术"走出去"的时候,应当多听一听学者和专家的意见。同时,在国际学术交流方面,我建议国家和学校都进一步加大投入力度,不光是支持我们的学者"走出去",也要把更多优秀的外国学者"请进来"。

　　访:您谈到人文社会科学要"走出去",必须用事实和数据说话,这一点对于人文学科比如哲学而言都是必要的吗?这些学科会不会比较难以做到?

　　朱景文:人文学科可能相对困难一些,而社会科学领域相当多的学科都可以做到,除了一些意识形态很强的学科。所以我讲的这一点主要是针对社会科学。我强调用事实和数据说话,不是说不要讲意识形态,而是说要用事实和数据去支撑我们的意识形态,但是不要直接去讲意识形态。这不仅要求我们对中国的事情有比较深入的观察,同时也要求我们对于国际社会上其他国家的情况也都比较熟悉。这就要求我们的学者和培养的学生具有国际视野。这样你才知道怎么用我们自己的事实和数据去跟别人比较,从而支撑我们的观点和思想。

　　访:在您看来,人文社会科学"走出去"会遇到什么障碍?

　　朱景文:第一个障碍是语言,第二个是社会背景。就是说从事人文社会科学研究的学者对于不同于中国的西方社会也要有比较深入的了解,这样才能更好地解释中国的现象。而在这方面,不同的社会背景会对学者造成比较大的障碍,尤其是对于我国本土成长的学者。

访：根据您的国际交往的学术经历，您认为，日本以及欧洲的非英语国家在推广文化交流方面有哪些比较可取的做法或经验？

朱景文：日本的情况可能比较有代表性，日本相对来讲更加容易接受西方的理论，因为他们在明治维新之后有这个传统，学术传承没有断裂。比如老一代基本上都是德国留学回来的，二战以后的年青一代很多有美国留学的背景。在日本的大学里面，有海外留学背景的教师比例相当大，很多学校是50％以上，而中国远远没有达到这个水平。这也使得他们对西方的理论比较了解，他们也在创造日本特色的理论，但是这个理论和西方理论的渊源关系可以很明显地看出来。在这一点上，与中国的情况有很大不同。

最后，我想总结一下，在"走出去"的过程中，国家要继续加大投入，要在国际认可的话语体系下进行交流，更多地推广一些有普遍价值和共性的东西。尤其要注重用事实和数据说话，特别是对社会科学而言。人文社会科学"走出去"是一个长期的、从易到难的过程，要有计划、有目的、有重点地去推动。"走出去"的决定性因素还在于中国自身要搞好，要更加强大。当中国问题成为一个世界问题的时候，我们自然就会受到更多的关注。

访谈人：王亚敏　宋鹭

访谈时间：2011 年 8 月 31 日

定位清晰、机制合理是
"走出去"的前提

葛剑雄，复旦大学图书馆馆长、历史学教授。曾任复旦大学中国历史地理研究所、历史地理研究中心主任。现任教育部社会科学委员会委员、上海市政府参事、全国政协常委。曾参加中国"人文学者南极行"活动，多次在哈佛大学、剑桥大学等国际著名高等学府进行学术交流。主要研究领域为历史地理、中国史、人口史、移民史。代表作有《西汉人口地理》、《中国人口发展史》、《普天之下：统一分裂与中国政治》等。

访：您对中国人文社会科学现状及对外影响力有何认识？在您从事国际学术交流过程中，外国同行对您所在的学科和中国人文社会科学整体水平有何评价？

葛剑雄：社会科学和人文学科不同。我认为在社会科学方面我们和世界先进水平还存在比较大的差距，这主要是因为我们的社会科学学科发展受到多方面的影响。比如，社会学的研究基础是问卷调查和定量化研究，但我们在这方面受到很多现实因素的干扰，调查过程也不规范，数据的可信度比较低等。又比如经济学，我们目前的经济学研究似乎主要是解释相关政策，我们知道经济学在分析数据上有很多分析和处理方法，同样的数据不同学者得出来的结论有很大差异，有些学者就是利用这种非标准化的东西来验证自己预设的结论，没有从学术本身出发去探索政策的合理性。

在我看来，社会科学经过这么多年的发展，其原理和方法已经比较简单和清晰，但在具体应用方面还是不太规范。这种不规范导致我们和国外同行的交流过程中，人家看重的不是我们具体的方法，而是我们在研究中提出的案例。即便如此，对于这些一手案例，我们的学者目前还没有做到很好的应用以及相关衍生研究。

人文学科没有绝对的衡量标准，所以很难比较中国学术研究与国外的研究差距。对历史观念及历史人物的评价，不像社会科学那样，通过量化事实可以说明。当然，历史事实的考证、历史环境的复原又是有一些科学标准的。从研究对象上来看，人文学科缺乏比较的标准。但是从整个学科的价值取向上来看，又有一种超越政治、社会和价值观念的共同标准。比如不同学者的人格、境界和理论素养等，这些还是有比较的、有标准的。这就反映出一个问题，人文社会科学到底有没有普世价值，有没有共同标准。我个人觉得是有的，要是没有我们怎么交流呢？就像人如果没有共同的人性，也不能交流一样。比如说美学，在共同的价值体系下当然能交流，哲学也有交流，可以有不同看法，但如果你连普世价值都不承认，那么我们在人文方面根本没办法交流，没有交流的共同基础。比如宗教，你可以不信宗教，但是你至少要承认它的存在是有价值、有作用的，在这个基础上才谈得上到底起了什么作用，作用有多大，这是研究的基本出发点。

和其他国家相比，中国的传统有很强的历史惯性。中国在历史上是从一个封闭社会发展起来的，这个我们不能否认。中国汉文化一般很少受到外来文化的影响。但是我们要看到新的理念、新的思想都是在与新的文化撞击中迸发出来的。因此，对中国人文学者而言，要在中国传统文化的惯性下对普遍的问题进行创新，探索出新的理论和观念。从传承创新这点说我们和国外的差距还是较大。

中国在人文社会科学领域研究的水平高不高确实很难判断，需要通过与外国同行的研究比较才能得出比较客观的结论。如果你要人家承认你达到一定水平，首先必定是因为人家认可你的理论和方法。这一点也同样适用于研究中国以外的事物，放到外国文化的意境中也能够显示你的方法和理论的先进性、科学性，这才是高水平的研究。比如我们研究历史地理，如果我研究的成果是中国历史地理，就研究内容来讲有人说不算世界水平，但是我研究这些的理论方法也可以拿到别的国家去研究别国的历史地理并取得高水平的成果，这就是真正的高水平，这样才能得到别人的认可。

总之，这里涉及两方面问题，一是人文方面几乎永远没有办法对比，这个我们要有自信。二是社会科学一般是可比的，它的具体成果是否成功可以用是否能够运用到其他国家来判别。比如现在我们争论最多的中国模式，如果真有中国模式，但是一点普世价值都没有，是没有意义的。如果真有，它会对一些发展中国家起到积极作用和示范效果，这个才有意义。

访：您认为"走出去"的标准是什么？怎么才算"走出去"了？

葛剑雄：我觉得谈"走出去"的标准之前，首先要明确为什么要"走出去"。对这个问题的答案我们现在还是比较模糊的。我们为什么要"走出去"？中国历史上从来没有想过要"走出去"，历史上，我们中华民族的文化是"传而不播"，是不用"走出去"的，是高度自信的。那么今天我们为什么要"走出去"呢，如果我们把"交流"和"走出去"看成是两个概念，那么"走出去"很明显要以外国为主要活动舞台，这样的交流才叫"走出去"，无论是人、是物还是成果。

我们可以把"走出去"分为几种。

第一种是持有"我们的文化、我们的学术比你们先进，西方的文化是不行的"这样的观念。正如"输出革命"现在看来是有一定问题的一样，"输出文化"、"输出学术"这样的说法也是有问题的。就像当初西方人想把他们的观念和他们的宗教强加给我们、强加给殖民地国家一样，这是错误的。马克思主义观点认为，一种精神文明，它本身离不开人民的衣食住行，必定先有这些物质生活，然后在这个基础上才有文化、宗教和政治。

也就是"经济基础决定上层建筑"。在中国这片土地上，中国人民、中国社会产生的人文社会科学，它不可能直接搬到别的国家去影响世界。举个极端一点的例子，比如在人文方面一些国家有宗教信仰，我们能用马克思主义来动摇他们吗？这是不可能的事情。需要说明的是，这一点也同样适用于具体的研究方法和研究范式。

第二种是"走出去"明显带有某种政治目的。我认为只要有国家，国家利益肯定是第一位的，所以在文化传播的过程中必然会带有一定的国家利益在里面，这样做是容许的。人文社会科学，具体到每一门学科需要用科学的眼光来看待，这是超越政治的。但具体到学者，"学术无国界、学者有国籍"。作为一个国家的公民而言，学者自身就代表了一定的国家利益。具体到一个项目，只要是由一国政府来主导的，肯定都是带有一定的国家利益的。但我们对于这种项目一定要做好评估，要考核它的效益。从目标到结果都要很清晰，不能盲目。我们现在有一些国际文化交流的项目在其中一些做法上是带有一定的盲目性的，这个需要不断总结和反思。

第三种是学术交流，促进相互理解，这种"走出去"是应该的，而且应该是我们"走出去"的主要目的之一。但这种"走出去"的学术交流不能只是泛泛的，出去开个会，在国外转一圈又回来了，带不出去影响，带不回来收获。这样的学术交流活动应当尽量减少。我们学术交流的目的是在交流过程中互相学习，所以我们就必须带着我们的观点和成果"走出去"。这样"走出去"，人家才能对你有全面的了解。在人文方面，我的建议是学者要在国外待上一段时间，和人家同吃同喝一起生活，这样去了解人家的文化，因为人文的东西都是融入日常生活中的。通过比较深入地"走出去"，相互了解、取长补短。当然在这个过程中，文化也好、学术也好，首先是相互理解，然后才是相互欣赏。我们要能够看到人家的优点，在这个基础上互相学习。但是还是要以我为主，在交流的过程中使别人了解我们，了解我们的文化和学术。

在社会科学方面，我的建议是大胆地把我们先进的研究方法、研究对象和研究成果展示给外国同行。举一个例子，在社会调查方面，据我所知我们的农村调查是很强的，从调查方法、调查对象和调查成果等方面可以说都很先进。那么在这方面，我们就可以向外国同行介绍我们的成果，让他们来学习，甚至在具体调查方法上可以培训他们。

另外，说到语言，我认为，"走出去"也可以是一种商业化的操作方式。比如英国的英语教学是非常大的产业，同样，中国的汉语教学也可以成为产业。可以从两个方面来理解，一方面是我们就以语言推广和传播为主要目的，在此过程中可以通过商业化的运作获得收益；另一方面我们就把语言传播的商业价值作为首要目的，进行产业化运作，在获得收益的同时，完成了语言推广和传播的工作。这两种理解体现两种不同的思路和方式，适用于不同的主导对象，都是有可能实现的。

访：目前中国政府非常重视人文社会科学"走出去"，您觉得国家在"走出去"中的作用和定位是什么？学者和机构又应该起什么作用？您怎么评价孔子学院这类机构在"走出去"中的作用？

葛剑雄：关于国家的定位和作用，最重要的一点当然是需要国家在政策上的支持，没有国家的政策支持，"走出去"是无法进行的。另一个重要方面是国家在资金上的支持。我认为最好的资金支持方式是建立基金会，在基金会中政府的出资要占主导地位，可以允许一定的社会资金参与。通过基金会的运作形式对各种"走出去"和"请进来"的项目予以支持。如果一套合理高效的运作机制形成了，那么学者和机构就是在这种机制下做好自己应该做的工作，在国家政策和资金的支持下开展各种项目，这样"走出去"就是水到渠成了。

对孔子学院而言，我认为这只是"走出去"的一种初级阶段。因为孔子学院的定位就是推广汉语，而不是推广中国文化。

其实"孔子学院"这个名字用得不好，容易让人产生误解。为什么"歌德学院"就不容易产生误解呢？因为孔子太典型化了，他的名字本身就代表了一种文化，所以现在很多人误解孔子学院就是传播中国文化的，进而给人以口实，说我们搞孔子学院是"文化侵略"。不同的民族和国家有不同的文化传统，在文化交流的过程中需要的是相互理解，在此基础上起到潜移默化的传播效果，而不是强制性地推广。试想一下，如果美国在我们中国各大城市都开设"华盛顿学院"，我们中国人会怎么想？所以在"走出去"的过程中，孔子学院的定位一定要非常清楚，它只是推广语言，而不是文化传播。当然，在语言推广的过程中也会起到文化传播的作用，但这就是那种潜移默化的传播，是合情合理的。

另外，对孔子学院要注重考核，设立一套指标体系，结合普遍模式和具体特点，把所有的孔子学院放在一起考核，不行的要淘汰或者合并优化，从而提高孔子学院的整体质量。

访： 您认为当前中国人文社会科学"走出去"最大的障碍是什么？首先应该解决的问题是什么？

葛剑雄： 我认为目前最主要的问题是我们的目标定位不够清晰、不够具体。"走出去"不能太过笼统，文化"走出去"和语言"走出去"是不一样的，人文学科"走出去"和社会科学"走出去"也是不一样的，还有很多方面都不能一概而论，要分类来制定目标。根据不同的内容制定不同的规划、方案和措施。比如刚才提到的孔子学院，比如学术成果的推介、社会科学研究方法和研究对象的学术交流、人文著作的翻译等，这些都是"走出去"的范畴，但有各自不同的内容和形式，因此也就需要各自不同的定位和措施。

访： 目前世界各国都非常注重文化推广和观念交流，其他国家在"走出去"方面有什么类似做法您觉得我们可以借鉴？

葛剑雄： 我印象比较深刻的就是以前美国人的做法。老的燕京大学，当时它是纯粹由美国人在中国办的一所教会大学，是一个完全西方近代教育模式下的产物。这所学校的创办，实际上就是当时美国在文化教育方面"走出去"的一个重要案例。当时燕京大学的学位哈佛大学是认可的，可见这种"走出去"已经到了很深入的层次。从他们的角度，这种"走出去"的方式是相当成功的，在当时以及对后世的影响力极大。所以这个案例值得我们好好研究。

还有就是我前面提到的歌德学院，歌德学院规模小但资金充裕，影响力很大，可以说是"小而精"，并且其目的很清晰，就是德语培训和传播。我认为，歌德学院的案例也是值得我们认真研究的，对于孔子学院的发展具有很好的借鉴意义。

访：您还有没有观点需要补充？

葛剑雄：最后，我还想说一点，我们应该把学术研究机构办到国外去，以到国外办大学或者合办大学和研究机构的形式"走出去"。这样的方式是最直接也是最有效的。当然，这要求我们有相当的经济实力，除了办学经费，还要设立奖学金，资助他们的学生和年轻学者，把其中优秀的一群人再送到中国来培训，进而通过他们形成广泛而深入的影响。如果我们在国外有些这样的机构长期存在，其影响力是无法估量的。

访谈人：宋鹭　刘昊

访谈时间：2011 年 9 月 24 日

▶▶ **汤一介、乐黛云**

在平等交流中求同存异，
在理解对话中追求创新*

汤一介，北京大学哲学系教授，中国哲学与文化研究所所长。1951年毕业于北京大学哲学系，1990年获加拿大麦克玛斯特大学（McMaster University）文学荣誉博士学位，2006年获日本关西大学科学与人文荣誉博士学位。2011年4月，被聘为中央文史研究馆馆员。兼任中国文化书院创院院长、中国哲学史学会顾问、中华孔子学会会长等社会职务；曾任国际中国哲学学会主席（1992—1994年），现任该会驻中国代表。代表作有《郭象与魏晋玄学》、《魏晋南北朝时期的道教》、《中国传统文化中的儒道释》、《儒道释与内在超越问题》、《儒教、佛教、道教、基督教与中国文化》（*Confucianism，Buddhism，Taoism，Christianity and Chinese Culture*）及学术论文两百余篇。

乐黛云，北京大学中文系现代文学与比较文学教授，北京大学跨文化研究中心主任，中、法合办《跨文化对话》杂志主编，中国比较文学学会会长。曾任北京大学比较文学与比较文化研究所所长，国际比较文学学会副主席。多次赴国外访问、讲学。1990年获加拿大麦克玛斯特大学文学荣誉博士学位，2006年获日本关西大学科学与人文荣誉博士学位。代表作有《比较文学原理》、《比较文学与中国现代文学》、《中国小说中的知识分子》（*Intellectuals in Chinese Fiction*）、《比较文学原理新编》、《自然》、《跨文

＊ 本文的主要内容以同名发表在《中国人民大学学报》2012年第三期上。

化之桥》等。

　　访：汤先生和乐先生有丰富的跨文化交流的经历，是否可以先简要介绍一下自身的经历？

　　汤一介：我们这一代走出去的时间是比较晚的，我第一次出国是1983年，那时候已经56岁了，也就是说最好的、有创发力的时期已经过了。在30～50岁之间应该是一个人最有创发力的时候，但我第一次出国时已经是56岁。

　　我第一次出国是到美国哈佛大学费正清研究中心，正巧第17届世界哲学大会在加拿大蒙特利尔召开，于是我第一次有机会参加了大型国际会议。那次会议有两三千人参加，并第一次开设了关于中国哲学的圆桌会议，以前中国哲学是放在东方哲学组里面来讨论的。在这次会议上，我做了发言，讲中国儒学第三次发展的可能性，发言时间比较长。这篇发言稿收录在中国人民大学出版社将要出版的我的十卷本文集中。我提出了一个与海外流行的儒家学说不同的观点，从真、善、美的角度来讲中国传统哲学，并用"天人合一"、"知行合一"、"情景合一"这三个命题来表现真、善、美，我的发言得到了与会者长时间的掌声。

　　此后我不断地参加各种国际学术会议，到过加拿大、法国、德国、比利时、荷兰、新加坡、韩国、日本等国家。美国是我去得最多的，比如夏威夷我去过四次，还有加州等。多数是参加学术会议，有时则是在美国大学做讲座，或做访问教授、开设半年时间的课程等。

　　访：请问两位如何看待中国人文学科的国际影响力呢？

　　乐黛云：国外比较关注的还是中国古代的东西，中国的古代文化、宋明理学、儒家思想、儒释道等。比如他（汤一介）研究国学，国际上认为他是很不错的学者。西方人想要研究中国的文化，研究中国的国学，就要了解中国学者自己是怎么看的，所以对研究中国古代哲学、中国古代儒释道的学者很看重。

　　然而，当代人文学科的新成果受到的关注比较少，并没有引起国外对当代中国人文学说的关注。国际上对中国当代文史哲学者所做的事情了解得很少，评价也不高。他们可能有这样的想法：当代中国的理论都是在马克思主义指导下发展的，而马克思主义首先是欧洲的产物，是我们从苏联学来的，新的成果都在此指导下，走不出这个范畴。另外一方面，我们自己对马克思的研究又不够深入，对西方马克思主义研究前沿并不很了解。比如，包括俄罗斯在内的西方学者对马克思主义有哪些新看法，产生了哪些新认识，接受了什么，扬弃了哪些，这些我们都没有认真研究，缺乏深入了解。这些都导致国际学界对中国人文学科现状的重视不够。

　　相反，解决当前问题的中国文史哲研究，国外对长期旅居海外的中国学者的观点更为认可。比如现代文学，国际上比较认可的是李欧梵、王德威、夏志清等，他们很早就到国外去了。西方人认为他们与西方的观点比较一致，比较能够理解，比较能够接受。在中国，他们也比较被看重。他们兼具中西方的背景，可以从另外的文化视角来看我们，所以会有新的看法，不会是完全守旧的，这还是应该尊重的。

　　可是，如果我们自己也觉得外来的和尚会念经，中国人自己做不出什么太多的东西，觉得他们才是最主要的研究者和传播者，这就很不正常了。无论是我们所产出的研究成果还是我们的自信，都还非常不够，以至于撒切尔夫人说："中国不可能成为超级大国，因为中国没有那种可以用来推进自己的权力，进而削弱我们西方国家的具有'传染性'的学说。今天中国出口的是电视机，而不是思想观念。"这种情形是很不乐观的。真正地"走出去"，并不是我们大声齐呼要"走出去"，或者拿很多钱去印书、去出版作品，而是如何让我们的学说、我们的思想对外国人有吸引力。

　　访：您认为当代的中国人文学科对外影响力还不够，其原因主要是成果的质量不是太高，是这样吗？

　　汤一介：对，我们做得不够，研究得不够。比如，这么多年马克思主义对中国的影响到底在什么地方，它的主流是什么。现在我们都说马克思主义是指导思想，到底怎么是指导思想，怎么个指导法，怎么样算是指导这些问题都没有弄得很清楚。

乐黛云：马克思主义是最根本的指导思想，它本身是坚持发展的观点，可是，我们现在对马克思主义在当代的发展、对西方的新观点等并不是很了解，也没有与中国联系起来进行讨论。以前我开过一门课，在比较文学里面讲马克思主义文论在东方和西方的不同，不同的影响，不同的发展，不同的创造。后来我就没有再讲这门课，因为很难讲，你需要看很多的书，要和人家有很多的讨论，而且又有很多的辩难，所以我觉得"碰"这个问题很不容易。现在大家都怕碰那些难碰的问题，都是挑那些容易的讲，比如马克思曾经说过什么，当时是怎样的情况，中国有什么反应，这在历史上讲很容易，但是从理论上深入就很难。然而，不从理论上深入，中国人文社会科学走到国外就很难。

不过现在有一个好的办法就是把中国古代文化现代化以后"走出去"，这个是很受欢迎的。比如汤先生讲中国的真、善、美，儒家的真、善、美思想，就很受欢迎。他一直在努力把古代文化现代化，进行现代化的诠释，而且吸收国外的思想补充完善中国古代文化研究，这个路子一直是比较正确的，就是很难扩展得很开。

访：也就是说，您认为现在很多研究不够深入，部分是因为太深刻的东西不敢触碰，这样也导致了人文学科研究的整体状况还不太尽如人意。汤先生，您赞成乐老师的看法吗？

汤一介：她（乐黛云）说外国注重的是中国传统文化，而不是现代文化。我有一个特别的例子可以说明。马王堆帛书的出土、竹简的出土、清华收藏竹简等，外国是非常重视的，一下子就轰动起来了，甚至很多东西是国外学者首先在研究。他们非常重视中国的历史传统，能够接受中国儒释道三家的一些思想，也注意到现代一些学者研究的儒释道三家的成果。

可是他们对于中国现代人文思想研究，比如对马克思主义的研究，并不是特别关注。他们只关注我们怎么用马克思主义来指导解决我们的政治问题，注意共产党怎么对待共产党自己的历史。2003 年是毛泽东诞辰 110 年，在哈佛大学开了一个会，美国的一位学者把毛泽东著作的各种版本都搜集到了，而且是不同时期的版本，他就研究每次版本的改动是怎样的，最初和最后的版本有哪些不同，为什么改动。当然，外国人做这项研究也是出于他们自己的政治目的，但是从纯学术的角度来讲，他们确实做了一些文献研究的工作，有学术意义。

访：那么，如何提高我国人文学科的国际影响力呢？

乐黛云：最关键的是要有自己的研究成果，要能够说服自己、说服别人，能够站得住脚，理论要有创新。文史哲研究总是会牵扯到意识形态，牵扯到人的思想、人的灵魂这些问题。不讲真实的东西，别人不信，自己也觉得没意思。所以，想要繁荣文史哲，需要去掉一些条条框框的限制，做到自己可以说服自己，文史哲才可以发展。我们自己也有些经验，从1980 年代初以后经常在国外做讲座，有效果好的时候，也有失败的时候。如果讲的是真实的、真正有研究的、有所得的东西，大家会听你的。如果不是这样的话，的确会很困难。

汤一介：就拿哲学来讲，我们现在提倡国学，其中有两种倾向值得注意：一种倾向是极力摆脱马克思主义的影响，把马克思主义放到一边，只去研究国学；另一种倾向认为中国传统文化都是前现代的东西，对现代社会特别是对建设社会主义是没有什么意义的。我觉得这两方面的态度都是错误的，因为马克思主义作为一种学说，是有它的价值，特别在经济学方面是有它的价值的。它有些思想和中国传统文化比较接近，比如说，中国特别是传统儒家哲学和马克思主义都是一种实践的哲学，马克思主义主张实践，儒家主张知行合一，这是一个可以结合的地方；还有它们都是理想主义的，马克思主义有一个理想——共产主义社会，中国有一个大同社会，不管是共产主义，还是大同世界，都是理想；还有，马克思主义认为人是社会关系的总和，中国讲礼，即人是在社会关系中存在的人，父慈子孝、君义臣忠、兄友弟恭等，都是在一种社会关系里存在，不是讲抽象的个人，是在讲人处在社会关系之中。

在哲学方面，我们用的很多理论还是西方的理论，比如说诠释学的理论。现在我们的经典诠释使用的基本上都是西方经典诠释的框架，不仅哲学，还有社会学、文学、历史学、宗教学等，这些方面的解释框架都是西方的。其实在经典解释上，我们有比西方更长的历史。我们从战国时期就有《左传》解释《春秋》，是在公元前三四百年。西方的解释学虽然在古希腊有亚里士多德解释柏拉图的思想，但并不占重要地位。西方真正对经典的诠释是从诠释《圣经》开始的，那就已经在公元 200 年之后，比我们要晚了 400 年的时间。我们有非常丰富的解释经典的历史，我们编的《儒藏总目》，其中对"五经"的解释就有 14 000 种书，我们自己没有把中国的诠释总结出来，而 19 世纪末 20 世纪初狄尔泰等把他们的诠释总结成为一种单独的学科，所以现在我们只能用西方的东西。

现在西方流行的两种学说，一个是现象学，我们在找中国有没有现象学的理论，是用西方的现象学来找中国的理论里面有没有这样的成分，所以还是西方的框架；有人认为郭象思想是现象学的，有人讲佛教中的波若是现象学的等，反正都是用西方的框架。另一个是西方的后现代主义，我们也是用西方的框架来讲后现代主义。所以，从哲学理论上讲我们没有创新，从某种意义上讲，比上世纪三四十年代还不如，那时冯友兰的中国哲学小史是在哥伦比亚大学讲的，现在外国人还用他那些东西，现在写的中国哲学史外国根本没人用。外国人研究中国哲学家，也只研究像冯友兰、梁漱溟这样的人，不太研究 50 年代以后中国培养出来的学者。为什么没有人研究，因为我们没有理论创新，在哲学上没有什么特别创新的东西，基本是在用西方的框架，那如何"走出去"？

我有这样一个观点，文化有个源和流的关系，中国文化有五千年的历史，源远流长，可以拿长江做个比喻。长江发源之后流到四川境内，嘉陵江就进来了，流到湖北汉江进来了，到了下游黄浦江又进来了，就是这样一步步壮大起来。文化也是这样不断地发展的。最早是继承夏商周三代的文化，在春秋战国的时候，不同地域的文化百家争鸣，齐鲁文化是一支，三晋文化是一支，巴蜀文化是一支，吴越文化是一支，荆楚文化是一支，比如屈原的赋和《诗经》风格是不一样的，它是在荆楚地区发展起来的，不是在中原地区发展起来的。到汉朝的时候，西汉末年东汉时佛教传进来，对中国冲击很大，使中国文化有了个很大的扩展。在《隋书·经籍志》上有一段记载，当时在民间佛教经典的流传十百倍于儒经，可是最后呢？最后是佛教中国化了，变成中国的东西了，佛教是流而不是源。佛教现在就是中国的佛教，有着最大的佛教徒群体；反而是在印度，佛教在八九世纪已经衰落了，没有什么太大的影响了，现在印度 10 亿多人口，信佛教的只有 400 多万人口，比中国少得多。如果没有汉传佛教、藏传佛教，佛教的经典就大部分都没有了。可是我们很少人去研究它。当今，西方文化对中国文化来讲依然是流而不是源，我们应该把它们融合到中国文化里来，变成中国自己的东西。原来是儒释道三家，现在是儒释道马（克思）四家，需要研究清楚它们是怎样的关系，如何共同地融合成中国文化，这个是非常大的问题，必须研究好这个问题，才能"走出去"。

社会科学也是这样，因为我对社会科学不大了解，我就举个法学的例子，这方面有一些接触。我们现在基本用的是一套西方的法学，但其实古代中国对社会治理有两套，一套是用礼，一套是用法，是把这两套结合起来治理社会。《礼记》上就讲君子礼以坊德，用礼来防备道德的败坏；刑以坊淫，就是用刑防范社会的混乱，是两套治理国家的办法。《汉书》里，《刑法志》是一个志，《礼乐志》是一个志，这两个都带有制度性的方法，共同治理这个国家。可是今天我们的国家完全学习西方那一套，完全就是法，没有礼。然而，西方有基督教，进行了道德规定，中国没有统一的宗教，礼没有了，各种规矩都没有了，怎么能把国家治理好呢？那么，我们是否可以从中国传统礼与法的关系来考虑我们治理国家的制度呢？现在很少有中国法学家研究这些问题。

最近我写了一篇文章，讨论中国传统的"礼法合治"，即将在《北京大学学报》上刊登。我们应该把中国对人类文明特有价值的东西介绍出去，我们中国同样有普世价值，要把普世价值介绍出去。我并不反对自由、民主、人权，我觉得自由、民主、人权是很好的，可是现在西方是把这些价值用坏了，越用越坏。中国的普世价值其实也有越用越坏的，礼仪在先秦本来只是讲父慈子孝、君义臣忠，它不讲"三纲"，到了汉朝才讲"三纲"的。一个思想本来是很好的，可是后来没用好。我们需要把普世价值（universal value）与普遍主义（universalism）区分开来，普世价值在各个民族文化中都有，中国有，印度有，西方也有；但是普遍主义是西方某些学者、某些政治家鼓吹的，认为只有西方的东西才有普世价值。在历史上他们曾认为基督教把印度征服了之后，就应该是唯一的宗教，这个思想延续下来，就是普遍主义的思想。研究普世价值是有意义的，不过现在有些报刊用"共通价值"这个提法，"共通价值"和"普世价值"意思没有什么不同，都是 universal value 的翻译。我们需要进行深入的研究，有创新的理论，思想自由、兼容并包，这样才能"走出去"。

访：汤先生和乐先生刚才讲得特别好，人文社会科学要"走出去"，要讲求实事求是，要讲真话，不能受太多意识形态的干扰。但是除了意识形态的干扰，还有个核心就是我们的理论创造性不够，没有创新性的理论。出现这种情况，是不是因为东西方的思维方式有比较大的差别？比如像说到哲学，法国的德里达就认为中国没有哲学，中国的学者在这方面一直在为自己辩护。但是，从某种意义上其实是不用辩护的，西方的学术体系和思维体系本来和我们就不一样，称为哲学的东西是理论的思辨或者逻辑的思辨。而中国的儒家经典，本来就与西方的体系不同。

汤一介：这个问题当然是非常大的问题，我曾经写过一篇文章——《论中国传统哲学的真善美问题》，然后又写了《再论中国传统哲学的真善美问题》，我把中西哲学做了一个比较，从哲学的角度讲它们是两种不同的模式：西方哲学是一个非常严密的知识系统，从亚里士多德开始就是这样做的，研究它的第一哲学，研究它的伦理学，研究它的美学，其实就是真善美的问题，把它做成一个系统，做成非常严密的论证，是要建立一个严密的知识体系。中国的哲学不同，中国哲学是追求人生境界，讲人怎么样成圣成贤，是一种人生境界的学说而非刻意要建立一个知识体系，它主要从怎么做人的角度来考虑问题的。儒家注重修身的功夫，讲修身、齐家、治国、平天下，"壹是皆以修身为本"，它不是要建立一个非常完整的知识体系，而是要建立一个提高自己境界或提高社会境界的学说，所以我认为中国的哲学是以内在超越为特征的哲学，靠自己的修养，摆脱自我的限制和摆脱环境的限制，靠自己的能力成圣成贤这样一种目的，它不需要靠外力的，是靠自己。道教后来讲"我命在我不在天"，我的命靠我自己，不是靠天，不是靠外在的力量帮助。可是西方哲学相反，它有上帝，最后拯救你的是上帝，所以它是外在超越的哲学。外在超越有一个非常大的好处，是它有一个标准，所以能提出来"法律面前人人平等"这样的客观指导理念，而东方哲学就很难得出这个结论。

这两个不同的哲学体系，我曾经设想能不能互补，如果能够互补是一件好事，如果不能互补，那就不知道怎么样发展了。现在有一种趋势，后现代主义在发展着的一种趋势就是建构性的后现代主义，它逐渐往中国这方面靠拢，因此有没有这种可能性，我不大知道，但是从人类社会发展讲，前某些思想是不是会对后现代有所裨益，这两种不同的模式都有它的意义的，问题是怎么让它起到一点儿互补的作用。

访：能不能这样认为，如果这两种模式是互补的，那么我们的哲学模式"走出去"就更容易一些，会更容易被接受；如果是相互排斥的，那么就有个排异反应，所以外国人就不容易接受，"走出去"就更加困难？

汤一介：对我们过去的哲学思想，比如我讲的内在超越、注重提高精神境界这些，我们不能仅仅停留在把古代的东西说一说，介绍一下，这样不行，我们一定要在这个基础上发挥和创造，让我们自己的文化真正地向前推一步。我们的发展是在我们的基础上创新，在创新中觉得我们的基础哪方面弱的，我们就赶紧吸收。我是一向反对把我们的东西都说成好的，我们应该吸收人家的长处，不断地学习西方的长处才行。我们不要排斥别人，不要排斥自由、民主、人权，但是可以给自由、民主、人权有一些新的解释，而且这个解释和中国传统哲学有关。比如人权问题，我曾和法国人讨论过这个问题，人权很好这是没有问题的，尊重每个人的权利，如言论自由的权利等。联合国有个《人权公约》这很好，但还不够。我们能不能再提出个公约叫《责任公约》呢？为什么要提出个《责任公约》？你对你讲的话，你的自由权利应是负责任的才行，责任和权利相匹配就跟中国传统文化有点关系。比如中国文化讲君义臣忠，你君主必须是讲道义的，我臣子才有忠的义务，如果你不是讲道义的，我并没有要做忠臣的义务。权利和义务应该是相互对应的关系，所以有一个《人权公约》，再有一个《责任公约》是不是会更好一些呢？这个社会向一个比较合理的方向发展，很多问题我觉得是值得研究的。

西方人的启蒙运动是非常好的，康德讲启蒙运动最重要的精神就是理性，我觉得是对的，没有理性是不对的。但是理性实际上有两个相联系的方面，一个是工具理性，一个是价值理性。现在发挥的是科学万能的工具理性，就造成了把一切都当成工具，自然界是我们的工具，人也是我们的工具，所有的东西都是我们的工具，工具理性发展得非常厉害。然而，人文价值理性却被边缘化了，这两者就无法平衡了。这两方面需要结合起来考虑，单方面、片面地发展一个方面，就会影响另外一个方面，这些问题都是西方存在的问题。

其实中国也存在这个问题，即工具理性第一位，比如"十二五发展规划"就讲到我们的经济发展主要是靠科技。我在《中国社会科学报》上发了一篇文章，讲奉献精神，发展经济不仅仅是要靠科学技术，还要讲奉献精神，要讲道德责任意识；再比如，"四个现代化"，没有提政治的现代化、文化的现代化，四个现代化是不全面的。这些问题都必须研究、必须考虑，才能"走出去"。"走出去"必须有我们自己的理论创新。我们的人文学者有许多不错的专家，但缺少真正的"思想家"，有我们独创的"思想家"才可以影响世界。

访：现在中国政府非常重视文化"走出去"，也有一些鼓励措施。比如，鼓励出版社把中国当代的一些很好的书翻译成英文，通过和国外的出版社合作推出去；再比如，在国外设立孔子学院，把中国的文化、中国的社会科学介绍出去。这些都是国家举措，学者的看法褒贬不一，您怎么看？

汤一介：孔子学院当然应该做，这是没有问题的。开始教点儿语言也是必要的，教少林功夫，也是可以的，但是中国的文化精神到底是什么，中国传统文化的核心价值到底在什么地方，跟现在我们讲的社会主义核心价值到底有什么关系，是最重要最需要搞清楚的。中国古代有核心价值，管子就提出了"礼义廉耻，国之四维；四维不张，国乃灭亡"，什么是一个国家的核心价值？就是"礼、义、廉、耻"，如果没有"礼、义、廉、耻"，你这个国家就站不住了，这是管子讲的。那儒家认为什么是核心价值呢？"仁、义、礼、智、信"这叫"五德"或"五常"，就是我们古代的核心价值，那么我们古代的核心价值跟现在的核心价值有没有关系呢？要不要接轨呢？还是我们把古代的核心价值全抛弃掉，创立一套新的完全不同于古代的内容呢？我觉得都是可以研究的问题，现在也没有人非常明确地、清楚地来回答什么是现在的核心价值。国家需要首先把这个问题研究清楚。

访：现在世界各国都非常重视文化推广和观念的交流，也都非常注重"走出去"，比如像美国就通过商品的方式或者其他的方式来推广市场经济和商品文化，您觉得其他国家在"走出去"方面有哪些值得我们借鉴？

汤一介：其他国家都在做，德国做歌德学院，英国有英国文化委员会，我们做孔子学院是必要的，但是孔子学院光做语言是不够的，要把中国精神讲出去。我们中国精神到底是什么，中国文化精神是什么，从五千年以来我们是怎么发展起来的，到今天我们大概是怎么样。孔子学院在各个国家效果也不同，在有些国家我们办得比较好，比如巴黎远郊的阿尔德瓦大学的孔子学院、维也纳大学的孔子学院就办得很好，非常活跃。也有一些地方的人觉得教语言没有必要，如韩国。我到韩国去，他们说你要教语言，我们有很多人可以教汉语，不需要你们来教，你们应该多教点儿中国文化。地方不同、效果也不同，需要区别对待。

乐黛云：有的孔子学院比较活跃，经常组织讲座、展览或者其他一些活动。像法国的孔子学院，给大家讲一点儿古代文化，讲点儿孔子的小故事什么的，而且教古代汉语，大家也特别感兴趣，觉得古代汉语挺有意思，所以要有点儿特色就比较好。

访：乐先生对于国家在推动哲学社会科学"走出去"方面怎么看呢？刚才汤先生表示国家应该发挥积极的作用，发挥作用的形式可以多样，而且要提高发挥作用的质量和层次，不知道乐先生有没有观点补充？

乐黛云：我是觉得国家重视是一件好事，这次六中全会（党的十七届六中全会，2011年10月15—18日，北京）特别强调重视文化建设，这很好。不过，文化建设需要"润物细无声"，水到土里是慢慢渗进去的，如果是运动式的、一哄而上的，反而不容易做好。特别是，你越着急，别人越会有所顾忌，"中国提升软实力要干什么？用文化征服我们，文化统治，文化殖民吗？"外国人就会有这种反应。我经常接触到一些国外的人，他们一听到文化大繁荣大发展，就想，是不是要进行文化侵略了，要进行文化控制了，是不是要灌输意识形态了？所以要"润物细无声"，要慢慢地、细细地、没有什么声音地渗透进去才好，要不然的话会适得其反。

我们要研究中国文化过去是怎么样影响外国的，过去国外的人是怎么接受中国文化影响的。这是有不同阶段的：

解放以前，就是研究中国被称为汉学的那个阶段，西方人研究汉学有很大一部分是出于意识形态控制的考虑，别人要把东西灌输给你，征服你，进行文化征服和文化侵略。另外还有两种：一种是玩赏性的、猎奇的，觉得这个很好玩，而且越怪越好；还有一种是知识性的，就是研究知识，比如说高本汉，就是研究中国语言有什么特点，没有什么别的目的。

进入第二阶段之后，就变成中国学了。汉学是第一阶段，中国学是第二阶段，他们研究中国是为他们的国家服务的，意识形态非常明确。以费正清为首，用他们的文化"冲击"，然后我们"反应"，在冲击和反应之中把西方的观念灌输给中国，他们的目标就是这个样子的。当然，如果中国的东西对他们有利、有益，他们也吸收。

现在应该是第三个阶段。第三个阶段不一样，一些有识见的外国人想要从中国文化里面找到一些有用的，能够解决当前世界上难题的东西。几次中欧高层论坛就是如此，2010 年在巴黎召开了第一次中欧高层论坛，他们讨论中国文化特别强调"天下"的体制，而不是帝国的体制，"天下"和帝国是不一样的，从"天下"和帝国的不同点出发，结果也是不一样的。中国的"天下"体制可以使得矛盾不要那么尖锐、那么激烈对立、你死我活，可以弥补帝国体制的一些缺陷。"天下"这个问题在西方大学里也被热烈讨论过，很有影响，这就是中国人文学科"走出去"了。不是我们主动走过去，不是我们给他们灌输什么，而是他们感觉有需要，自己来寻找，来吸取。再比如感情问题，中国讲"道始于情"，情是很重要的，"亲亲为大"，是从亲情出发而不是从利益来考虑的。现在有人开始研究李泽厚的思想，他就提出中国的哲学是以情为本的，以情为本产生了很多不同的东西，和西方以功利为主不一样，对他们有很多可借鉴的地方。再比如讨论到中国哲学是从关系出发的，而西方是以个体来发展的。中国重视家庭，认为父子兄弟是最根本的社会细胞，中国文化最基本的基因是尊重祖先、培育优秀的后代，这是我们中国传统很重要的一条，这对于解决西方的问题、解决中国的问题都有好处。

第三阶段实际上是要从中国的文化里面寻找一些共同的普世价值，这些价值能够解决当前世界的一些难题，对他们有启发、有作用。今年开的文化论坛也好，中欧高层论坛也好，中美高层论坛也好，都是在讲怎么样从中国的普世价值中吸收一些新的东西、好的东西，来解决世界范围内共同遇到的问题。虽然东西方很不相同，可是实际上我们遇到的问题是有相同的地方的，比如自然灾害的问题、人与自然的问题、人与人的关系问题、人的发展问题，这些共同关注的问题，光靠一种文化是不能解决的。所以，现在讲在全球化的多元文化里面怎么样维持不同文化的特点，而不是文化一锅煮，变成一个大熔炉，变成一个合金，特点没有了，这很可怕。一定要维持不同的特色，强调差异，尊重不同民族文化的差异，有差异才能够碰撞出一些火花，才能够解决共同遭遇到的问题。我们要"走出去"的话，需要注意这一点。我们要尊重其他文化的特点，不是用我们的文化去塑造人家的文化，这是过去西方中心主义最失败的教训，征服人家，统一人家，覆盖人家，用他们西方文化来覆盖别人的文化是绝对不可行的。西方学者像斯皮瓦格也提出不应该随便抹灭别人的文化特色，把它们掩盖起来，把它们削平了，把世界文化变成一个同质的东西，最后是很可怕的一种现象。

一位非常有名的思想家说过，20世纪要寻找共同的利益、共同的观念，21世纪是要尊重差别，从差别里面来寻求我们怎么样互相共存，以差别为基础形成一种文化的共同体，解决共同的问题。要"走出去"，就要知道大家在考虑什么问题，在关注什么问题，最热衷什么问题。否则，不能进入到这个对话中去。大家讨论得很热烈，可是你不知道人家在关心什么，你就参加不进去，参加不进去的话，你就被排斥在外了，谈不上"走出去"了。我们需要从一开始就关注这个问题，关注跨文化对话，不同的文化怎么对话。

我在编一套系列丛书《跨文化对话》，已经做了十年，一年出三期，已二十九期了。主要是法国和我们合办的，已经形成了一定影响。通过这样一个平台展开交流，每期有一个重点，中国和法国的学者就某个话题进行一次对话，比如复杂性思维等话题，这是一种很有意义的方式。

访：是中文的？还是法文的？

乐黛云：主要是中文的，我们是一年三期中文的，一期法文的，法文的就在法国出版，比较贵，钱也比较多，每期钱都不够。如果国家能够有资金支持，用法文出版就非常好，每年有一期，把我们每年讨论的问题给大家讲一讲很好。可是由于经费不够，我们这方面做得不够好，出了五期法文版，后来就难以为继了。但是今年还想出，就是把我们这三期最精彩的文章，拿出来用法文出版。

我们还做了一个民间的文化交流平台。民间的文化交流是比较容易忽略的，我们常常对学者、教授、大学生这个阶层比较重视，其实更重要的是老百姓，老百姓对于中国怎么看。每年我们都搞点儿文化节，舞狮子，或者演京戏、昆曲等，当然这也是很重要的，也是有用的，可是有些外国人会觉得你们老是这一样东西，并且感觉太热闹了，不想看了。这就是说，不光是艺术形式的表演，跨文化交流还需要心与心的沟通。在心与心的沟通方面，我们做了一套《远近》丛书，现在一共出了 24 期。每期一个主题，分别由一位中国学者和一位法国学者就这个主题来发表自己的看法。比如说"夜"，中国人和法国人是怎么对待"夜"的；比如说"味"，中国人和法国人对于"味"的感觉肯定不一样，其引申意义也不一样。这套书也出了法文版，共出了 22 期了，后来意大利还买了它的版权，用意大利文也出版了，很成功。这套书读者的范围很广，影响力大，读者有中学老师，大学本科那样的文化水平的人。这套书不是讲道理，也不是讲资料，而是讲故事，讲个人的经历、个人的感受。比如其中一本叫《梦》，就是讲你自己怎么做梦的，你怎么解梦的，中国人解梦跟弗洛伊德的解梦是不一样的。那中国人是怎么样解梦，感兴趣的话就看一看，都是很小，很短的，一万多、两万字那样子，很容易揣在兜里面，在等车的时候拿出来看一看。汤先生也参与写了两本，一本是讲"天"，法国人看"天"和中国人看"天"就不一样，写自己小时候怎么看天的，天的故事，中国关于天的传说。法国作者是一位院士，讲他小时候怎么对待天，法国人怎么看待天。汤先生还写过一本《生死》，怎么对待生，怎么对待死，这也是大家关心的，是他跟法国的另一个院士写的。这也很有趣，也是"走出去"很重要的方面，不是单方面的，是对话，双方对话，你说一段、我说一段，一本书你写一半、我写一半，可以让一般阶层的人知道中国人是怎么样思考的，你不要去看古书，也不要看太深的东西，看普通小故事，一点一点。最近由北大出版社出版的一本是《童年》，中国作者是张炜，他刚刚获得茅盾文学奖，写得很好。这一期出了四本，分别是：《天》，由汤先生和一位法国学者写的；《童年》，由张炜和另一位法国学者写的；《树》，包括很多传说，比如树是怎么来的、树神、树妖等；还有一本《对话》，就是讲怎么谈话。

我觉得方式要多种多样，一点点做，深入做下去，做个三年、五年总是会有结果的，可是如果马上就想看到成果，一下子就很想见什么成效，那是不可能的。中央重视这个问题非常好，可是不能要求大家很快出成果，一哄而上那就适得其反了，这一点儿我觉得真是要特别注意才好。我觉得这种对话的形式，跟一个国家或两个国家联系起来，长期交流，这种方式是好的，这种活动我做了快十年了，是一个好的方法。像我们这种形式，关于跨文化对话的理论，也有一些实例，上一期我们谈"忘记"，"忘记"好，还是不"忘记"好，我们大家一起讨论。忘记其实有时候好，因为你老记着仇，老要复仇也不行，中国人还是比较强调一笑泯恩仇，不要老记仇，老记仇，老斗争就永远好不了。可是你也不能忘记过去，忘记过去就等于背叛，所以我们就讨论忘记和复仇的关系，也很有趣。我们还有关于"情"的讨论，法国人的"情"和我们的"情"太不一样了，法国人是比较有激情的，中国人则比较含蓄、比较深入、比较内敛，也挺有意思的。我参与写了一本《山水》，关于山水的看法中国人和外国人不一样，侧重点也不同，很有趣的。

访：这些是"走出去"非常好的形式。

乐黛云：对，我们要有多种多样的形式，孔子学院可以教语言，也可以教文化，可以教手工、中国书法、中国绘画。我知道我的一个学生在巴黎附近的一个孔子学院开办了一个刺绣班，教孩子学中国刺绣什么的。中国人做东西要拿个图片，像做个花鞋要剪一个花样，在上面做刺绣，这一类的中国的图案就慢慢熏陶他们。"走出去"要多样化，不要怕小，慢慢做，不要一哄而上。

不少国家在中国设有机构，像德国的歌德学院，法国的东亚研究所，每个月有一个讲座，他们出钱请人，把他们国家最好的汉学家请来讲中国文化，也是一种交流，也是"走出去"。也有讲法国思想的研究，每个月有讲座，请各种各样的人去参加，请中国人，也请法国人，还有大使馆的人。德国、法国、美国的新闻机构，不断地发刊物，比如有个刊物叫《交流》，一个月一期，广泛地发，我们每个月都能收到，很漂亮的，它非常注重生活内容，不是板着脸讲事，讲一点点时事，然后是讲各种生活上的内容，有时候讲食谱，好吃的蛋糕怎么做这一类的，所以它的刊物也很有影响。

访：两位先生都在跨文化交流方面做了很多的事情，这些都是"走出去"非常好的范例，您觉得"走出去"需要注意些什么？

乐黛云：跨文化事业是一个非常有意思的事业，不要单边地考虑我们如何"走出去"，要考虑到双方，双方的对话，双方的交流，而不说宣扬"软实力"，不是去耀武扬威。所以，我觉得最重要的是要强调用什么样的心态走出去，千万不要觉得现在我们中国发达了有钱了，我们不在乎，到处撒钱，要到处让别人对我们赞赏崇拜，有这样的心态，人家就会有抵触。其实软实力别的国家也在做，特别是美国，可是他们做了不讲是软实力，我们却老是讲加强软实力，老是放在嘴边，人家听起来就会很反感。实力是一个经济概念，你有这个实力，你有那个实力，可是文化你要实力干吗？前面也说过，文化征服是失败的，用一种文化去覆盖另一种文化也是失败的。现在多元化的全球化共存，要保存各自的特点，然后共同解决碰到的一些问题，共同发扬自己的特色。对于这种关键性的问题，六中全会以后我觉得还需要好好地研究，提出一些重要的观点。比如我们怎么样发挥软实力？比如汤先生很早以前提出的问题：应该占统治地位的到底是

"吸收了马克思主义的中国文化",还是"融汇了中国文化的新的马克思主义"？这是一个很大的问题。你是要以中国文化为核心吸收马克思主义呢，还是以马克思主义为基础，吸收一些中国文化好的方面？佛教变成了中国佛教，还是我们变成了佛教国？这是很重要的问题。

汤一介：现在我们提出来，打通"中西马"，就是把中国文化、西方文化、马克思主义文化打通。这需要有一个立足点，你是立足中国打通，还是立足美国打通，还是立足马克思理论打通，要有个立足点。

伽达默尔在最后的几年提出"广义对话论"，认为在对话中主即是客，客亦是主，主客双方之间平等对话。他认为今天的对话，主同时也是客，客同时也是主，不是主就是主、客就是客。过去跟我们对话，他们是主人，我们是客人，这是不对的。他们是主人我们也是主人，他们是客人我们也是客人，这样来对话，才是平等的对话，所以伽达默尔最后提到的广义对话论，就是只有在平等对话的基础上进行对话，对话才能得到顺利的发展，否则不能顺利地发展。

乐黛云：对话首先是要听对方说什么，然后融会贯通。过去说打通思想，打通思想就是你打我通，把我的思想灌输给你，你接受了，好像这个对话就完成了。这不是伽达默尔所说的广义对话，广义对话是两个人相互说服，你听了我的你改变了，我听了你的我也改变了，然后有新的发展，这才是有意义的对话，有价值的对话。如果说来说去你还是坚持你的，我还是坚持我的，或者是你听了我的，我听了你的还是一样的，结果还是没有什么改变，没有什么发展，所以就没有意义。

最后，还有一点要补充，对话不一定是面对面的，还有一种"共鸣"式的对话。我编了一套丛书叫《中学西渐》，讲中国文化怎样走向世界，总共有八本，那里面包括伏尔泰、莱布尼兹、庞德等这些人，他们不一定懂汉语，对中国文化也不一定有系统的知识，他们看了一些传教士的翻译和一些介绍，就感到有启发，触发了自己的灵感，并将其汇入自己的思想，影响了他们文化的发展。例如庞德，他连中文都不认识的，就受了中国文化和中国诗歌的影响，开创了一个新的诗派，创造了意象派诗歌，他自己说这完全是受到了中国诗歌的影响。我们期待的应该是这样的"走出去"。

汤一介：而且我们不要怕外国人的东西进来，进来没关系。佛教进入中国，中国的僧人把佛经的主要部分全翻译过来了，现在梵文都没有了，大部分经文在我们这儿。可是现在我们还没把西方经典全翻译过来，缺很多东西，亚里士多德的著作是苗力田翻译的，柏拉图全集还没有出版，莱布尼兹全集等都没有出版。我们不应该赶时髦，应该关注西方文化的根基，把它们了解清楚了才好。

访谈人：胡娟　沈健　刘昊

访谈时间：2011 年 11 月 29 日

▶ 后　记

本书缘起于教育部哲学社会科学研究重大课题攻关项目"哲学社会科学'走出去'战略研究"，主要目的是通过对具有中西方学习和生活背景的学者进行访谈，来更好地把握"人文社会科学'走出去'"这一当前中国社会发展中面临的重要课题。

受访者的热情回应与充满智慧的谈话是本书得以出版的基础。访谈和成稿之后的修订都需要占用受访者不少时间和精力，本书非常幸运地得到了受访者的高度配合与大力支持，因此，向他们表示特别的感谢！

中国人民大学高等教育研究室的沈健、王亚敏、刘昊、宋鹭、舒颖岗、张伟、胡莉芳、詹宏毅、倪小恒等积极参加了访谈和书稿的整理、修订工作。没有这些同事的辛勤工作，本书不可能付梓，在此也表示深深的谢意！

本书得到了教育部社会科学司、中国人民大学的大力支持，得到了中国人民大学出版社副总编徐莉，编辑王宏霞、彭理文等的大力支持，在此一并致谢！

袁卫　胡娟

2012 年 11 月 5 日

图书在版编目（CIP）数据

走进"中西会通"的时代：人文社会科学"走出去"名家访谈录/袁卫等编著. ——
北京：中国人民大学出版社，2012.11
ISBN 978-7-300-16628-5

Ⅰ.①走… Ⅱ.①袁… Ⅲ.①社会科学家-访问记-世界 Ⅳ.①K815.1

中国版本图书馆 CIP 数据核字（2012）第 260039 号

教育部哲学社会科学研究重大课题攻关项目
走进"中西会通"的时代
——人文社会科学"走出去"名家访谈录
袁卫 胡娟 编著
Zoujin "Zhongxi Huitong" de Shidai

出版发行	中国人民大学出版社	
社 址	北京中关村大街 31 号	**邮政编码** 100080
电 话	010－62511242（总编室）	010－62511398（质管部）
	010－82501766（邮购部）	010－62514148（门市部）
	010－62515195（发行公司）	010－62515275（盗版举报）
网 址	http://www.crup.com.cn	
	http://www.ttrnet.com（人大教研网）	
经 销	新华书店	
印 刷	北京东君印刷有限公司	
规 格	160 mm×230 mm 16 开本	**版 次** 2012 年 12 月第 1 版
印 张	16.25 插页 2	**印 次** 2012 年 12 月第 1 次印刷
字 数	218 000	**定 价** 38.00 元